“俄罗斯学”在中国

（第二辑）

РОССИЕВЕДЕНИЕ
В КИТАЕ

主　编／李永全
副主编／庞大鹏

社会科学文献出版社
SOCIAL SCIENCES ACADEMIC PRESS (CHINA)

序　言
与历史同行的中国“俄罗斯学”

李永全

在中国，俄罗斯研究是一个重要的领域。俄罗斯研究始终与中俄（苏）关系的发展密切相连，始终与中俄关系的历史同行。

近些年，俄罗斯研究逐渐被“俄罗斯学”的概念替代或涵盖。“俄罗斯学”既是一个具有悠久历史的学科，也是一个新兴学科。说它是历史悠久的学科，是因为“俄罗斯学”与它的研究对象是共生的，只是每个历史时期的称谓不同而已；说它是新兴学科，是因为以“俄罗斯学”作为俄罗斯研究的学术术语是近些年的事。即使在俄罗斯，作为一个学术概念被普遍接受和广泛使用的россиеведение也是近些年的事情。

中俄学者普遍认为，“俄罗斯学”是综合学科，把俄罗斯作为完整的结构、特殊的社会现象、自然和精神的有机体，即把俄罗斯作为一种文明进行研究。

当“俄罗斯学”的对象是研究俄罗斯文明时，这个学科的内涵是相当丰富的，所涉及的研究领域和研究方法也是多样性的。但这不是本序言要谈的主要问题。

出版《“俄罗斯学”在中国》文集的初衷是抢救历史，尤其是1949年以来俄罗斯研究（“俄罗斯学”）的历史。在某种意义上，抢救“俄罗斯学”

的历史也是抢救“俄罗斯学”研究单位的历史。第一辑《“俄罗斯学”在中国》文集出版后，在学术界引起很大反响。许多单位的年轻人正是通过这些历史叙述了解本单位历史的。那是一段段值得回味、值得思考、值得记忆、值得骄傲的历史。而这段历史中的人物命运大都随着中俄（苏）关系的发展跌宕起伏。第一辑的成功出版增加了我们继续编撰《“俄罗斯学”在中国》文集的信心，也激发了学界前辈和年轻人回顾历史和了解这段历史的兴趣。第一辑中有些文章涉及的历史时期已经超出1949年，具有百年“俄罗斯学”在中国的味道，这是非常令人欣慰的。

第二辑《“俄罗斯学”在中国》的内容，除继续刊登有关单位的历史综述外，还包含一些学科史，如薛衔天老师撰写的《特殊历史时期诞生的中俄关系史研究室》，结合中苏关系的跌宕历史介绍了学科发展，读来既有历史感，也有责任感。北京师范大学顾明远教授撰写的《苏联教育对中国教育的影响》全面考察了苏联教育制度对中国的影响以及中苏在教育领域的合作历史，是一篇难得的学术佳作。本辑还刊登了一些专项历史回忆，如黑龙江大学的俄汉辞典编撰历史、上海外国语大学的汉俄辞典编撰历史以及一些影响较大的“俄罗斯学”领域学术期刊的发展历史。

当然，这项工作还有许许多多不足之处。比如，一个单位的发展历史是很难撰写的，要写得全面、准确、权威就更难。我们觉得，在抢救历史和填补学术空白的过程中，在某种意义上写出来就是成功，而完善将是一个漫长的、严谨的学术过程。正因为如此，我们才“无知无畏”地开始了这项事业。事实上，对于第一辑的文章，大多数单位都给予很高的评价，学术界更是给予我们巨大的鼓励。

《“俄罗斯学”在中国》，这是一个很大的课题，涉及的学科和领域非常广泛，探寻这段历史既有吸引力，也有压力。已经撰写和发表的文章在这个进程中只是沧海一粟，我们想走得更远，需要学界前辈、朋友和同行的支持。

在《“俄罗斯学”在中国（第二辑）》出版之际，向支持这项工作的朋友们表示感谢，致以敬意！欢迎对这项工作提出批评和建议。

CONTENTS 目录

中国社会科学院俄罗斯东欧中亚研究所
俄罗斯历史与文化研究室学科发展历程

周国长

中国社会科学院俄罗斯东欧中亚研究所(以下简称俄东所)的俄罗斯历史与文化研究室脱胎于2000年李铁映同志倡议建立的“苏联历史学科”。1991年苏联解体之后,俄罗斯各大档案馆解密了相当数量的有关苏联政治、经济、外交以及社会文化等方面的档案文献,为重建苏联史实提供了基础。国内的部分学术机构也通过各种途径获得了大量与苏联历史相关的解密档案,俄东所亦在列。鉴于此,李铁映同志认为有必要根据俄罗斯的解密历史档案,对苏联历史问题开展更为深刻、具体的研究,并在此基础上更好地总结苏联解体的经验教训。俄东所“苏联史”研究室就是在此背景下而成立。

事实上,苏联解体之后,国内的苏联史学界对苏联历史的研究也进入一个新的繁荣时期。此间对苏联历史的研究主要有两个目标:一个是翻译、整理苏联解体后大量解密的苏联时期的档案,重建苏联史的史实;另一个是在重建史实后建构新的解释系统。这一时期国内设立了一系列苏联史方面的大项目。如沈志华主编的34卷中国社会科学院重点项目《苏联历史档案选编》,俄东所学部委员李静杰主持的重大项目《中俄关系档案汇编》《20世纪的俄罗斯:文件集》等。这些项目的目标都是要重建苏联历史的史实,受到学界的瞩目。本研究室人员都不同程度地参与了这些项目。如沈志华的《苏联历史档案选编》，本研究室的张盛发、吴伟、刘显忠都参与了翻译及编注。李静杰主持的《中苏关系档案汇编》，刘显忠承担了1927~1937年卷的编注及翻译工作，张文莲也参与了一些内容的翻译。

在翻译、整理新资料的同时，本研究室人员还依据新材料对苏联历史上的很多问题进行了新的研究和阐释。自2000年以来，本研究室人员在国内外各类期刊发表论文近百篇，其中在权威期刊《历史研究》上发表多篇，极大地丰富了国内苏联史研究的内容。出版个人专著5部及多部合著成果。其中张盛发的《斯大林与冷战》在大陆和台湾同时出版，获院级优秀成果二等奖。本研究室承担的2001年立项的院A类课题《苏联通史》（八卷本）已经结项，成果被鉴定为优秀，将由中国社会科学出版社出版。这是国内第一部按专题写的大型《苏联通史》，颇为引人关注。此外，本研究室承担所内的两个创新项目：《转型前的俄罗斯；改革与剧变（1985~1991）》和《转型与重建：当代俄罗斯历史研究》都已完成并结项。

目前本研究室在如下学科方面形成了自己的特色，在国内外产生了相当的影响，处于领先地位：苏联外交关系（苏联与西方的关系及苏联与社会主义国家的关系）；俄罗斯思想与文化；苏联民族关系史；中苏关系中的中东路问题（在《历史研究》上发表过两篇文章，引起了国外同行的关注）；俄罗斯的历史政策与历史记忆；中俄软实力比较研究等。

一　苏联外交关系研究

2000年以来，本研究室在苏联外交关系研究领域取得重大进展，主要表现在以下几个方面。

（一）冷战国际史研究

张盛发利用俄罗斯和美国的解密档案文献，以苏联为基点研究了冷战的起源及其发展，分析了苏联的冷战基础、冷战政策和冷战行为，认为冷战是一个双向的互动过程，美国和苏联都是冷战的源头（张盛发：《斯大林与冷战：1945~1953》，中国社会科学出版社，2000）。在美苏冷战研究的基础上，本室科研人员还就远东的雅尔塔体制、斯大林的大国合作政策、赫鲁晓夫与古巴导弹危机等发表了相关的论文（张盛发：《雅尔塔体制的形成与苏联势力范围的确立》，《历史研究》2000 年第 1 期；《战后初期斯大林大国合作政策的结束》，《东欧中亚研究》2000 年第 5 期；《试析赫鲁晓夫在古巴部署核导弹的动机与决策》，《俄罗斯东欧中亚研究》2012 年第 6 期）。

此外，苏联与东欧社会主义国家关系也是本室研究的重点。吴伟根据俄罗斯和西方的解密档案材料，就第二次世界大战中的波兰问题进行了专题研究。该研究从第二次世界大战的战争背景、进程，苏波双方以及反法西斯主要盟国之间的关系等方面，描述了自 1939 年 9 月“波兰问题”的产生到 1945 年 9 月基本解决的过程［吴伟：《苏联与波兰问题（1939－1945）》，世界知识出版社，2002］。同时，吴伟还主持了国家社科重大课题“东欧各国冷战时期档案收集与整理”子课题“有关中国的东欧历史档案文献整理”（2012 年），已经结项，并被评为优秀。在利用东欧各国档案的基础上，吴伟就东欧各国斯大林化中的中国因素、苏联与德国统一问题进行了研究（吴伟：《东欧国家苏联模式化中的中国因素》，论文集《新史料新发现：中国与东欧关系》2014 年 9 月；《苏联与德国统一》，《历史教学》2016 年第 14 期）。

（二）中苏关系史研究

中苏关系研究是俄东所的立足基石，也是俄东所常年跟踪研究的重点领域之一。苏联解体之后，随着俄方档案的开放，中苏关系史研究进入一个新的繁荣期。本室科研人员在参与《中苏关系档案汇编》这个重大项目的过程中，利用收集到的俄罗斯与中方的档案文献，立足前人已有的研究，对“中东路事件”以及中长铁路归还给中国的历史进行了详细的考察，对这两个历史事件的原因、进程和结果提出了新的看法。刘显忠认为“中苏共管”的体制矛盾、地缘政治、中方决策失误等是造成 1929 年“中东路事件”的原因，事件中唯一的真正获益者是日本（刘显忠：《中东路事件研究中的几个问题》，《历史研究》2009 年第 6 期；《1926 年中东路危机后苏联在中东路问题上态度的变化及其实质》，《安徽史学》2009 年第 6 期）。张盛发认为，苏联归还中长铁路的主因是冷战中苏联的地缘困境需要中国成为其战略盟国以及中国在朝鲜战争中的作用证明了这一点。铁路的归还削弱了苏联对中国经济的影响，并瓦解了苏联在东北的侨民社会（张盛发：《中长铁路归还给中国的历史考察》，《历史研究》2008 年第 4 期；《列强在中国东北的争夺与中东铁路所有权的历史演变》，《俄罗斯中亚东欧研究》2007 年第 5 期）。这些论文中有两篇发表在历史学权威刊物《历史研究》上，引起国内外学术界的广泛关注并引发学术讨论，推动了对该问题的深入研究。有的文章还在国外发表（Лю Сяньчжун Китайско-советский конфликт на КВЖД 1929: Причины и последствия. Тихоокеанская Россия и страны АТР в изменяющемся мире. Сб. ст. / Отв. ред. Ю. В. Латушко, И. В. Ставров. - Владивосток: Дальнаука, 2009. С. 78-81)。

除了关注中东铁路之外，本室科研人员还对第二次世界大战后初期斯大林对中国革命的态度与立场、20 世纪 50 年代初期中苏共同抵制美国主导的对日媾和以及二战中的苏日关系等问题开展研究（张盛发：《战后初期斯大林大国合作政策的结束》，《东欧中亚研究》2000 年第 5 期；《20 世纪 50 年代初期中苏共同抵制美国主导的对日媾和》，《世界历史》2001 年第 2 期；吴伟：《重新审视“苏日中立条约”的苏日关系》，《俄罗斯东欧中亚研究》2015 年第 3 期）。

二　苏联民族关系史研究

1991 年苏共丧失政权，作为社会主义国家的苏联轰然崩塌。对于这一改变了俄国历史方向、影响了世界历史进程的 20 世纪重大事件，中国学者进行了深入的探讨和研究，力图通过对苏联历史的反思来解释苏联解体、苏共丧权的原因，总结历史的经验教训。

对于苏联解体的原因，有各种学说，本研究室的科研人员主要立足于解密的档案文献，从苏联的民族关系史角度出发，探讨苏联解体的内在动因。刘显忠从苏联领导人列宁、斯大林的“自治化”“联邦制”方案出发，对两者在建立联盟问题上的分歧进行了研究，认为两者的分歧主要在于各个独立的苏维埃共和国以自治共和国的身份加入俄罗斯联邦，还是俄罗斯联邦与其他各个独立的苏维埃共和国平等地加入新的联邦。他们的分歧不是原则性的，只是联合的策略和方法上的不同。苏联联邦制的内在缺陷为苏联解体埋下隐患，成为苏联解体的重要因素（刘显忠：《列宁的民族问题理论及实践》，载于邢广程主编《列宁对社会主义的探索》，长春出版社，2009；《对列宁斯大林在建立联盟问题上分歧的再认识——兼论苏联联邦体制的问题和缺陷》，《史学月刊》2013年第4期；《苏联联邦制的问题与缺陷》，《中国延安干部学院学报》2011年第4卷第4期；《列宁民族自决权理论及其在苏联的实践》，《俄罗斯学刊》2016年第4期）。追踪溯源，刘显忠对帝俄晚期以立宪民主党为首的自由主义政党的民族观点进行了论述，认为自由派政党对民族联邦制的担忧恰恰在苏联的政治实践中得到了充分的反映（刘显忠：《十月革命前俄国自由派政党对俄国民族问题的认识》，《世界民族》2017年第4期）。

不仅如此，刘显忠还重点关注苏联实施的具体的民族政策，特别是20世纪20~30年代苏联的“本土化”政策。“本土化”政策促进了少数民族文化、教育的发展，巩固了苏维埃政权在少数民族地区的地位。但作为典型案例，“本土化”政策在乌克兰的强制实施取得成就的同时，也存在较大的弊端（刘显忠：《十月革命后布尔什维克党的民族政策：成就与问题》，《十月革命与当代社会主义》，社会科学文献出版社，2008；《20世纪20年代苏联“本土化”政策的利弊分析》，《俄罗斯学刊》2013年第1期；《20世纪20~30年代苏联“本土化”政策在乌克兰的实践》，《俄罗斯东欧中亚研究》2014年第4期）。

第二次世界大战爆发后，苏联政府对境内的德意志族持不信任的态度，将他们从俄欧地区迁移到西伯利亚等边疆区域，伤害了其民族情感，造成历史积怨和苏联的经济损失。赫鲁晓夫执政后，为二战时期被强迁的民族平反以及扩大民族共和国的权力，这一举措并未解决已有的民族问题，反而使民族问题变得更为复杂，特别是他把属于俄罗斯的克里米亚划给乌克兰，为苏联解体之后的俄乌冲突埋下伏笔（刘显忠：《卫国战争前后苏联境内德意志族人的命运》，《俄罗斯学刊》2015年第4期；《赫鲁晓夫在民族关系领域的“解冻”及其效果》，《世界民族》2014年第5期；《克里米亚半岛历史的变迁》，《当代世界社会主义问题》2014年第2期；《乌克兰危机的历史文化因素》，《当代世界社会主义问题》2015年第1期）。

2015年底，刘显忠和左凤荣合著的《从苏联到俄罗斯：民族区域自治问题研究》（社会科学文献出版社，2015）一书出版，该书获国家社科基金项目优秀成果奖，这是国内又一专门研究苏联及俄罗斯民族问题的重要著作，也引起了学界的广泛关注。该著作主要利用俄罗斯的最新档案文献，重点研究了苏联时期民族区域自治政策的形成、发展与存在的问题，把苏联的民族区域自治政策放到当时的历史条件下来考察；以发展的观点来考察从苏联到俄罗斯民族区域自治政策演变的历史逻辑；在论述当今俄罗斯民族区域自治政策时，与苏联时期进行比较，进而把握了当今俄罗斯民族理论与民族政策、民族区域自治制度的变化。

三　俄罗斯思想与文化研究

作为俄国历史文化传统的核心内容之一，俄罗斯思想与文化的研究一直备受国内学界的推崇。白晓红认为，“俄罗斯思想”作为一个特定概念表达的是俄罗斯民族特有的、本质的精神因素，在“俄罗斯思想”中蕴涵着理解当代俄国问题的“逻辑钥匙”（白晓红：《俄罗斯思想的演变》，《俄罗斯中亚东欧研究》2005 年第 1 期）。

19 世纪中晚期俄罗斯知识界的思想争辩中，斯拉夫主义作为一种思想流派对俄罗斯此后的道路选择与发展产生了深刻影响（白晓红：《斯拉夫派政治思想》，《世界历史》2001 年第 5 期）。此后，白晓红对俄国斯拉夫主义产生的根源、演进与历史影响进行了阐释，认为斯拉夫主义哲学思想的突出之处是以精神整体性反对西方的唯理主义，以东正教聚合性对抗西方的个人主义；社会政治思想强调以保持村社和地方会议的君主制社会为基础的和谐有机发展；经济思想表现为既赞同自由劳动，又维护村社土地占有制的矛盾观点（白晓红：《俄国斯拉夫主义》，商务印书馆，2006）。

对于俄罗斯的历史文化传统及其特征，本室科研人员也有所涉及（白晓红：《普京战略目标及其历史悖论》，《世界经济与政治》2000 年第 7 期；《早期苏维埃文化的基本特征》，《俄罗斯学刊》2011 年第 4 期；《白银时代的俄国文化评析》，《俄罗斯学刊》2013 年第 6 期；《俄国历史进程中的克里米亚》，《俄罗斯学刊》2014 年第 3 期）。译文则有《帝国论与俄罗斯帝国的形成及其特点》（陈余翻译，《史学史研究》2013 年第 1 期）。

作为广泛的俄国文化，也包括其节日活动和纪念仪式，这也是本室张文莲关注的主题。她相继就俄罗斯的节日文化、俄罗斯历史年、俄罗斯与世博会、俄罗斯地名改名争议等与俄罗斯文化相关的命题进行了研究（张文莲：《多彩多姿的俄罗斯节日》，《俄罗斯中亚东欧市场》2008 年第 5 期；《俄罗斯历史年概述》，《俄罗斯东欧中亚研究》2013 年第 5 期；《从伦敦奥运会看俄罗斯的体育》，《俄罗斯中亚东欧市场》2013 年第 5 期；《伏尔加格勒改名争议》，《俄罗斯中亚东欧研究》2014 年第 6 期）。

四　俄罗斯软实力研究

俄罗斯是当今世界上最具影响力的大国之一。俄罗斯软实力的研究是一个比较新的领域，也是近几年国际政治和国际传播领域的热点课题。俄罗斯软实力的表征之一便是俄罗斯的国际形象。作为俄罗斯国家形象主要内容的俄罗斯政治形象自苏联解体之后发生了巨大的变化。由于俄罗斯与西方存在着错综复杂的利益关系、意识形态等方面的冲突，当新俄罗斯力图在世界舞台上发挥更加重要的作用时，它所展现出来的形象引起了欧美社会的不安，而与此同时，俄罗斯在中国的友好形象得到了保持和加强，从“老大哥”演变为“全面战略协作伙伴”（许华：《“颜色革命”背景下媒体之争与俄罗斯形象问题》，《俄罗斯中亚东欧研究》2005 年第 6 期；《当今俄罗斯的国家形象问题》，《俄罗斯中亚东欧研究》2008 年第 2 期；《西方语境中的俄罗斯形象之困》，《俄罗斯学刊》2014 年第 4 期）。

为了改变俄罗斯的负面国际形象，俄罗斯政府通过媒体等宣传手段强化了对外宣传战略，并且塑造了普京总统的强人形象。“今日俄罗斯”正是在这一背景下异军突起。不仅如此，俄罗斯还利用俄语作为语言媒介手段，使其在后苏联空间中的地区一体化过程中发挥重要作用，成为俄罗斯在后苏联空间增强软实力的重要武器。同时，俄罗斯还积极采取措施以消除西方社会对俄罗斯的偏见和误解，改善国家对外形象，缓解内外压力（许华：《俄罗斯的软实力外交与国际形象》，《国外社会科学》2009 年第 5 期；《俄罗斯应对国家形象的困境》，《对外传播》2011 年第 3 期；《普京如何塑造领袖形象》，《对外传播》2015 年第 3 期；《“今日俄罗斯”因何异军突起》，《对外传播》2014 年第 8 期；《俄罗斯借助俄语在后苏联空间增强软实力》，《俄罗斯学刊》2012 年第 2 期）。

事实上，俄罗斯软实力最终需要硬实力的支撑，需要俄罗斯的科技、教育等领域的引领，最终实现俄罗斯的国家复兴（许华：《俄罗斯的软实力与国家复兴》，《俄罗斯东欧中亚研究》2015 年第 1 期；《俄罗斯软实力中的科技和教育因素》，《俄罗斯东欧中亚研究》2016 年第 3 期）。俄罗斯政治精英如何认知中国关系到俄对中国的战略定位，并会直接影响中俄关系（许华：《从“冷眼”到“热盼”——俄罗斯政治精英眼中的中国形象与俄中关系》，《国外社会科学》2015 年第 1 期）。为此，俄罗斯政府对俄罗斯科学院进行改革。2013 年 9 月，普京正式签署改革法案，将俄罗斯医学科学院、农业科学院并入俄罗斯科学院，俄罗斯社会各界对科学院改革褒贬不一（陈余：《俄罗斯科学院改革——缘起、进程与反响》，《俄罗斯东欧中亚研究》2017 年第 4 期）。

积经年之力，2017 年，许华出版了《俄罗斯软实力研究》（中国社会科学出版社，2017）一书。该书从边缘层、中间层和核心层三个角度解析了俄罗斯的国际传播力、国际动员力、文化吸引力、国家形象、俄语推广战略等因素，剖析了俄罗斯软实力的历史文化基因、形象之困、战略互疑等结构性制约因素，并把俄罗斯置于国际评价体系中进行横向比较，以期全面和深入地呈现其软实力的来源、构建、运用方式和实施效果等，是该领域研究的代表作。

五　俄罗斯的历史政策和历史记忆研究

苏东剧变后，整个东欧地区和俄罗斯都面临社会转型的问题，这种转型不仅表现在制度上，而且也体现在意识形态上。随着社会主义信仰的崩塌，俄罗斯和东欧各国再次回到民族主义思潮，在历史领域则是对以往国家历史的重构，以昔日的荣光来激励国民，求得共识。历史政策和历史记忆属于现实问题，但又与历史研究密切相关，这也是本室科研人员近年来研究的主题。

从 2007 年开始，张盛发就俄罗斯中学历史教科书问题的缘起、进展乃至普京第三任期出版的“统一历史教科书”进行了跟踪研究（张盛发：《俄罗斯新版历史和社会学教师手册之争》，《俄罗斯研究》2007 年第 4 期；《俄罗斯历史教科书问题的缘起和发展》，《俄罗斯学刊》2012 年第 3 期；《普京重任总统后再次治理俄罗斯历史教科书问题》，《俄罗斯中亚东欧研究》2013 年第 6 期）。与此相关的则是刘显忠对 2010 年俄罗斯国家政权干预历史研究、把历史研究政治化的“新历史学家事件”的分析与研究，他认为，事件本质反映了俄罗斯千百年来对自身的定位问题（刘显忠：《俄罗斯的“新历史学家事件”：缘起、社会反响及实质》，《俄罗斯学刊》2012 年第 3 期）。

20 世纪以来俄罗斯发生的重大历史事件亦对俄罗斯的现实政治和社会产生影响。政府也善于利用诸如两次世界大战等历史事件来塑造国民的国家认同和重振俄罗斯人的爱国主义情感。在对待斯大林主义等问题上，政府和国家都存在分歧。不言而喻，对第二次世界大战的看法，也成为俄罗斯与周边国家价值观冲突的潜在根源（张盛发：《俄罗斯与德国在历史反思问题上的分歧与争论》，《俄罗斯东欧中亚研究》2014 年第 2 期；《试析俄罗斯去斯大林化项目的出台与困境》，《俄罗斯学刊》2014 年第 6 期；《胜利历史不容篡改和玷污——俄罗斯为维护俄版二战史而斗争》，《俄罗斯东欧中亚研究》2015 年第 3 期；《从遗忘的战争到重要的战争——俄罗斯重新评价第一次世界大战》，《俄罗斯学刊》2017 年第 4 期）。王桂香则对俄罗斯公共史学的兴起提出了自己的看法（王桂香：《俄罗斯公共史学的萌芽与兴起》，《俄罗斯东欧中亚研究》2014 年第 6 期）。此外，周国长对独立以来乌克兰的历史政策也有所涉猎［周国长：《“脱俄入欧”：独立后乌克兰历史政策的变化（1991～2013）》，《俄罗斯学刊》2016 年第 4 期］。

2017 年是俄罗斯十月革命胜利一百周年。本室科研人员对于普京政府、俄罗斯社会对十月革命的看法以及普京政府在“统一历史教科书”中将 1917 年的二月革命、十月革命乃至内战的结束这段历史时期定义为“俄国大革命”等命题进行了研究（张盛发：《从十月革命到俄国大革命——俄罗斯修改十月革命名称和定义》，http：//www. dunjiaodu. com/top/2017 - 11 - 07/2089. html；张盛发：《普京为何要否定列宁和十月革命》，http：//pit. ifeng. com/a/20171117/53338905_ 0. shtml；周国长：《近年来俄罗斯社会对十月革命的评价》，《科学社会主义》2018 年第 2 期）。陈余和刘显忠则从历史编纂学的角度分析了俄罗斯学界和西方学界对十月革命的看法［刘显忠：《俄罗斯对 1917 年俄国革命研究的百年变化》，《俄罗斯发展报告（2018 年）》，社会科学文献出版社，2018；陈余：《西方学界对俄国十月革命的百年述评》，《俄罗斯发展报告（2018 年）》，社会科学文献出版社，2018］。

六　对俄罗斯历史上其他重要问题的研究

俄罗斯国家杜马研究，著作主要有《近代俄国国家杜马：设立及实践》（刘显忠，社会科学文献出版社，2007），该书论述了俄国国家杜马的起源和实践，对于了解俄罗斯立宪政治的历史传统，理解当代俄罗斯的政治改革之路，具有重要的现实意义和学术意义。

俄罗斯的第一次世界大战史和苏俄内战史研究，论文主要有《一战期间东线俄国士兵和德奥士兵联欢现象探析——基于俄国档案的解读》（周国长，《世界历史》2012 年第 6 期），《第一次世界大战前俄国的军事准备》（吴伟，《历史教学》2014 年第 12 期），《面对生与死：第一次世界大战中俄国士兵的心态探析》（周国长，《史学理论研究》2015 年第 1 期），《关于第一次世界大战的若干思考》（张盛发，《俄罗斯东欧中亚研究》2015 年第 1 期），《苏俄国内战争时期西北白卫军研究》（周国长，《近现代国际关系史研究》2018 年第 14 辑）。

俄罗斯的第二次世界大战史研究，著作有《二战丛书：烈焰铸忠魂》（吴伟，2000），论文主要有《苏德战争前苏联政治宣传中的“德国形象”——以〈真理报〉为主要考察对象》（陈余，《俄罗斯研究》2014 年第 1 期），《〈苏德互不侵犯条约〉签订后苏联对德国宣传策略的转变》（陈余，《俄罗斯学刊》2015 年第 5 期）。

贝利亚研究，论文主要有：《贝利亚事件的历史考察》（王桂香，《俄罗斯中亚东欧研究》2011 年第 1 期）；《揭开尘封的 1953 年苏联历史的面纱》（王桂香，《当代世界社会主义问题》2013 年第 4 期）。这两篇论文利用俄罗斯的解密档案文献，考证了贝利亚事件的经过，认为这一事件是苏联高层权力斗争的产物。

七　俄罗斯历史与文化研究室的翻译成果

本研究室成立 18 年来，翻译了多卷的俄文历史档案资料以及数十本（篇）俄文译著。

俄文历史档案翻译成果如下。刘显忠编著、翻译《苏联历史档案选编·第十一卷》和《苏联历史档案选编·第十二卷》（徐天新主编，社会科学文献出版社，2002）；《苏联历史档案选编·第十六卷》《苏联历史档案选编·第十七卷》《苏联历史档案选编·第十八卷》（张盛发主编，社会科学文献出版社，2002）；《苏联历史档案选编·第十九卷》（吴伟主编，社会科学文献出版社，2002）。吴伟主持国家社科重大课题“东欧各国冷战时期档案收集与整理”子课题“有关中国的东欧历史档案文献整理”（2012 年）已经结项。刘显忠参与李静杰主持的国家重大项目“中苏关系档案”中的 1927~1937 年卷的编注及翻译工作，张文莲参与了一些内容的翻译。

俄文著作翻译如下。《俄罗斯现代化之路》（刘显忠、许华参译，新华出版社，2002），《俄罗斯现代化与公民社会》（刘显忠、许华参译，新华出版社，2003），《斯大林：鲜为人知的剖面》（刘显忠参译，新华出版社，2004），《普京文集》（刘显忠、许华参译，中国社会科学出版社，2008），《普京时代——世纪之交的俄罗斯》（王桂香、刘显忠等译，世界知识出版社，2001），《俄罗斯的私有化》（王桂香参译，新华出版社，2004），《斯大林：鲜为人知的剖面》（王桂香、刘显忠等译，新华出版社，2004），《乌克兰：政治、经济与外交》（刘显忠参译，东方出版社，2001）。

俄文论文翻译如下。《斯大林与原子弹》（刘显忠编译，《俄罗斯东欧中亚研究》2004 年第 5 期），《斯大林与语言学》（刘显忠编译，《当代世界社会主义问题》2005 年第 1 期），《赫鲁晓夫的致命改革：党的机关的分立及其后果（1962~1964）》（刘显忠翻译，《新史学》第十四辑），《哈尔滨娱乐场所里的性感俄国女郎（20 世纪 20~40 年代）》（陈余译，《俄罗斯学刊》2014 年第 2 期），《丝绸之路经济带：2015 模式》（陈余译，《俄罗斯东欧中亚研究》2015 年第 4 期），《丝绸之路经济带构想及其对中亚的影响》（陈余译，《俄罗斯东欧中亚研究》2015 年第 4 期）。

中国社会科学院俄罗斯东欧中亚研究所中东欧研究室学科建设发展历程

高　歌　姜　琍

俄罗斯东欧中亚研究所（简称俄东所）中东欧研究室成立于 1981 年，原名为东欧研究室，2016 年改为现名。研究室成立之前，俄东所对东欧地区国家的研究分为两个阶段。1965~1968 年为起步阶段，着手做了一些铺垫准备工作，也有了一些初步研究成果，但成果内容和成果形式多是些“内部报告”或稍加分析评论的专题报告。1968~1976 年，根据中央指示研究所撤销停办，东欧研究自然也就完全中止下来。1976 年恢复研究所，对东欧地区国家的研究随之重新开展起来，1976~1980 年为东欧研究室成立之前的第二阶段。这一时段为期不长，但成果颇著，写出了不少基础性、系统性的专项和综合调研成果，也涌现出一些较有理论深度的著述，受到党中央和中联部的重视。同时也为后来成立东欧研究室打下了一些基础，创造了有利条件。但这个时期的研究工作，总体上来说仍不具有严格意义上的学术研究性质，而是根据国际形势变化需要以完成党和国家、部门交办的调研任务为主，而且相当多的成果不供发表，也不允许公开使用。因此，真正意义上的学术研究和学科建设始于 1981 年本研究所由中共中央对外联络部转归中国社会科学院。中东欧研究室组建后，东欧学科建设走上正轨。中东欧研究室成立以来，学科发展大致可分为两个时期，即创建和调整时期（1981~1999 年）与 2000 年至今的学科发展时期。

一　中东欧学科的创建和调整（1981~1999年）

从1981年东欧研究室成立至1999年，受我国改革进程、中东欧地区的变革以及我国与中东欧国家关系的变化等因素的影响，中东欧学科建设经历了两个不同的发展阶段。

（一）东欧研究室的成立及其初期发展

1981~1982年，东欧研究室已经拥有了一批研究民主德国、保加利亚、南斯拉夫、捷克斯洛伐克、波兰、匈牙利、阿尔巴尼亚和罗马尼亚等社会主义国家的专家学者，他们有的来自中国社会科学院的苏联东欧研究所编译组和苏联外交室、社科院世界历史研究所，有的来自外文局和新华社，有的刚从保加利亚、南斯拉夫留学归国，还有的刚从大学毕业。为了加强科研队伍建设，提高科研人员的素质和能力，东欧研究室在用人方面采取了“走出去，请进来”的措施，一方面将一些科研人员送出国进修；另一方面在吸收小语种人才的同时引进历史学和其他专业的高才生。20世纪80年代后半期，每个研究对象国都有2~3名科研人员进行专门研究。

20世纪80年代，我国改革开放不断推进，同东欧国家关系逐步改善。在此背景下，东欧研究的方向和任务主要是深入、系统和全面地研究东欧国家的政治和经济体制改革、东欧国家社会主义建设的理论和实践。其中，对南斯拉夫的自治制度、波兰20世纪50年代的经济改革尝试、匈牙利1968年开始的“新经济改革”、捷克斯洛伐克1968年的“布拉格之春”等问题的介绍和研究较多。

鉴于社会上对了解东欧基本情况和东欧经济改革的需求不断增加，东欧室编译了一套《东欧国家政治和经济改革资料》。这些资料的整理出版为国内了解和借鉴东欧国家经济改革的历史和发展、掌握东欧国家的基本情况提供了及时的帮助，在社会上影响较大。直到今天，它们依然具有不可替代的社会意义和学术价值。另外，在国家领导人出访东欧国家前，东欧室研究人员会应有关部门的要求准备相关国家的国情报告，报告涉及政治、经济和外交等诸多领域。

东欧室研究人员参与完成的主要研究成果还有：《苏联东欧问题探讨》[①]、

① 中国苏联东欧协会：《苏联东欧问题探讨》，人民出版社，1982。

《捷克斯洛伐克社会经济发展概要》（1945~1977）[①]、《南斯拉夫社会主义联邦共和国史纲》[②]、《苏联东欧国家政治体制及改革》[③]、《东欧国家政治经济体制研究》[④] 和《捷克斯洛伐克历史》[⑤] 等。

《苏联东欧问题探讨》是中国苏联东欧学会暨首届年会的学术论文集，论述了苏联及东欧国家政治和经济体制的形成、改革和现状等理论与实践问题。其中，东欧室研究人员撰写了保加利亚国家的政治体制改革、东欧国家经济体制改革中的若干理论问题、保加利亚的工业管理体制改革和波兰事件的经济根源等论文。

《捷克斯洛伐克社会经济发展概要》（1945~1977）分四个阶段论述了捷克斯洛伐克战后经济体制的变化和经济发展：人民民主时期（1945~1948年）、接受苏联模式时期（1948~1965年）、改革时期（1966~1968年）、“正常化”和重新集中化时期（1969~1977年）。该书对研究社会主义经济体制模式，特别是研究苏联及东欧国家经济体制存在的弊端具有不少参考价值。

《南斯拉夫社会主义联邦共和国史纲》比较详尽地阐述了南斯拉夫从二战后到20世纪70年代社会政治和经济发展的主要进程和重大事件，以及各方面的经验和教训。该书对于研究南斯拉夫现代史，尤其是南斯拉夫政治与经济体制改革，具有一定的参考价值。

《苏联东欧国家政治体制及改革》的内容包括苏联东欧各国政治体制的形成和发展，现行政治体制的理论基础，以及政治体制中关于党的地位和作用，各种政治设施的职能分工和运行机制等主要问题。

《东欧国家政治经济体制研究》从东欧各国的历史背景和基本国情出发，介绍和分析东欧各国体制改革的发展情况。该书认真和深入地研究了东欧地区的

---

① 〔捷〕伊日·科斯塔：《捷克斯洛伐克社会经济发展概要》（1945~1977），高德平、高园译，山东人民出版社，1984。

② 〔南〕杜尚·比兰吉奇：《南斯拉夫社会主义联邦共和国史纲》，许万明、章勇勇、寇滨等译，赵乃斌等校，天津人民出版社，1985。

③ 中国社会科学院苏联东欧研究所编写组：《苏联东欧国家政治体制及改革》，求实出版社，1987。

④ 徐葵、张文武主编《东欧国家政治经济体制研究》，中国社会科学院东欧中亚研究所，1988。

⑤ 〔捷〕瓦·胡萨：《捷克斯洛伐克历史》，陈广嗣译，东方出版社，1988。

改革经验，对我国的改革事业和研究当代社会主义的发展是十分必要和有益的。

《捷克斯洛伐克历史》这本译著介绍了从史前到现代捷克斯洛伐克的历史发展，它把捷克斯洛伐克历史理解为两个平等的兄弟民族的历史，对读者更好地了解捷克斯洛伐克历史很有帮助。

（二）东欧剧变后学科建设内容的变化

东欧剧变和冷战结束后，东欧国家摆脱了苏联的控制，开始了政治、经济和外交的全面转型进程，踏上了“回归欧洲”的道路。国内外学界对这些国家的称谓由冷战时期带有地缘政治色彩的“东欧国家”变为更为纯粹的地理概念“中东欧国家”。随着德国统一、南斯拉夫和捷克斯洛伐克两个联邦制国家解体，东欧研究室的研究对象国数目发生变化，研究内容也随之改变，从政局剧变前重点关注东欧国家社会主义建设的经验教训转向研究下列问题：东欧国家剧变的原因，中东欧国家政治、经济和外交转型，南斯拉夫和捷克斯洛伐克解体原因及其影响，中东欧国家融入欧洲一体化进程等。中东欧问题研究的方法也由国别研究向综合比较研究扩展。

1992 年 5 月，改名不久的俄罗斯东欧中亚研究所对所内全部学科和研究室进行调整，组建了新的东欧学科及其两个相应的研究室：第一东欧研究室，研究对象国为原东欧国家；第二东欧研究室，研究对象国为乌克兰、白俄罗斯、摩尔多瓦和波罗的海三国。1994 年 10 月，俄东所进行第二次学科调整：第一东欧研究室恢复原来的名称——东欧研究室，研究范围不变；第二东欧研究室更名为乌克兰研究室。

20 世纪 90 年代，鉴于学科调整、研究方向变化、研究课题缺乏和研究人员工资待遇低等，东欧室出现人员流失的现象，一些中青年科研人员调离东欧室，一些科研人员离退休后无新生力量注入科研队伍，东欧室研究力量明显减弱。即便如此，这一时期依然出版了一批有重要学术价值和实用价值的研究作品，它们是《东欧概览》[①] 《东欧投资观光指南》[②] 《东欧诸国政界要人简

① 张文武、赵乃斌、孙祖荫主编《东欧概览》，中国社会科学出版社，1990。

② 朱晓中主编《东欧投资观光指南》，世界知识出版社，1993。

介》[①]《东欧大裂变纪实》[②]《东欧经济大转轨》[③]《东欧中亚国家私有化问题》[④]《中东欧走向市场经济》[⑤] 等。

《东欧概览》比较全面、系统和客观地介绍了阿尔巴尼亚、保加利亚、波兰、民主德国、捷克斯洛伐克、罗马尼亚、南斯拉夫和匈牙利 8 个东欧国家的社会、历史、政治、经济、外交、文化、科学技术及其宗教等情况。该书在战后形成的雅尔塔体制解体、新的世界格局正在形成之际出版，帮助读者更好地了解东欧国家的历史与现状，以及这些国家发生剧变的原因及今后的走向。

《东欧投资观光指南》是一本实用性很强的东欧指南。随着我国一大批开拓型、外向型人士将眼光投向国际市场，该书以简明的问答形式介绍了东欧各国的政策法规、经济结构、市场需求和风土人情，有助于解决国人在东欧经商、投资、旅游、留学和生活可能遇到的问题。

《东欧诸国政界要人简介》通过对 1989~1991 年在东欧剧变过程中扮演过和继续扮演重要角色的历史人物的介绍来反映 1989 年那段历史。该书虽然不是传记类书籍，但是根据第一手原文资料，在对历史人物的生平、言论和活动进行较为系统的研究之后对重要历史人物进行了介绍。

《东欧大裂变纪实》根据国外最新发表的有关资料，或亲身经历，或外国友人的介绍，对 1989 年东欧国家政局剧变的前因后果和许多鲜为人知的内幕进行了描述。该书是纪实性的，具有相当的可读性。

《东欧经济大转轨》从东欧国家经济转轨的各个方面，依靠原始资料和第一手资料，客观地、具体地向广大读者介绍东欧国家经济转轨过程中的正面与负面、经验与教训、成效与问题等情况和内容，使广大读者对东欧国家向市场经济过渡和经济转轨问题有一个比较全面的认识和了解。

《东欧中亚国家私有化问题》根据第一手资料编写而成，以翔实的资料宏观地、具体地介绍了前苏东国家所有制结构改造即私有化问题，内容涉及实行

---

① 张文武主编《东欧诸国政界要人简介》，新华出版社，1993。

② 欧阳东：《东欧大裂变纪实》，中国经济出版社，1994。

③ 赵乃斌、朱晓中主编《东欧经济大转轨》，中国经济出版社，1995。

④ 赵乃斌、姜士林主编《东欧中亚国家私有化问题》，当代世界出版社，1995。

⑤ 张颖主编《中东欧走向市场经济》，社会科学文献出版社，1998。

私有化的具体措施和做法、私有化进程中出现的问题、私有化的进展情况、私有化取得的成果，还附有各国有关私有化问题的法律文件。广大读者通过该书可以了解前苏东国家所有制变革的情况，该书对从事研究工作、教学工作、经济工作的人员都具有参考价值。

《中东欧走向市场经济》分为综合和国别上下两篇。综合篇着重论述中东欧国家经济转轨方面带有普遍性和规律性的问题，对了解全局和把握实质有很大帮助。国别篇着重分析各国的转轨进程和经验教训，有助于了解不同国家在不同历史和社会经济条件下的转轨进程。通过上下两篇的互为补充，读者可以对东欧国家经济转轨的整体与局部、共性和个性有一个比较好的了解和把握。

另外，1996~1997 年，东欧室研究人员参与了俄东所重点项目“东欧中亚国家政治制度”①，完成了所重点项目“中欧经济转轨的若干理论问题与实践问题”②。《东欧中亚国家政治制度》的作者根据第一手资料比较全面、客观地介绍了东欧中亚各国的现行政治体制及政党状况。由于当时国内介绍东欧国家改制后政治制度的资料尚属罕见，编写这部比较系统的研究资料对政治学和这些国家演变问题的研究提供了比较重要的参考资料。《中欧经济转轨的若干理论问题与实践问题》分为两册，第一册就中东欧国家经济转轨的几个重大理论和实践问题进行了总结、介绍和分析，包括：经济目标模式的选择、经济转轨战略的选择、国有企业的私有化、市场调节及其局限性、财政政策和货币政策理论与通货膨胀、经济货币化与银行和财税体制的转轨等；第二册则从不同国别的角度对中东欧国家经济转轨的一些重要问题做了总结、介绍和分析，是对第一册所阐述问题的补充。

二　中东欧学科发展的新时期（2000 年至今）

进入 21 世纪以来，中东欧形势的发展变化给中东欧学科建设提出新的要求。(中) 东欧研究室抓住机遇，迎来中东欧学科发展的新时期。

（一）跟踪南斯拉夫联盟局势，推进南斯拉夫研究

2000 年 9 月，南斯拉夫联盟总统选举引发局势动荡。10 月，根据中国社

① 赵乃斌主编《东欧中亚国家政治制度》，1996 年 8 月至 1997 年 2 月分三册印出。

② 1997 年 9~10 月印出。第一册由张颖撰写，第二册由汪丽敏、陈广嗣、李秀环撰写。

会科学院院领导指示，以俄罗斯东欧中亚研究所为基地，以东欧室为核心，成立南斯拉夫问题调研小组，承担院委托课题“南斯拉夫总统选举及国际反应”，专门研究南联盟总统选举问题。从2000年10月初至2001年4月，调研小组集体作战、快速反应，收集、整理了大量塞尔维亚文、英文、俄文、保加利亚文等相关资料，并派东欧室研究人员赴南联盟进行实地考察，获得第一手研究资料和相关信息。中央政治局委员、中国社会科学院院长李铁映在中南海接见了调研小组主要成员，并就相关问题进行探讨。调研小组共提交内部报告70余篇，制作内部电视纪录片《南斯拉夫总统选举14天》，报送中央政治局。

2004年，南斯拉夫问题调研小组的集体成果——《强人弱势——米洛舍维奇的下台和入狱》[①]一书问世。该书详尽描述了米洛舍维奇从崛起到下台再到被引渡海牙的全过程，以及国际社会对南联盟总统选举和米洛舍维奇下台的反应，着重分析了米洛舍维奇下台的原因和他的下台对巴尔干地区局势的影响，评述了欧美巴尔干地区战略和俄罗斯对南斯拉夫政策的调整与变化，并在附录中提供了南联盟总统选举大事记、欧美国家和俄罗斯对南联盟总统大选的反应大事记。书中对米洛舍维奇其人以及南联盟局势发展的分析和判断客观准确，经得起时间考验。该书因之成为南斯拉夫乃至巴尔干地区研究领域的一部重要著作。

与此同时，东欧室研究人员还出版了专著——《南斯拉夫的变迁》[②]。该书以事实为依据，系统阐述了自1918年第一南斯拉夫建立直至2000年南斯拉夫联盟大选的历史，特别对前南斯拉夫地区的民族矛盾与发生在斯洛文尼亚、克罗地亚、波黑和科索沃的四场战争，以及南斯拉夫变迁的国际背景及其影响和2000年南联盟大选进行了专门论述，并附有南斯拉夫分裂、斯洛文尼亚武装冲突、克罗地亚战争、波黑战争、科索沃战争、南联盟大选大事记。翔实的资料和客观的分析使该书“不失为一部简明南斯拉夫现代史书籍，也是对深入研究南斯拉夫问题很有裨益的背景资料性著作”[③]。

---

① 邢广程主编《强人弱势——米洛舍维奇的下台和入狱》，社会科学文献出版社，2004。

② 赵乃斌、汪丽敏主编《南斯拉夫的变迁》，广东人民出版社，2002。

③ 赵乃斌、汪丽敏主编《南斯拉夫的变迁》，广东人民出版社，2002，前言第6页。

（二）总结中东欧国家转轨历程，深化转轨研究

21 世纪之初，中东欧政局剧变已经走过 10 多个年头。10 余年来，中东欧国家同时进行了政治、经济、外交等领域的转轨。[①] 剧变促成了冷战的结束，使欧洲统一成为可能。转轨则不仅给中东欧国家带来巨大变化，而且对整个欧洲地区的政治和经济版图产生深远影响。中东欧国家转轨及“回归欧洲”问题成为东欧室的研究重点。

东欧室研究人员集体撰写的《转轨中的中东欧》[②] 和《十年巨变——中东欧卷》[③] 两部专著，记述了中东欧国家剧变过程及其后果，政治、经济和外交转轨的过程和内容，讨论了政治体制转轨，政体及政党政治的特点，国家与教会关系的演化，经济体制转轨的目标模式和战略选择，私有化政策，银行、外贸和社会保障体制改革，国际经济合作和国际金融组织的作用，中东欧与欧洲一体化，中东欧与俄罗斯关系等问题，“试图通过对中东欧国家的政治、经济和对外关系的转轨的比较研究，给读者提供一个纵向过程和横向背景兼容的图景”[④]。在国内中东欧研究领域，这两部专著率先对转轨进行全方位论述，对转轨的基本特点、转轨差异及其成因、转轨的社会代价、转轨与中东欧在世界的地位进行总结，具有引领作用。

不仅如此，（中）东欧室研究人员还出版了《中东欧与欧洲一体化》[⑤]《东欧国家的政治转轨》[⑥]《东欧经济改革之路——经济转轨与制度变迁》[⑦]《巴尔干地区合作与欧洲一体化》[⑧] 四部专著，讨论中东欧国家的外交、政治和经济转轨问题。《中东欧与欧洲一体化》全面描述了欧盟东扩和中东欧国家申请入盟的进程，分析了欧盟和中东欧申请国在欧盟东扩中的比较利益，以及

---

① 也称“转型”。“转型”与“转轨”两个概念在严格意义上有所不同，但在大多数文献中，它们所指相同，可通用。

② 薛君度主编、朱晓中副主编《转轨中的中东欧》，人民出版社，2002。

③ 李静杰总主编、朱晓中主编《十年巨变——中东欧卷》，中共党史出版社，2004。

④ 李静杰总主编、朱晓中主编《十年巨变——中东欧卷》，中共党史出版社，2004，前言。

⑤ 朱晓中：《中东欧与欧洲一体化》，社会科学文献出版社，2002。

⑥ 高歌：《东欧国家的政治转轨》，世界知识出版社，2003。

⑦ 孔田平：《东欧经济改革之路——经济转轨与制度变迁》，广东人民出版社，2003。

⑧ 徐刚：《巴尔干地区合作与欧洲一体化》，社会科学文献出版社，2016。

欧盟东扩对中东欧国家转轨和欧盟内部政策的影响。《东欧国家的政治转轨》利用综合与比较相结合的分析方法，阐述了中东欧国家政治转轨的基本轨迹，总结了转轨中政党制度的特点及转轨中的议会、总统和政府、司法机关及其相互间关系的特点，考察了对政治转轨产生不同影响的历史、经济、国际、民族和宗教因素。《东欧经济改革之路——经济转轨与制度变迁》探讨了中东欧国家社会主义经济改革及其失败原因，“休克疗法”与渐进改革的经济转轨战略，稳定化、自由化、私有化和制度改革，金融部门改革，社会保障体制改革，转轨经济中国家作用的界定，经济转轨的社会后果和经验教训等从计划经济向市场经济转轨中的诸多问题。《巴尔干地区合作与欧洲一体化》系统论述了巴尔干地区合作及其“欧洲化”的进程与困境，从“欧洲化双向运动”维度讨论了巴尔干地区与欧洲一体化的相互关系，从身份认同与国家建构的视角思考了巴尔干与欧洲的属性关系。东欧室研究人员还撰写了大量有关中东欧国家转轨和“回归欧洲”问题的论文，其中，朱晓中研究员的《“回归欧洲”与“中欧”概念的嬗变》[①] 和《转型九问——写在中东欧转型 20 年之际》[②] 分别在 2007 年和 2013 年获第四届和第八届中国社会科学院优秀科研成果三等奖。

随着中东欧国家转轨和“回归欧洲”进程的推进，对其研究也在不断深化。2011 年，东欧室邀约国内外长期从事中东欧研究的多位学者，从不同侧面探讨 20 年来中东欧国家的政治和外交转型和加入欧盟后中东欧国家的发展等问题。研究成果汇集在《中东欧转型 20 年》[③] 一书中。该书尝试在欧洲一体化的大背景下进行中东欧研究，反映了国内外学术界对中东欧转轨和近期发展的相对系统和最新的认识。值得一提的是，该书对中东欧研究的特性和定位进行了深入思考，指出：“虽然部分中东欧国家已加入欧盟，但称其已是完全意义上的‘欧洲国家’则大谬不然。在一段时间内，这些国家的过渡型社会的诸多特征将‘如影随形’，更重要的是，它们还带有中世纪以来就不曾泯灭，并借此区别于欧洲其他地区（国家）的若干特性。知晓这些特性，有助于人们准确地认知这一地区，并坦然面对欧洲一体化进程中所表现出来的多样

---

① 朱晓中：《“回归欧洲”与“中欧”概念的嬗变》，《欧洲研究》2004 年第 4 期。

② 朱晓中：《转型九问——写在中东欧转型 20 年之际》，《俄罗斯东欧中亚研究》2009 年第 6 期。

③ 朱晓中主编《中东欧转型 20 年》，社会科学文献出版社，2013。

性。但中东欧的这些特性并非‘欧洲’的共性。反过来，对欧洲共性问题的讨论，在很多情形下又不能涵盖中东欧国家的特性。也正是从这个意义上说，一般的欧洲研究尚不能取代中东欧研究，后者依然有其存在的必要性。当然，中东欧问题的研究者也应意识到，随着中东欧国家回归欧洲，前者的很多问题必须同欧洲一体化进程联系起来考察，否则，对一些问题的观察很可能因背离欧洲发展的主流而误入歧途。从这个意义上说，在欧洲一体化背景下，中东欧的研究理应与欧洲一体化进程拥有相同的逻辑：既需要扩大，也需要深化，二者缺一不可。”①

2014 年，中东欧转轨 25 周年之际，东欧室再次集全室之力，研究中东欧转轨及与之相关的转轨与外部约束和援助、国家构建与“回归欧洲”、民主化与市场化、转轨与现代化、转轨的国际比较等问题，力求把转轨研究推向更高层面。2015 年，研究成果《曲折的历程：中东欧卷》② 出版。

（三）反映中东欧基本情况，完善基础研究

在关注中东欧转轨和“回归欧洲”的同时，（中）东欧室研究人员没有忽视对中东欧国家基本情况的调查研究，他们参与编写了《简明东欧百科全书》③；出版了《东欧两国议会》④ 以及《捷克》⑤《波兰》⑥《塞尔维亚和黑山》⑦《保加利亚》⑧《罗马尼亚》⑨《斯洛文尼亚》⑩《斯洛伐克》⑪《克罗地亚》⑫ 8 部列国志，其中，《罗马尼亚》⑬ 已经更新再版；翻译出版了《十个人的观点——

---

① 朱晓中主编《中东欧转型 20 年》，社会科学文献出版社，2013，前言第 4 页。
② 陆南泉总编、朱晓中主编《曲折的历程：中东欧卷》，东方出版社，2015。
③ 张文武主编《简明东欧百科全书》，中国社会科学出版社，2002。
④ 高歌：《东欧两国议会》，中国财政经济出版社，2005。
⑤ 陈广嗣、姜琍编著《捷克》，社会科学文献出版社，2005。
⑥ 高德平编著《波兰》，社会科学文献出版社，2005。
⑦ 章永勇编著《塞尔维亚和黑山》，社会科学文献出版社，2005。
⑧ 张颖编著《保加利亚》，社会科学文献出版社，2006。
⑨ 李秀环编著《罗马尼亚》，社会科学文献出版社，2006。
⑩ 汪丽敏编著《斯洛文尼亚》，社会科学文献出版社，2006。
⑪ 姜琍编著《斯洛伐克》，社会科学文献出版社，2006。
⑫ 左娅编著《克罗地亚》，社会科学文献出版社，2007。
⑬ 李秀环、徐刚编著《罗马尼亚》，社会科学文献出版社，2016。

左翼和右翼关键人物对 1989 年政权更迭过程中决定性事件的看法》[①]。这些研究成果为中东欧研究的进一步深入打下了良好的基础。

《简明东欧百科全书》是李铁映任名誉主编、滕藤任主编的大型系列工具书《简明国际百科全书》（十卷本）中的一卷，是中国社会科学院确定的重点科研和资助课题，被国家新闻出版署列为"八五"和"九五"期间重点选题和出版项目。《东欧两国议会》介绍了匈牙利、塞尔维亚和黑山议会的历史沿革、在国家政治中的地位、构成与职权、运作方式、议会选举和议员地位等内容。8 部列国志全面反映了 8 个中东欧国家国土、民族、历史、政治、经济、军事、教科文卫、外交等方面的情况，为中东欧研究提供了富有价值的背景资料，为国人打开了了解中东欧的窗口，也获得了中东欧国家的赞赏。2006 年，张颖研究员因《保加利亚》一书获保加利亚总统颁发的"基里尔和麦托迪"勋章（二级）。《十个人的观点——左翼和右翼关键人物对 1989 年政权更迭过程中决定性事件的看法》记录了 10 位捷克著名人士对 1989 年 11 月事件的回忆和看法，是研究捷克斯洛伐克政局剧变可以依据的难得资料。

（四）适应中国与中东欧国家关系发展需要，加强应用研究

2012 年 4 月，国务院总理温家宝出席在波兰首都华沙举行的首次中国-中东欧国家领导人会晤，提出深化中国与中东欧国家关系的 12 项举措；2013 年 11 月，李克强总理出席在罗马尼亚首都布加勒斯特举行的第二次中国-中东欧国家领导人会晤，与中东欧 16 国领导人共同制定和发表《中国-中东欧国家合作布加勒斯特纲要》；2014 年 12 月，李克强总理出席在塞尔维亚首都贝尔格莱德举行的第三次中国-中东欧国家领导人会晤，与中东欧 16 国领导人共同制定和发表《中国-中东欧国家合作贝尔格莱德纲要》。中国与中东欧国家关系进入全新阶段，成为中欧关系的新引擎，并将在丝绸之路经济带和 21 世纪海上丝绸之路建设中发挥重要作用。

中国与中东欧国家合作的全面、深入发展给中东欧研究提出新的要求。为适应形势需要，（中）东欧室加强应用研究，为发展中国与中东欧国家关系提

① 〔捷克〕杜尚·斯帕奇尔、卡雷尔·西斯等：《十个人的观点——左翼和右翼关键人物对 1989 年政权更迭过程中决定性事件的看法》，姜琍译，当代世界出版社，2014。

供智力支持。《中东欧转型 20 年》中用专门一章讨论了冷战后中国与中东欧国家，以及中波、中罗、中捷、中保关系。2013 年，东欧室承担了外交部欧洲司委托课题——“近年来俄罗斯与中东欧国家的经济关系”“中东欧国家利用外部资金的情况”“如何改善中国在中东欧地区的形象”“中国企业走出去的现状与遇到的困难”“罗马尼亚和匈牙利的城镇化进程”；2014 年，东欧室承担了中国-中东欧国家合作秘书处招标项目——“中国对中东欧国家政策：1949~2014”，提供了多篇研究报告。2015 年，东欧室全体人员参与编写的《丝路列国志》[①] 出版。该书介绍了包括中东欧国家在内的丝绸之路经济带相关国家的基本国情，包括国家的发展简史、政治制度、政治和经济形势、社会状况、国际关系，以及各国的投资环境，尤其是投资政策方面的情况，并对各国做出总体风险评估。该书便于读者查询和了解丝绸之路经济带相关国家最基本的知识，将在“一带一路”建设中起到重要的咨询作用。2017 年，中东欧室邀约“中国社会科学论坛·第三届中国-中东欧论坛”的参会学者撰写的论文集《从“16+1”到“一带一路”：合作·发展·共赢》[②] 出版。论文集探讨了中东欧国家的转型与发展、中国与中东欧国家的双边关系、“16+1”合作与“一带一路”建设、人文交流、中国与中东欧国家合作的机遇与风险等问题，客观反映了国内外部分专家学者对“16+1”合作和“一带一路”的看法，力图以学界的研究成果为推动“16+1”合作和“一带一路”建设建言献策。

（五）实施创新工程，提升研究质量

2013 年，俄罗斯东欧中亚研究所开始实行创新工程。东欧室设计了题为“中东欧与欧洲的分与合——当代东西欧关系研究”的创新项目并付诸实施。该项目突破既有的忽视中东欧国家在欧洲现代历史发展中应有地位的历史观，利用新公布的相关档案和最新研究成果，重新检视中东欧国家在欧洲分与合的演化中的历史地位和作用，特别是政局剧变之后中东欧国家通过“回归欧洲”对欧洲一体化进程的积极参与。该项目虽以历史和国际关系为基础，但力图不

---

① 李永全主编《丝路列国志》，社会科学文献出版社，2015。

② 高歌主编《从“16+1”到“一带一路”：合作·发展·共赢——中国社会科学论坛·第三届中国—中东欧论坛论文集》，中国社会科学出版社，2017。

局限于单纯的历史或国际关系，而是尝试呈现中东欧国家在欧洲整合进程中从"准民族国家"到真正意义上的"民族国家"再到"欧洲（欧盟）国家"、从被动服从到主动参与的转变过程，给中东欧国家历史地位和作用以应有的评价。东欧室希望通过该项目的研究，将多年积累下来的资料和以往的基础研究进行深化和整合，使以往的国别研究和问题研究逐渐转向理论研究和学科研究，使传统上属于斯拉夫研究范畴的中东欧研究与欧洲研究相结合，扩大中东欧研究的视野，增添新的研究范式，进而从根本上提升中东欧研究的质量。2017年，创新项目研究成果《欧洲的分与合：中东欧与欧洲一体化》[①]出版。

2016年，中东欧室创新项目"中东欧与国际秩序的演进"立项。该项目以中东欧为主要研究对象，但不囿于中东欧研究范畴，而是从中东欧变迁说开去，探讨中东欧变迁与国际秩序演进的关系，深刻理解中东欧的发展动态和国际秩序的演进轨迹，准确把握其趋向，促进国际政治理论和实践的创新；同时，从中东欧的角度阐释问题的原生性和相关理论的演进，可以打破国际政治和国际关系理论的西方（欧）中心论，凸显中东欧研究在国际政治研究中不可忽视的地位，强化其学科价值；不仅如此，严肃和客观地讨论冷战后国际政治中出现的新观点和新规则还有助于中国充分了解和认识国际政治中的新理论和新发展，更为恰当地处理与中东欧国家、欧盟乃至世界其他大国的关系，推进"16+1"合作和"一带一路"建设。目前，中东欧室正在开展该项目研究，预计2019年结项。

（六）重视人才培养和引进，加强研究队伍建设

面对因老同志离开工作岗位和多名人员调离所带来的研究力量不足状况，（中）东欧室特别注重人才培养和引进。为充实研究队伍，（中）东欧室先后招收保加利亚语、罗马尼亚语和匈牙利语等小语种专业的高校毕业生入室，从外单位调入专门从事捷克和斯洛伐克研究的人员，留用在本室进行博士后研究的人员，并吸纳留学回国人员。同时，鼓励本室研究人员继续深造，已有两人分别获得了硕士和博士学位，另有两人博士在读，即将获得博士学位。中东欧室现有7名科研人员，除英语外，掌握捷克语、斯洛伐克语、匈牙利语、罗马

① 朱晓中主编《欧洲的分与合：中东欧与欧洲一体化》，中国社会科学出版社，2017。

尼亚语、保加利亚语等语种；7人皆在50岁以下；博士4人、硕士2人、本科1人；高级职称3人、中级职称4人；是国内现有中东欧问题研究机构中人数和语种相对较多、年龄梯次较为合理、人员素质较高、学术力量较强的学术机构。

（七）采取多项措施，扩大中东欧室的学术影响力

除不断推出兼具理论价值和现实意义的研究成果外，（中）东欧室还采取多项措施，扩大学术影响力。

第一，举办“中国-中东欧论坛”。

2011年9月22~23日和2014年10月16~17日，东欧室举办了两届“中国-中东欧论坛”，其中2011年的第一届论坛是俄罗斯东欧中亚研究所自1965年建所以来首次举办有关中东欧研究的论坛。两届论坛获得国内外专家学者的积极响应，并受到中东欧国家驻华使节的极大关注。每届论坛都有来自国内和中东欧国家大学和研究机构的专家学者60余人参加。与会者从多层次、多角度、多学科，围绕中东欧国家转型、欧盟东扩对中东欧和欧洲一体化的影响，以及中国与中东欧国家关系等问题进行深入探讨，为中东欧国家转型和加入欧盟的进程及后果，乃至欧洲的未来把脉，为中国与中东欧国家关系的发展献计，为拓展与深化中东欧研究寻求新的路径。

2016年10月21~22日，中东欧室与上海大学合办“中国社会科学论坛·第三届中国-中东欧论坛”。来自国内10多家学术机构和高等院校、11个中东欧国家以及俄罗斯和乌克兰等国相关机构的70余位专家学者从政治、经济、外交、文化等多个视角出发，讨论中东欧国家转型和发展及中国与中东欧国家关系，评析“16+1”合作取得的成果并指出面临的挑战，探讨“16+1”合作与“一带一路”建设的关系等问题。与会者一致认为，论坛进一步推动了中国与中东欧国家关系及相关问题的研究，为促进“16+1”合作和“一带一路”建设提供了智力支持，是一次多学科、多领域、多层次、广度与深度并重的高水平国际论坛。

第二，创办《中东欧研究简讯》。

2011年11月，为介绍国内同行的研究状况和进展，增进国内同行之间的了解和联系，推介国内外相关研究状况和成果，推动中东欧研究更上台阶，东欧室创办电子刊物《中东欧研究简讯》。至今，《中东欧研究简讯》已出版46期，以其学术性获得国内中东欧研究学界的一致好评。

第三，举办北京地区中东欧问题研究者新年联谊会。

自2012年起，（中）东欧室每年春节前举办北京地区中东欧问题研究者新年联谊会，迄今已举办了7届，参加人数逐年增加。与会者在此交流研究体会，探讨学术难题，展示科研成果，寻求合作机会。联谊会已经成为一个颇具吸引力的非正式论坛，具有一定的品牌效应。

第四，开通“中东欧观察”微信公众号。

2015年元旦前夕，东欧室开通“中东欧观察”微信公众号，旨在利用这一新媒体平台，报道中东欧国家最新动态，传播东欧室及国内外中东欧学界的研究成果，提升（中）东欧室的社会影响力。迄今为止，公众号已有2700多名关注者，在中东欧研究学界和社会上获得了很好的反响。

中东欧研究室自建立以来，经过30余年的曲折历程和几代“中东欧人”的不懈努力，取得了丰硕的成果，出版了40余部专著、译著，发表了大量学术论文，已经发展成为国内领先的中东欧问题研究机构。今后，中东欧室将继续提高研究水平，推出高质量的学术成果，密切与国内外同行的学术交流，巩固在国内中东欧研究学界的前沿地位，扩大国际知名度和学术影响力。

中国社会科学院的白俄罗斯研究与中白学术交流

赵会荣

1990年白俄罗斯最高苏维埃通过国家主权宣言，次年改名为白俄罗斯共和国。1992年中国社会科学院设立机构，启动了对白俄罗斯的国别和地区研究，之后陆续推出了很多基础研究和应用研究成果，这些成果对于促进中白两国人民相互了解、增进互信发挥了积极作用。2013年，中白两国建立全面战略伙伴关系，习近平总书记提出建设“一带一路”的伟大倡议，双边各领域合作蓬勃发展，中国社会科学院的白俄罗斯研究和中白学术交流获得了新的发展机遇。

一　中国社会科学院的白俄罗斯研究

1955年中国科学院哲学社会科学学部成立。1977年5月7日，经中共中央批准，在中国科学院哲学社会科学学部基础上正式成立中国社会科学院。2007年党中央明确提出，努力把中国社会科学院建设成为马克思主义的坚强阵地、建设成为党中央国务院重要思想库和智囊团、建设成为中国哲学社会科学研究的最高殿堂（简称三大定位）。中国社会科学院有文学哲学部、历史学部、经济学部、社会政法学部、国际研究学部、马克思主义研究学部六大学部，38个研究院所。研究范围覆盖马克思主义、哲学、宗教学、语言学、文学、历史学、考古学、经济学、政治学、法学、社会学、民族学、新闻传播学、国际政治和经济、人口学等哲学社会科学主要学科领域。中国社会科学院有一级学科 16 个，二、三级学科 260 个。白俄罗斯研究属于三级学科。

俄罗斯东欧中亚研究所隶属国际研究学部，最初名为苏联东欧研究所（简称苏东所），始建于 1965 年，在行政关系上隶属中国科学院哲学社会科学学部，在业务上则由中共中央对外联络部领导。1968 年，苏联东欧研究所行政隶属关系转至中联部。1981 年，苏联东欧研究所划归中国社会科学院。苏联解体后，1992 年 1 月 29 日，中国社会科学院苏联东欧研究所更名为“中国社会科学院东欧中亚研究所”，2002 年 10 月改为俄罗斯东欧中亚研究所，沿用至今。

俄罗斯东欧中亚研究所现有编制 110 人。下设 8 个研究室，即俄罗斯政治社会文化研究室，俄罗斯经济研究室，俄罗斯外交研究室，战略研究室，俄罗斯历史与文化研究室，中亚与高加索研究室，中东欧研究室和乌克兰、白俄罗斯、摩尔多瓦和波罗的海三国研究室（简称乌克兰室）。

乌克兰室最初称第二东欧研究室，1992 年 5 月建立，研究对象为乌克兰、白俄罗斯、摩尔多瓦和波罗的海三国。1994 年 10 月 30 日，根据中国社会科学院“关于开展学科情况调研，制定学科调整方案的通知”，俄东所根据对象国的国际地位、现有科研力量及其在国内学术界的水平将 27 个研究对象国划分为三类，其中乌克兰被列为重点研究对象之一，属于第一类。白俄罗斯属于第二类。摩尔多瓦和波罗的海三国属于第三类。第二东欧室更名为乌克兰研究室，沿用至今。研究室主要的工作任务是研究对象国的基本国情、走向、对地区和世界格局的影响，以及中国如何与这些国家发展友好关系。目前，乌克兰研究室共有 7 人，其中研究员 2 人，副研究员 2 人，助理研究员 3 人；博士 6 人；硕士导师 2 人。

中国社会科学院白俄罗斯学科的发展经历了一个循序渐进的过程。起初，由于白俄罗斯刚刚独立，外界对白俄罗斯的方方面面都不了解，而研究所科研人员的外语功底普遍很好，因此，研究所组织科研人员翻译和编写了大量有关白俄罗斯的国情资料，包括《苏联概览》《苏联百科辞典》《苏联民族史》《新东欧六国土地法》《东欧中亚国家年鉴》《东欧中亚国家岁末文集》《东欧中亚国家的住房制度改革问题》《俄罗斯东欧左翼政党情况简介》《六国私有化法律文件汇编》《世界民族丛书》《东欧列国志》《简明东欧百科》《独联体经济贸易百问》《国际百科——欧洲卷》《东欧中亚经贸旅游指南》等。

随着社会上对了解白俄罗斯等国相关情况需求的不断增加以及白俄罗斯学科研队伍的逐步壮大，白俄罗斯研究不断深化和扩展，陆续出版了《十年巨变——新东欧卷》《列国志——白俄罗斯》《丝路列国志》《白俄罗斯简史》（译著）等工具书和学术著作。其中，《白俄罗斯简史》是时任白俄罗斯科学院历史研究所所长、白俄罗斯科学院人文科学部学术秘书、通讯院士 A. A. 科瓦列尼亚带领该所学者集体创作的学术成果，代表了白俄罗斯科学院历史研究的最新成就，拥有权威性。作者使用最新的研究方法解读白俄罗斯的历史思想以及白俄罗斯的民族国家思想，以翔实准确的史料、条理清楚的逻辑及精炼优美的语言，对于白俄罗斯从远古到 21 世纪的历史进行了深度、权威的分析，反映了白俄罗斯人民在欧洲文明发展中的成就、地位、作用和贡献。《白俄罗斯简史》的翻译和出版具有重要的学术价值和现实意义，可以增进中国读者对白俄罗斯历史文化的了解，有助于两国在相互尊重各自历史文化传统的基础上在各个领域的更好合作。此外，研究所的科研人员还参与了很多集体著作的写作，如《独联体“颜色革命”：根源、走势和影响》《苏东剧变之后：对 119 个问题的思考》《普京八年：俄罗斯复兴之路》以及《“一带一路”建设发展报告》系列著作。

俄罗斯东欧中亚研究所的科研人员在国内外的著作和期刊上发表了大量有关白俄罗斯的学术论文。中文学术论文主要有：《白俄罗斯内政外交形势、特点及其发展前景》《俄罗斯、中东欧国家近期形势述评》《独立后白俄罗斯农业发展现状、特点及其经验教训》《白俄罗斯的政治转轨——市场改革与民主化的博弈》《中白经贸关系发展与前景》《白俄罗斯缘何能抵御“颜色革命”》《白俄罗斯总统卢卡申科》《白俄罗斯为何要救乌克兰》《白俄罗斯印象》《中白经贸关系发展的空间与路径》《中白工业园：“一带一路”倡议的重要实践》《中白工业园的缘起、进展与前景》《白俄罗斯与“一带一路”》《对中国与白俄罗斯关系的分析与思考》《中白教育合作的现状与前景》《“正名”事件与俄白关系》等。

为了鼓励白俄罗斯研究，2016 年中国社会科学院设立创新工程“中白关系史研究（1992~2020）”。中国社会科学院国际合作局设立“列国志——白俄罗斯”研究项目。

二　中白学术交流

广泛地开展对外学术交流是中国社会科学院长期坚持的方针。伴随着中白关系的不断发展，两国学术界的交流日益密切，合作领域不断扩展，合作深度不断加强。中国社会科学院与白俄罗斯科研机构的合作内容丰富，形式多样，包括相互进行学术访问、签署合作协议、共同建立研究机构、共同举办学术会议、提供人才培训、开展联合研究等。

（一）双边互访

1999 年 5 月 18~25 日，应中国共产党中央邀请，白俄罗斯共产党第一书记 B. 奇金（B. Чикин）率白共代表团一行 5 人访华，中国社会科学院院长李铁映会见了代表团。2014 年 4 月 22 日，中国社会科学院副院长、党组副书记赵胜轩会见了白俄罗斯总统办公厅信息分析中心主任 A. 巴扎诺夫（A. Базанов）一行。

2014 年 12 月，俄罗斯东欧中亚研究所所长李永全率团访问白俄罗斯。2015 年 3 月 18 日，中国社会科学院副院长李扬会见了到访的白俄罗斯科学院副院长苏卡洛（A. Сукало）一行。2015 年 3 月 19 日，苏卡洛（A. Сукало）副院长率白俄罗斯代表团拜访中国社会科学院俄罗斯东欧中亚研究所，所党委书记李进峰、所长李永全、副所长孙力、中国社会科学院国际合作局欧亚处处长金哲、俄东所乌克兰研究室主任赵会荣以及乌克兰研究室科研人员参加了与白俄罗斯代表团的会谈。2015 年 4 月 23~24 日，乌克兰研究室主任赵会荣应白俄罗斯经济部邀请访问白俄罗斯参加第四届白俄罗斯青年分析人士科学实践研讨会——“2015 日程：丝绸之路上的白俄罗斯”，并在会上就“白俄罗斯与‘一带一路’”做主旨演讲。会后，赵会荣与白俄罗斯智库和高校的代表进行座谈，接受白方多家媒体采访。2015 年 5 月 5 日，乌克兰研究室主任赵会荣就“一带一路”、“一带一盟”对接和中白关系等问题接受白俄罗斯媒体代表团联合采访。

（二）签署合作协议

2015 年 5 月 10 日，中国社会科学院代表团访问白俄罗斯，在中国国家主席习近平和白俄罗斯总统卢卡申科的共同见证下，中国社会科学院与白俄罗斯科学院、白俄罗斯共和国基础科学研究基金会签署了合作备忘录。

（三）建立中白发展分析中心

2016 年 9 月 29 日，在两国元首的见证下，中国社会科学院院长王伟光与白俄罗斯科学院院长古萨科夫在北京签署《建立中白发展分析中心的合作协议》。建立中白发展分析中心旨在落实 2015 年 5 月中白两国元首发表的《关于进一步发展和深化中白全面战略伙伴关系的联合声明》。双方商定，该中心将就中白合作中的重大问题和进程进行科研和应用分析，促进双方进一步提升合作水平和合作效益，并为中白政府间委员会、中白相关国家机构的工作提供建议咨询。

2017 年 2 月 21 日至 25 日，俄东所李永全所长率团访问白俄罗斯。代表团成员包括：中国社会科学院国际合作局副局长胡乐明、欧亚处处长金哲，以及俄东所乌克兰研究室主任赵会荣和科研处许文鸿博士。代表团访问了白俄罗斯国家科学院主席团、白俄罗斯国家科学院经济所、筹建中的中白发展分析中心、白俄罗斯总统办公厅、中国驻白俄罗斯大使馆，参观考察了中白工业园。双方签署《中白发展分析中心章程》。访问期间，白俄罗斯科学院主席团副主席苏卡洛（A. Сукало）为李永全所长和赵会荣主任颁发了荣誉奖章和荣誉证书。此外，代表团还应邀参加了白俄罗斯国立大学孔子学院举办的“‘一带一路’伟大倡议：白俄罗斯的机遇”国际论坛。李永全所长和赵会荣主任在论坛上分别做了大会发言。2017 年 4 月，白俄罗斯中白发展分析中心代表团和白俄罗斯科学院经济所代表团先后访问中国社会科学院，国际合作局王镭局长、俄东所李永全所长与代表团就双方合作事宜举行会谈。乌克兰室主任赵会荣、牛义臣博士，以及社科院国际合作局项目官员余剑飞陪同代表团访问商务部、中国开发性金融促进会等机构。在中白发展分析中心框架下，中白双方多次举行工作会谈、媒体采访、考察交流等活动。2017 年 5 月 10 日，白俄罗斯媒体代表团访问俄罗斯东欧中亚研究所，对李永全所长进行专访。

（四）举办学术论坛

2015年9月4日，由中国社会科学院和白俄罗斯科学院联合主办的首届中国-白俄罗斯学术论坛在北京召开，来自白俄罗斯科学院的代表以及国内各研究单位和部委代表近200人参会。中国社会科学院院长王伟光、白俄罗斯科学院主席团第一副主席奇日克、中国外交部欧亚司参赞孙炜东和白俄罗斯驻华大使布里亚分别致辞，中国社会科学院副院长蔡昉主持开幕式。论坛围绕"世界反法西斯战争暨中国人民抗日战争的历史地位和现实意义""中国与白俄罗斯对世界反法西斯战争做出的贡献""白俄罗斯参与中国抗日战争的历史回顾""中白战略伙伴关系的成就、问题和前景"以及"丝绸之路经济带建设中的中白务实合作"五个议题展开讨论，旨在推动对世界反法西斯战争暨中国人民抗日战争相关问题的深入研究，促进丝绸之路经济带建设以及中白两国关系健康发展。论坛结束后，俄罗斯东欧中亚研究所副所长孙力、研究员张弘陪同白俄罗斯代表团访问了上海社科院等单位。2017年6月中旬，中国社会科学院代表团访问白俄罗斯，调研中白工业园、别拉斯、白吉利汽车等中白合作项目。中白双方在明斯克举办了第二届中白学术论坛，俄罗斯东欧中亚研究所李永全所长、赵会荣主任、刘显忠主任和科研处副处长许文鸿博士在论坛上发言。2018年双方将在北京举办第三届中白学术论坛。

（五）互译出版著作

2016年9月29日，白俄罗斯总统卢卡申科访华期间，为进一步加强中白全面战略伙伴关系，增进两国人民的传统友谊，深化双方的学术交流与合作，中国社会科学院、白俄罗斯驻华使馆和社科文献出版社在俄罗斯东欧中亚研究所联合举办《白俄罗斯简史》中文译著新书发布会。中国社科院副院长蔡昉、白俄罗斯科学院院长古萨科夫、白俄罗斯驻华大使鲁德、中国社科院俄罗斯东欧中亚研究所党委书记李进峰和所长李永全及其他国家驻华使领馆代表和人员共百余人出席活动。李永全所长致辞时指出，《白俄罗斯简史》的翻译、出版得到了中国社会科学院领导的鼓励和支持，也是中国社会科学院与白俄罗斯科学院合作的第一项重要成果，是中白人文交流领域的重要事件。加强中白人文合作是发展中白关系的重要组成部分。中华文明和白俄罗斯所代表的那部分斯拉夫文明具有相同、相似之处，也有差异和互补之处。在全球化和区域一体化的进程中，尤其在共同建设丝绸之经济带的过程中，如何实现互利共赢，实现共同发展、共同繁荣，是应用科学面临的重要课题。俄罗斯东欧中亚研究所副所长孙力主持会议，中国驻白俄罗斯前大使吴虹滨、白俄罗斯科学院历史所所长 B. 达尼洛维奇（В. Данилович）、北京第二外国语大学白俄罗斯研究中心主任张惠芹教授、俄罗斯东欧中亚研究所俄罗斯历史文化研究室主任刘显忠研究员，以及该书的译者赵会荣研究员、审校王宪举研究员做了会议发言。刘显忠指出，该书为读者提供了一个认识白俄罗斯、俄罗斯、波兰的全新视角。这本书是具有真正独立地位的白俄罗斯学者对自己国家历史的解读，与苏联及西方的描述有很多不同。按照中国社会科学院与白俄罗斯科学院签署的合作协议，白俄罗斯科学院将组织专家翻译《中国通史》。

（六）举办研修班

2016 年 11 月 27 日至 12 月 10 日，中国社会科学院举办"'一带一路'建设与中白合作研修班"，来自白俄罗斯总统办公厅、经济部、财政部、外交部、科技委员会、贸易工业署、农业食品部、铁路局、海关总署、中白工业园等部委官员以及智库代表应邀参加研修班。研修班访华期间，中国社会科学院邀请了有关部委、企业和专家代表为研修班学员介绍中国改革开放、国际金融合作、国际经贸合作等方面的情况。中国社科院俄东所所长李永全会见研修班全体学员，向学员们介绍了"一带一路""一带一盟"对接以及中白合作的有关情况并回答了学员们的问题。李永全所长还会见了中白发展分析中心白方代表。俄东所副所长孙力、乌克兰研究室主任赵会荣及牛义臣博士陪同白俄罗斯研修班参观了苏州工业园和漳州开发区。2017 年 4 月 17 日，中国社会科学院主办的丝绸之路研究院揭牌仪式暨"'一带一路'建设与欧亚地区联动发展"国际研修班开班仪式在北京隆重举行。中国社会科学院副院长蔡昉、中国开发性金融促进会执行副会长李吉平、中国社会科学院国际合作局局长王镭、中国社会科学院俄罗斯东欧中亚研究所所长李永全出席仪式并致辞。来自白俄罗斯等 7 国共 25 名学员参加了研修班。

（七）开展合作研究项目

随着中白两国学术交流的不断加强，跨国合作研究逐渐提上日程。中国社会科学院与白俄罗斯基础研究基金会签署合作备忘录后，俄罗斯东欧中亚研究所与白俄罗斯科学院历史研究所联合申请了科研合作项目“中白两国政治、经济、教育与文化联系”。此外，中国社会科学院世界经济与政治研究所、社会学研究所、信息情报院等单位也与白俄罗斯科学院有关机构联合申请了科研合作项目。

（八）建设中国研究中心

为了支持白俄罗斯的中国研究，中国社会科学院与白俄罗斯国立大学就在该校建立中国研究中心进行磋商。2017 年 9 月，在中国研究中心框架下，中国社会科学院经济学家代表团出访白俄罗斯，与白俄罗斯国立大学等机构进行交流。10 月，俄罗斯东欧中亚研究所李永全所长率团访问白俄罗斯国立大学，乌克兰室主任赵会荣、中东欧室主任高歌和张艳璐博士随团出访。

中国社会科学院的乌克兰研究与中乌学术交流

赵会荣

乌克兰研究作为一门学科属于政治学（一级学科）和国际关系（二级学科）之下的三级学科，属国别研究。国内当代乌克兰研究是乌克兰脱离苏联独立以后建立起来的，相对于其他学科起步较晚，所拥有的研究资源和研究条件相对有限，在开展学术交流、争取研究课题、建设研究团队、发表研究成果等很多方面都面临困难。在中国乌克兰学的构建和发展过程中，中国社会科学院作为权威的国家级学术机构和智囊团发挥了中流砥柱的作用。1994 年，乌克兰研究被中国社会科学院俄罗斯东欧中亚研究所列为国别研究重点。2017 年，乌克兰学科被中国社会科学院确定为特殊学科，予以大力扶持。

一　研究机构

中国社会科学院于 1955 年成立，前身是中国科学院哲学社会科学学部，时任中国科学院院长的郭沫若兼任哲学社会科学学部主任。1977 年 5 月 7 日，经中共中央批准，在中国科学院哲学社会科学学部基础上正式成立中国社会科学院。胡乔木、马洪、胡绳、李铁映、陈奎元、王伟光先后担任院长，现任院长是谢伏瞻。现有文学哲学部、历史学部、经济学部、社会政法学部、国际研究学部、马克思主义研究学部 6 大学部，38 个研究院所，10 个职能部门，8

个直属单位，非实体研究中心180个，主管全国性学术社团105个，并代管中国地方志指导小组办公室。研究范围覆盖马克思主义、哲学、宗教学、语言学、文学、历史学、考古学、经济学、政治学、法学、社会学、民族学、新闻传播学、国际政治和经济、人口学等哲学社会科学主要学科领域。中国社会科学院有一级学科16个，二、三级学科260个，拥有《中国社会科学报》和91种哲学社会科学学术刊物，拥有中国社会科学出版社、社会科学文献出版社、经济管理出版社、当代中国出版社、方志出版社5家专业出版社。中国社会科学院图书馆的藏书量在国内仅次于国家图书馆。中国社会科学网是专业学术网站。目前，中国社会科学院正全力打造“报、刊、社、馆、库、网”名优工程。

截至2013年初，中国社会科学院已出版学术著作1.1万部、科学论文12万篇、研究报告2.4万份，此外还有大量的学术资料、译著、教材、工具书、古籍整理、理论宣传文章等其他形式的科研成果。2007年党中央明确提出，努力把中国社会科学院建设成为马克思主义的坚强阵地，建设成为党中央国务院重要思想库和智囊团，建设成为中国哲学社会科学研究的最高殿堂。

俄罗斯东欧中亚研究所是中国社会科学院下属的国际问题研究领域的研究所，隶属国际研究学部。历任所长为叶蠖生、刘克明、徐葵、张文武、李静杰、邢广程、吴恩远、李永全。现任所长孙壮志，党委书记李进峰，副所长孙力、柴瑜。俄罗斯东欧中亚研究所现有编制110人。下设8个研究室，即俄罗斯政治社会文化研究室、俄罗斯经济研究室、俄罗斯外交研究室、战略研究室、俄罗斯历史与文化研究室、中亚与高加索研究室、中东欧研究室和乌克兰研究室。研究所设有杂志社，出版两份学术刊物，即《俄罗斯东欧中亚研究》和《欧亚经济》（原名为《俄罗斯中亚东欧市场》），均系中国社会科学院核心期刊，在国内外公开发行。设有专业图书馆，馆藏图书6万余册。有科研处、办公室等4个科研辅助和行政后勤部门。

俄罗斯东欧中亚研究所始建于1965年，最初名为苏联东欧研究所。其背景是1964年毛泽东主席提出我国应加强对国际问题的研究，并指示成立包括苏联东欧研究所在内的14个研究所。苏联东欧研究所就是根据该指示精神筹建的。当时苏联东欧研究所在行政关系上隶属中国科学院哲学社会科学学部，在业务上则由中共中央对外联络部领导。1968 年，苏联东欧研究所行政隶属关系转至中联部。1981 年，苏联东欧研究所划归中国社会科学院。苏联解体后，1992 年 1 月 29 日中国社会科学院苏联东欧研究所更名为中国社会科学院东欧中亚研究所，2002 年 10 月改为俄罗斯东欧中亚研究所（简称俄东所）。

俄东所根据形势变化对研究方向和学科设置做出大幅度调整，按照国别组建了新的东欧学科及两个相应的研究室：第一东欧研究室（研究对象为波兰、匈牙利等东欧国家）和第二东欧研究室（1992 年 5 月成立，研究对象为乌克兰、白俄罗斯、摩尔多瓦和波罗的海三国）。1994 年 10 月 30 日，根据中国社会科学院“关于开展学科情况调研，制定学科调整方案的通知”，研究所根据对象国的国际地位、现有科研力量及其在国内学术界的水平将 27 个研究对象国划分为三类，其中乌克兰被列为重点研究对象之一，属于第一类。白俄罗斯属于第二类。摩尔多瓦和波罗的海三国属于第三类。第二东欧室更名为乌克兰研究室（负责研究乌克兰等六国），沿用至今。研究室主要的工作任务是研究对象国的基本国情、走向、对地区和世界格局的影响，以及中国如何与这些国家发展友好关系。

二　研究成果

乌克兰研究室成立以后，虽然面临人员不足、资料匮乏、对外交流机会有限等困难，但凭借研究人员素质较高、研究基础较扎实、外语功底好、研究继承性好等优势，以及俄东所提供的强大学术支持，依托中国社会科学院在国内外学术研究和交流方面的机制，黄日炤、马贵友、何卫等老一辈学者作为研究室主任和学科带头人精准把握学科发展的基本方向，建立研究团队，在基础研究和应用研究领域撰写了一系列重要学术成果，为国内乌克兰学科的建立与发展做出了重要贡献。

最初，乌克兰研究室的科研工作以翻译和编写乌克兰等国的国情资料为主。黄日炤、董晓阳、马贵友、何卫、李允华、施玉宇、顾志红、付素妍、李兴汉等老一辈学者编译和撰写了很多基础资料和专题资料，主要包括《苏联概览》《苏联百科辞典》《苏联民族史》《新东欧六国土地法》《东欧中亚国家年鉴》《东欧中亚国家岁末文集》《东欧中亚国家的住房制度改革问题》《俄罗斯东欧左翼政党情况简介》《六国私有化法律文件汇编》《世界民族丛书》《东欧列国志》《简明东欧百科》《独联体经济贸易百问》《国际百科——欧洲卷》《东欧中亚经贸旅游指南》等。这些成果资料翔实，释证严谨，论断中肯，针对性强，为国内读者系统了解乌克兰等国的基本国情提供了及时的帮助，在学术界和社会上产生热烈反响，也为后续的乌克兰等国研究奠定了坚实的基础。

随着社会上对了解乌克兰等国相关情况需求的不断增长以及乌克兰学科研究队伍的逐步壮大，乌克兰研究不断深化和扩展。乌克兰学科发表的工具书和专著主要包括：《新编乌克兰语汉语词典》《十年巨变——新东欧卷》《非常邻国——乌克兰与俄罗斯》《列国志・乌克兰》《冲突与合作：乌克兰与俄罗斯的经济关系（1991~2008）》《转型国家的政治稳定研究：对乌克兰危机的理论思考》。其中，《新编乌克兰语汉语词典》是国内第一部中型综合语文双语工具书，全书约 400 万字，共收词条约 80000 条，以政治、经济、社会、文化、生活等领域的常用词为主，兼收各领域比较普及的专业词条，例证精炼、典型，释义准确、完整，以权威的乌克兰科学院语言所专家伊里英等编著、基辅“乌克兰苏维埃百科全书”出版社出版的《乌俄词典》为蓝本，加入大量新词编写而成，是中乌两国领导人见证签署的科研合作协议项目之一，获中国出版集团“宣传文化发展专项资金”支持。

近年来乌克兰学科发表的学术论文主要包括：《乌克兰东部热战的冷思考》《乌克兰危机形势新变化及今后走向》《波罗申科时期的乌克兰：危机仍在深化》《当前乌克兰政治基本特征与影响因素》《乌克兰危机的内外因素分析》《乌克兰危机：内因、大国博弈因素与前景》《乌克兰政权危机与其“欧洲梦”》《乌克兰的腐败与反腐败》《脱俄入欧：独立后乌克兰历史政策的变化（1991~2013）》《大国关系调整与乌克兰的“欧洲一体化危机”》《精英与乌克兰的政治转型》《地缘政治对政治转型的影响——条件、方式和后果》《乌克兰企业财务会计制度发展的进程与特点》《2011 年乌克兰宏观经济形势与政策》《2013 年乌克兰新税法评析》《中乌战略伙伴关系与中国的欧亚战略》等。此外，乌克兰研究室的科研人员还参与了很多集体著作的写作，如《独联体“颜色革命”：根源、走势和影响》《苏东剧变之后：对 119 个问题的思考》《普京八年：俄罗斯复兴之路》《丝路列国志》《俄罗斯发展报告》等。作为国家级智囊团，乌克兰研究室还承担了多项国家有关部委、银行和企业委托交办的课题。这些研究成果受到有关政府部门、企业和学界的重视，为政府决策和企业“走出去”提供了有益的智力支持，对于推动学科建设、扩大研究所和研究室的学术影响起到积极作用。仅 2016 年乌克兰研究室就有 8 篇内部报告获奖。

根据中国社会科学院三大定位和三大强院战略（科研强院、人才强院和管理强院）以及俄东所“加快构建中国特色俄罗斯东欧中亚学科体系”的学科建设基本方针，乌克兰研究室依托学科优势，秉持学术传统，积极扩展中国乌克兰学科的研究布局，对乌克兰学科基本问题和一些重大问题，特别是对中国社会主义建设有一定借鉴意义的问题进行系统研究。近年来研究室的科研方向逐渐转向区域问题研究和比较研究，科研水平不断提高。乌克兰学科的一些重要问题（地缘政治、转型、地区一体化、内政、外交、中乌关系）和热点问题的系统研究成果几乎都是由乌克兰研究室率先完成并出版的，学术影响力也随之获得提升。截至目前，中国社会科学院俄东所乌克兰研究室是国内唯一成建制的研究当代乌克兰等六国政治、经济、外交等问题的国家级学术机构。乌克兰研究室负责的研究对象涵盖六个国家：乌克兰、白俄罗斯、摩尔多瓦、立陶宛、爱沙尼亚、拉脱维亚，研究范围涉及政治、经济、历史、国际关系、社会和文化等各领域。乌克兰研究室共有 7 人，其中研究员 2 人，副研究员 2 人，助理研究员 3 人；博士或博士后 6 人；硕士导师 2 人。乌克兰研究室在乌克兰研究方面着重开展以下三个方面的工作：一是吸引人才，培养学科人才和学术专家，建设乌克兰研究团队；二是有计划地推出一批具有重要学术价值和现实意义的学术成果；三是加强对外学术交流，开展合作研究。

三　学术交流

近年来，为了推动对乌克兰危机及其相关问题的深入研究，增进乌克兰学科的建设，促进中乌两国关系更健康地发展，中国社会科学院俄罗斯东欧中亚研究所举办了很多学术活动。2015 年 4 月 21 日，乌克兰室举办了“乌克兰危机走向及对大国关系的影响”学术座谈会，邀请国务院发展研究中心、外交部国际问题研究院、中国现代国际关系研究院、俄东所等30多位京内学者及外交部、中联部、商务部、中国国际友联会等职能部门专家，共同讨论乌克兰危机的走向，深入认识俄美欧在危机中的政策，为中国的应对提供有价值的建议。会议由中国社会科学院俄东所乌克兰室主任赵会荣主持，集中讨论了以下五个方面的问题：乌克兰危机的走向和前景，俄美欧在乌克兰危机中的目标和策略，俄罗斯在乌克兰危机中的军事应对，乌克兰危机对大国关系和国际格局演进的影响，中国对乌克兰危机的应对。2015年9月25日，乌克兰室在俄罗斯东欧中亚研究所举办《乌克兰学》发展研讨会。研讨会由乌克兰研究室主任赵会荣主持。张森、陆南泉、黄日炤、赵常庆、杨家荣、简隆德、陈联璧、向祖文、何卫等研究所老一辈学者应邀参会。俄东所党委书记李进峰、副所长孙力、党委委员董文柱和庞大鹏，以及吴宏伟、高歌、刘显忠、宋红、许齐等各研究室和部门负责人及研究生代表莅临会议。会议主要有两个议题：一是回顾乌克兰学科建设和发展的历程；二是探讨在当前条件下如何促进乌克兰学科的发展。研讨会的关键词是传承与创新。会上，老一辈学者为乌克兰学科发展出谋划策，鼓励青年学者不畏困难，继续为学科发展贡献力量。李进峰书记和孙力副所长对于乌克兰研究室搞好学科建设、团队建设等重要问题做出指示。除了举办学术会议，乌克兰研究室还与武汉大学、浙江师范大学、大连外国语大学和上海外国语大学等高校建立的乌克兰研究中心保持学术交流与合作，共同推动乌克兰学科的发展。

广泛开展对外学术交流是中国社会科学院的重要工作方向之一。截至2013年初，中国社会科学院对外签订学术交流协议140个，对外学术交流遍及130个国家和地区，全院年均对外学术交流总量3000人次。伴随着中乌关系的不断发展，两国学术界的交流日益密切，合作领域不断扩展，合作深度不断加强。2011年，中乌学术论坛机制建立。同年，在俄东所领导的支持下，乌克兰室承办了第一届中乌学术论坛。2012年10月，中国社会科学院副院长李扬率团访问乌克兰，与乌克兰科学院、战略所、财政部等机构进行座谈。2015年6月23~25日，中国社科院俄东所副所长孙力率乌克兰室科研人员访问乌克兰，并与乌克兰拉祖姆克夫中心共同举办“中国-乌克兰关系：相互协作的前景和合作的主要方向”专家研讨会。中乌双方代表就乌克兰及中乌关系等问题交流看法。2015 年 11 月 25 日，乌克兰室与乌克兰驻华使馆合作召开“中乌战略合作关系前景”圆桌会议。双方就如何开展中乌合作深入交流意见，俄东所所长李永全研究员、乌克兰室主任赵会荣研究员以及张弘研究员参会并发言。2016 年 5 月，俄东所白晓红研究员和张弘研究员参加了在基辅举行的中乌关系学术会议。2017 年 10 月，乌克兰室主任赵会荣、战略室主任薛福岐和中东欧室主任高歌对乌克兰进行学术访问，与乌克兰汉学家协会、乌克兰科学院法学所、基辅大学国际关系学院、外交学院、敖德萨国立大学、哈尔科夫国立大学、利沃夫国立大学等科研院所的专家学者以及利沃夫州政府、利沃夫市议会等政府机构官员进行座谈。2017 年 11 月，中国社会科学院举办中乌学者高端学术对话会，来自乌克兰高校的专家学者和乌克兰驻华使馆官员参加会议。俄东所孙壮志所长和赵会荣主任参会并发言。同年，中国社会科学院在乌克兰敖德萨海事大学建立中国研究中心。

特殊历史时期诞生的中俄关系史研究室

薛衔天

中国社会科学院近代史研究所中俄关系史研究室是在中苏大论战、中苏关系全面恶化这一特殊的国际大背景下诞生的，正式建立于 1972 年（当时称中俄关系史研究组），其全部工作围绕反对苏共修正主义、批判苏联社会帝国主义进行，成为当时全国最重要的专门研究中俄关系史的学术机构。由于研究室是从历史学领域反修，研究室领导人便组织全体研究人员集中全部精力研究沙皇俄国侵略扩张史、沙俄对中国领土侵略史，以及其在经贸、民族和宗教等各个方面的侵华活动。另一项经常性的工作是为外交部中苏边界谈判代表团提供中苏边界历史资料。这两项工作都是硬碰硬的急活儿，极具挑战性。

就中俄关系史研究而言，当时中国大大落后于苏联。俄国的“中国学”研究进入 19 世纪之后一直处于世界领先地位，形成俄国一门重要学科。苏联时期在继承传统的基础上又有新的发展，出现了一批用“马克思列宁主义”观点研究中国问题的专家，对沙皇俄国侵华政策也有所批判，但其基本论调都是沙俄对华一贯执行友好政策，回避沙俄侵占大面积中国领土的基本事实，这些著作对当时中国学界有重大影响。

中国对中俄关系史的研究在清代后期基本上处于萌芽状态，1859 年何秋涛的《朔方备乘》是这一时期的代表作，虽然具有开创意义，但从严格意义上讲，还不能被看作现代意义上的学术著作。民国时期的代表著作是陈复光的《有清一代之中俄关系》（1947 年出版），这是利用中外文文献比较全面地阐述有清一代中俄关系的学术著作，标志中俄关系史研究进入一个新阶段。但没有形成研究队伍，没有专门的研究机构，更没有形成“俄罗斯学”学科。新中国建立后，也很少有人研究中俄关系史，涉及沙俄侵华方面的内容一律成为研究禁区。中国中俄关系史研究基本上属于学科空白，因而研究室的工作几乎是白手起家。

1960 年，中国发表《列宁主义万岁》三篇文章，纪念列宁诞辰九十周年，其实这就是批判苏共修正主义的开始。从此中苏两党意识形态分歧日趋严重，苏共领导人随即将两国意识形态分歧扩大到国家关系层面。1963 年 6 月，中共中央复函苏共中央，指出中共与苏共不是在某些问题上存在分歧，而是在国际共产主义运动总路线方面存在根本分歧，并提出中共的一条总路线。中苏大论战由此全面展开，“反修”便成为当时压倒一切的任务。

在中央统一部署下，中国社会科学院近代史研究所（当时为中国科学院哲学社会科学学部近代史研究所）在 1963 年成立了“中国近代史讨论会”（简称“讨论会”），实际上是中央反修历史组，负责从历史学领域进行反修。被借调到中宣部工作的余绳武同志被调回，参加“讨论会”的领导工作。所内直接领导这项工作的是著名历史学家、近代史研究所副所长黎澍同志，“中国近代史讨论会”这一名称就是他起的。由于“讨论会”还负责为中苏边界问题谈判提供历史资料，外交部余湛司长也参加指导工作。黎澍同志有深厚的马列主义理论修养、开阔的学术视野和勇于开拓的魄力，又得到中央有关部门的支持，“讨论会”草创工作在他领导下进行得十分顺利。一是成立班子。除了余绳武和所内一些同志参加“讨论会”工作外，又从全国调集人才，拓展业务范围。记得从外地被借调来的有李龙牧、金应熙、刘存宽、郑绍钦、张文淳、谢本书等人，他们与所内同志一起，组成最初的班子。二是储备后备力量。近代史所还以反修需要的名义，派人持中宣部、高教部、哲学社会科学学部共同盖印的介绍信，于 1963 年下半年到全国有关高校历史系、中文系、哲学系、经济系、外语系选拔将在 1964 年夏季毕业的优秀学生。这批选拔来的加上正常分配来的，1964 年秋，近代史所一下子进来 36 名新毕业的大学生，是近代史所空前绝后的进人最多的一年。这批人大部分后来都成长为业务骨干（包括调往外地的人），有些人直接进入“讨论会”工作。三是大量收集图书资料。由余绳武、刘存宽等外文好的同志，持上述三个单位加盖公章的介绍信，分赴东北和上海收集中俄关系史方面的图书和报刊，从上海图书馆、大连图书馆、吉林大学图书馆等处，查找到大批珍贵的俄文、英文和部分中文图书，其中有相当大的一部分是绝版书。这些图书就成为深入研究中俄关系的必用书。挑选和收集图书资料工作，不仅需要具备很高的业务和外文水平，更需要有高度的责任心和事业心。所挑选出来的图书，在原来的图书馆里都没有被编目上架，而是被堆放在地下室，多年无人清理，布满灰尘。挑选者要翻遍书堆，将选中的图书登记造册，打捆邮寄，最后还要将剩下的部分加以清理，每项工作都十分辛苦。

正当“中国近代史讨论会”的工作顺利开展的时候，1966 年夏季天翻地覆的“文化大革命”开始了。黎澍同志受到批判，借调来的同志回原单位参加运动，“讨论会”宣布解散。但图书保留完好，所编辑的所有内部资料和报告也都被完整地保存下来，这为余绳武后来正式组建研究室提供了必要的条件。

1969 年 3 月，“珍宝岛事件”爆发，中国批判苏联修正主义进一步升级为批判苏联社会帝国主义，同时开始备战。整个哲学社会科学学部的各个研究所在工军宣队率领下一律下放到河南五七干校，边劳动，边搞运动。直到“九一三”事件之后，学部各所才得以撤回北京。此时全国对苏联社会帝国主义的大批判运动进入高潮，余绳武同志受命组织班子，写一部翔实的《沙俄侵华史》，全面揭露沙皇俄国的侵华罪行。外交部余湛司长还特别叮嘱，这部书要写成资料翔实、持之有据的学术著作，不要空喊口号；要特别注意充分利用苏联学者曾经做出的结论来反驳苏联反华分子的言论。于是，还在 1972 年的“文革”高潮期间，近代史研究所就率先成立了中俄关系史研究组（后来改称中俄关系史研究室，1978 年改称中外关系史第二研究室，后来与中外关系史第一研究室合并，称中外关系史研究室，本文主要阐述从中俄关系研究组到中外关系史研究室成立之前的情况），这样第一个专门研究中俄关系的机构就在全国批判苏联社会帝国主义高潮的历史背景下诞生了。

中俄关系史研究室是近代史所内一个比较大的研究室，余绳武任第一任主任，刘存宽任副主任（从吉林大学正式调入）。1978 年，余绳武升任副所长，刘存宽任主任，薛衔天任副主任；刘存宽退休后，薛衔天任主任，刘蜀永任副主任。先后到这个研究室工作的有近 20 人，记得的有余绳武、刘存宽、徐曰彪、吕一燃（后调边疆中心主持工作）、杨诗浩、章伯锋（后转资料编辑室任主任）、王仲清（后调离近代史所）、王远大（后调中央民族大学）、严四光（后调《历史研究》杂志社）、李玉珍（后转革命史研究室）、郑绍钦（后调世界历史所）、康右铭（后调历史研究所）、张左糸（后调社会学所）、李嘉谷、陈春华、刘蜀永、黄纪莲、薛衔天。余绳武在担任近代史所副所长和所长期间，直到 1998 年退休，一直在这个研究室工作。

研究室的主要工作是集体编写四卷五册（第四卷分上下两册）的《沙俄侵华史》（1976-1990 年由人民出版社陆续出版），进入 20 世纪 80 年代之后，为配合香港回归，余绳武又带领研究室的骨干力量研究香港史。其余的研究人员转入中苏关系史研究。

“文革”期间，所有社科研究机关和高校的一切业务工作全部停止，唯一能做的工作就是批判苏联修正主义和苏联社会帝国主义。继近代史所之后，全国各地各高校几乎都成立起专门批判苏修的写作班子或写作组。上海复旦大学成立写作组编写《沙俄侵华史》，西北地区郭绳武、陈华牵头，集中西北大学、兰州大学和新疆大学的学者撰写《沙俄侵略中国西部地区史》，内蒙古大学特布信领导写作组撰写《沙俄侵略中国蒙古地区史》，黑龙江哲学社会科学研究所（今黑龙江省社会科学院）孟宪章、刘民声、郝建恒等人（集体笔名戎疆）编写《沙皇俄国是如何侵略中国的?》，吉林大学傅孙铭等人撰写《沙俄侵华简史》，北京大学刘祖熙等撰写《沙俄侵略扩张史》，中国人民大学清史所戴逸主编《一六八九年的中俄尼布楚条约》，吉林大学佟冬主编《沙俄与东北》。这些著作到 20 世纪 80 年代先后出版，此外，全国各报刊还发表了大量揭露沙俄在各个方面的侵华文章。中俄关系史成为当时最富成果的研究领域。

在全国众多的写作班子中，中俄关系史研究室是研究力量最强、资料储备最丰富，因而所承担的研究任务最重的研究室，处于全国同一研究领域的中心地位。研究室集体撰写了《沙俄侵华史》，余绳武主编，作者有刘存宽、徐曰彪、吕一燃、杨诗浩、薛衔天、李嘉谷等人。该书共分四卷，第一卷叙述早期沙皇俄国对中国的武装入侵和《尼布楚条约》《布连斯奇条约》的订立；第二卷叙述19世纪中叶沙皇俄国武力吞并中国黑龙江以北、乌苏里江以东地区和逼签《瑷珲条约》《天津条约》《北京条约》的经过；第三卷叙述19世纪下半叶沙皇俄国通过《勘分西北界约记》和《改订条约》割占中国西部大片领土，以及违约侵占帕米尔的经过；第四卷叙述19世纪末至1917年沙俄帝国主义对中国的军事、政治和经济侵略。时间跨度近300年，包括沙俄对华的领土、政治、军事、经济、宗教多方面的侵略内容。梳理清楚这些侵略活动的来龙去脉，除了内容本身之外，必须准确了解中俄两国基本国情，即两国政治、军事、经济、文化情况，以及中俄分别与英美德日法等大国之间的关系这一大的国际背景，任务十分艰巨。余绳武作为领头人，以身作则，心无旁骛，全身心地扑到集体工作上，每一卷他都是主要撰稿人，带头保质保量地完成任务。他所撰写的文章都是所领导指定的任务，如《评罗津斯基著〈中国历史〉》一文，就是所长刘大年指定他写的。吕一燃负责中国北部疆域管辖，研究从秦汉直到清代中央政府对中国西北和东北广大边疆地区设官治民、历史沿革情况，证明被沙俄侵占的土地，自古以来就是中国的领土。被研究室的同志雅称“伊犁将军”和“黑龙江将军”。徐曰彪学风严谨、一丝不苟、干活不要命，被雅称“老夫子”和“拼命三郎”。办公室因唐山地震受损，他就在屋檐下坚持工作。当时没有课题费，经费短缺，办公条件很差，但大家没有一句怨言和不满，全研究室拧成一股绳，形成集体攻关的巨大合力，圆满地完成了任务。《沙俄侵华史》虽然是特殊历史条件下的产物，但它是一部严肃的学术著作。它以确凿的史料和透彻的分析阐述了沙皇俄国对中国领土、军事、政治和经济侵略的历史，深化和拓展了中俄关系史的研究，得出沙俄侵占中国150多万平方公里土地的正确结论，对人们深入了解沙皇俄国侵略中国情况具有重要意义，是对国民进行爱国主义教育的良好教材。因此该书出版后受到学界和社会的重视，荣获中国社会科学院第一届优秀科研成果奖（1993年）。

与中国一样，苏联党和政府也动员起其全国学者掀起批判“中国大汉族霸权主义和毛主义”的浪潮，写文章反击苏联学者的批判，也是中俄关系史研究室的一项经常性的重要任务。余绳武、刘存宽、徐曰彪、薛衔天、李嘉谷等人都写过批判文章。最重要的一篇文章是余绳武领头的《驳谎言的制造者——关于中苏边界的若干问题》一文。该文应《人民日报》要求撰写，该报编辑也参加了文章的修改定稿工作，因此在《人民日报》发表时使用笔名史宇新，暗示本文是历史学家与新闻工作者合作的产物。在沙俄是否侵略中国大片领土问题上，中苏学者争论的核心是《尼布楚条约》的性质问题，是中俄平等条约，还是对沙俄的不平等条约。苏联学者歪曲历史事实，说中国根据《尼布楚条约》割占了俄国大片领土；而俄国依据《瑷珲条约》和《北京条约》等割占的中国领土是俄国收复失地。史宇新的文章从充分论述《尼布楚条约》是平等条约入手，批驳了苏联学者在中苏边界问题上的各种谬论。文章发表后余绳武意犹未尽，又专门写了一篇关于《尼布楚条约》的文章——《历史真相不容歪曲——关于〈中俄尼布楚条约〉的几个问题》。由于文章击中要害，于是史宇新成为苏联学者集中批判的对象，总计有几十篇文章。当时中国集中批判苏联的齐赫文斯基，苏联则集中批判中国的史宇新。由此可见，研究室当时在中国的地位。

当时还经常接办上面下达的任务，其中最重大而又紧急的一项，是查核彼得大帝遗嘱的真伪。缘起是巴基斯坦客人问毛泽东主席，彼得大帝是否为继任者留下一份指导沙俄实行对外侵略扩张的具有方略性质的遗嘱。毛主席要求外交部回答。外交部将此问题交研究室查核，并要求写出书面报告，限一周完成。研究室立即全体出动，分赴北京各大图书馆查找中外文有关资料，查到了该遗嘱准确的全文，并加以研究，证明遗嘱是假的，写成研究报告上报，圆满准时地完成了任务。

至于接待全国各有关单位的来访者，提供资料和研究方面的帮助，更是难以计数。应当指出的是，研究室真诚地对待每一位来访者，诚恳地提出自己的意见和提供所掌握的资料，余绳武还将自己所做的重要资料卡片提供给黑龙江社科院的同志使用，令他们无比感动。

为外单位审稿任务也很繁重，一部分稿子是外地同志直接送到研究室征求意见的，一部分是外交部转来的稿子，研究室内的多数人都审过外稿，接到审稿任务的人都放下手边的工作，认真审稿，尽快地完成任务，不影响送审单位的工作。

研究室还协助商务印书馆出版了30余种关于中俄关系史方面的译著，其中大都是极具参考价值的中俄关系重大事件当事人的回忆录或日记，这些译著对深化中俄关系史研究有重要意义。商务印书馆资深编辑翟耀珍同志主持这项工作，余绳武等研究室的同志们为选定译著和译者提出重要建议，有的译著研究室还参加了审稿。

研究室还承担了一项对外合作任务。1991 年 10 月，时任近代史研究所副所长张海鹏与科研处处长徐辉琪访问苏联期间，与苏联科学院列宁格勒图书馆馆长 В. П. 列昂诺夫先生和该馆亚非部主任 Т. Г. 蓬皮扬女士签订协议，分工合作编辑中俄关系文献目录，苏联科学院列宁格勒图书馆负责编辑俄文和其他西文文献，近代史所负责编辑中文和日文文献；文献目录编辑完成后，在苏联和中国同时出版，双方互相交换出版物。这是当时可以做到的非常好的合作协议，如双方都能按协议完成，对中苏两国学者研究中俄两国关系将提供极大方便。苏联解体后，研究室与俄方失去联系。1996 年时任中外关系史第二研究室主任、“中苏国家关系史研究”课题组负责人薛衔天访问俄罗斯科学院远东研究所，顺便访问圣彼得堡图书馆，蓬皮扬女士告知，他们编辑文献目录工作，并未因苏联解体而中断，并将已经做成的卡片展现给薛衔天过目，希望合作继续进行下去。近代史所领导根据这一情况，决定将中俄关系文献目录编辑工作列为本所资料建设的重点项目，成立以张海鹏为主任的编委会，余绳武出面指导，薛衔天、周新民（图书馆学专家，曾任所图书馆副馆长）任主编，姚佐绥、刘丽等任副主编，直接参加文献目录编辑工作的有所内的研究人员和图书资料工作人员 10 多人，黑龙江省图书馆和新疆维吾尔自治区图书馆参加协作，目录反复修改，历经 7 年始告完成。因俄方完稿遥遥无期，所领导决定将《中俄关系中文文献目录（17-20 世纪）》（简称《目录》）自行付梓（俄文目录暂付阙如），于 2002 年由四川人民出版社出版。目录收入近 400 年间关于中俄两国政治、经济、军事、文化等关系方面的中文文献，按主题分类（即按问题分类），计收入图书目录 3364 条，报刊文章目录 3784 条，引用报刊 680 余种，对重要文献做了内容提要，对大型的档案史料丛刊做了分析片，还标识出文献馆藏号，以便读者使用。这是一项艰苦的基础性工程，不唯所收文献力求完整，在文献编排上也做了长远考虑：按主题分类，便于使用者按图索骥，而每一类目文献均以初版年月为序，从而为使用者勾勒出两条线索：一是中俄关系史本身的发展线索；二是中俄关系学术史的发展线索，在哪一阶段，在哪一年都出版了哪些中俄关系史方面的著述。这样《目录》不仅为中俄关系史研究者提供了方便，还为中俄关系学术史的研究者提供了捷径。《目录》对中俄关系学术史研究进行了开创性的探索，为全面研究中俄关系学术史开了一个好头，俄文版获俄国出版界金奖。希望中俄关系史研究者不要忘记这一块学术园地。

尽管沙俄侵华是中俄关系史中十分重要的部分，但远不是全部的中俄关系史，只研究沙俄侵华史，不顾及中俄关系的其他方面，势必使中俄关系史这一重要学术领域的研究走向片面化，不符合学术规律。而中俄关系史在整个历史学领域也只是一个方面而已，全国历史学界全部投入沙俄侵华史研究更不是正常现象。之所以出现上述情况，除了中苏关系恶化的因素之外，主要是“文革”运动期间停止了一切原来正常进行的学术研究。“文革”刚一结束，情况立刻发生了改变。全国各高校临时成立的批判苏修的写作组纷纷解散，研究人员回到自己原来的岗位，进行正常的学术活动。继续保留研究室建制的主要是近代史研究所，其他高校的有关研究人员，大多进入相关的教研室，研究中俄关系史的队伍大大缩减了，但是所研究的领域大大地扩展开来，从沙俄侵华史扩展到中俄外交、经贸、文化、宗教等方面交往史。近代史研究所中俄关系史研究室也转入中苏关系史研究。在沙俄侵华史研究的影响下，新兴起的最突出最有成就的学科是中国边疆史地研究。中国社会科学院正式建立中国边疆史地研究中心（研究所的建制），原来研究沙俄侵华史卓有成绩的吕一燃、马大正主持中心工作，研究队伍迅速成长，研究成果丰硕，一门新兴学科——中国边疆史地学蓬勃发展起来。

中俄关系史研究室改名为中外关系史第二研究室后，特别是进入 20 世纪 80 年代之后，《沙俄侵华史》撰稿工作陆续完成，时任近代史研究所所长的余绳武同志倡导并率领研究室的刘存宽、徐曰彪、刘蜀永、张俊义、张丽等同志撰写《十九世纪的香港》和《20 世纪的香港》，两书于 1994 年和 1995 年分别由中华书局和中国大百科全书出版社出版。其中，《十九世纪的香港》一书运用中、英及香港等地档案资料，对英国侵占香港地区的过程、香港殖民性质的政治体制、文化教育、社会结构和 19 世纪香港经济的发展变化做了系统阐述和精辟分析。《20 世纪的香港》一书则对 20 世纪的香港政制、香港与中国内地的关系以及中英之间就归还香港进行的外交谈判展开了研究。这一研究成果增进了海内外对香港历史真相的了解，有力地配合了香港回归祖国的进程，赢得学界和社会的好评。其中，《十九世纪的香港》获国家社会科学基金项目优秀成果二等奖（1999 年）、中国社会科学院第二届优秀科研成果奖优秀奖（1996 年）。香港教育署将以上两种著作列为教学参考书。

薛衔天、李嘉谷、李玉珍、黄纪莲等人则转入中苏关系史研究，为了编写《中苏关系史》全面收集有关中苏两国关系的文献资料，首先编辑出版《中苏国家关系史资料汇编（1917－1949）》（简称《资料汇编》，分别由中国社会科学出版社和社会科学文献出版社出版，缺第二卷）。《资料汇编》编辑工作十分艰苦，俄文文件主要译自《苏联对外政策文件集》。为收集中文文献，编者几乎跑遍中央档案馆、总参档案馆、外交部档案室，但这些单位一律不出示任何档案文件，只有外交部提供了部分北洋政府档案文件的手抄本（《资料汇编》内凡标明北洋政府某某部档案但没有具体馆藏号的文件，均抄自外交部档案室）。从西藏档案馆复制回来一部分藏文档案，从私人手中抄录了一部分筹办中俄事宜公署档案，这两种档案文件十分珍贵。大量的外交文件采自官书（如《中俄会议参考文件》《政府公报》等）和报纸、杂志，光是查阅报纸一项，不知道花去多少时间和精力，逐年逐月逐日翻阅多种陈旧的报纸，逐字逐句地抄写，逐字逐句地校对，真是千辛万苦，知难而进。好在基础文件基本收齐，在当时中俄档案都未开放的情况下，该《资料汇编》是唯一一部比较全面系统的中苏关系史基础资料集，为中苏关系研究者提供了基本资料，而被广泛使用。所遗憾者，第二卷阙如，再也没有补齐的机会了。

在编纂《资料汇编》同时，研究室成立了“中苏关系史研究”课题组，薛衔天为课题组负责人，开始对中苏关系史进行研究。课题组得到国家社科基金和中国社科院科研基金的资助，撰写四卷本的《中苏关系史（1917－1991）》和论文集《中苏历史悬案的终结》。原计划从 1917 年十月革命开始，一直写到苏联解体的 1991 年。由于负责最后一卷（1949 年至苏联解体）的撰稿人不能完成任务，不得不加以调整，修改为上中下三卷本的《民国时期中苏关系史（1917－1949）》，上下卷由薛衔天撰写，中卷由薛衔天与金东吉合写，此书由中共党史出版社2009年出版。该书比较系统和完备地阐述了从十月革命胜利直到南京国民政府垮台期间的中苏两国关系，明确地以国家关系为主线，以党派关系（苏共与中国国民党和中国共产党的关系）为辅线，从两个层面上剖析了两国关系曲折发展和转化的历史过程，为进一步深入研究这一时期的中俄两国关系史进行了有益的探索，为读者了解这一时期中俄两国关系的基本情况提供了蓝本。该书得到了同行的肯定与好评。

论文集《中苏历史悬案的终结》是“中苏关系史研究”课题组特邀专家撰写的专题学术论文集，由徐曰彪主编，是课题研究的重要成果之一。文集以研究中苏历史悬案与意识形态纷争为主题，收入的论文主要论述中苏边界问题、中东铁路问题、蒙古问题、新疆问题等中苏历史悬案，以及中苏意识形态纷争等问题，共7篇论文。论文作者都是本领域内卓有成就的专家，还有终结悬案问题的参加者，如《中苏（俄）边界谈判的历程和基本结论》的作者李凤林曾任中国驻俄罗斯联邦大使，《中俄东段边界问题的终结》的作者马亚欧是中俄联合勘界委员会原中方副首席代表，他们的特殊身份，使其对该问题的论述更具有权威性。中苏历史悬案是影响中苏（俄）关系正常发展的病灶，将这些悬案的来龙去脉和最终解决的过程剖析清楚，无疑对正确了解中苏（俄）关系至关重要。主编徐曰彪对各篇论文所引用的文献资料，全部进行了仔细核对，论文集是经得起推敲的。

就在研究室转入中苏关系史研究的同时，20世纪80年代中到整个90年代中苏关系史研究在国内历史学领域成为热门。截至2000年底，国内出版各类中苏关系史论著有10余种。通论性的著作主要有：林军的《中苏关系：1689－1989》、李嘉谷的《中苏关系（1917－1926）》、王真的《动荡的同盟：抗战时期的中苏关系》等。孟宪章主编的《中苏经济贸易史》和厉声的《新疆对苏（俄）贸易史（1900－1990）》是中俄经贸关系史研究的补白之作。这期间还出版了一些很有特色的专题研究著作，其中有沈志华根据俄罗斯解密档案写的《中苏同盟与朝鲜战争》和杨奎松的《毛泽东与莫斯科的恩恩怨怨》。这些著作的问世，说明全国中俄关系史研究突破了沙俄侵华史的框框，中俄关系史研究走上了学科正常发展轨道。

在研究室合并为中外关系史研究室之前，余绳武还担任中国中俄关系史研究会首任会长，刘存宽任首任秘书长、薛衔天为第二任秘书长，因会长和秘书处都在研究室内，研究会的经常性工作就由研究室承担，成为研究室工作的一部分。

中俄关系史研究会最初是华北地区中俄关系史研究会，正式成立于 1978 年 11 月。改革开放后，黎澍同志创议成立研究会，推动和协调学术研究。第一个研究会——北京地区太平天国研究会——就是在黎澍同志创议下成立的。他说，地区性的研究会活动方便，便于管理。他特别强调，中俄关系史是最富研究成果的学科，有必要成立中俄关系史研究会。根据黎澍同志的倡议，北京地区的学者推余绳武为会长，罗明、特布信等人为副会长，刘存宽任秘书长，薛衔天为副秘书长，华北地区中俄关系史研究会遂宣告成立。这是改革开放后成立的第二个研究会。黎澍同志建议，华北地区中俄关系史研究会要积极组织和协调学术交流活动，当务之急是举办一次全国性的学术讨论会。当时整个历史学界被纳入反对“苏联社会帝国主义”的斗争，所研究的内容一律是沙俄侵华史或沙俄扩张史，全国科研机关和高等院校史学工作者大都从事研究与此有关的问题，队伍十分庞大。全国唯一的学术刊物《历史研究》所登载的主要文章也是揭露沙俄侵略的。因此改革开放后第一个全国性的学术讨论会自然是“中俄关系史学术讨论会”。这次会议催发了全国性的中俄关系史研究会的诞生。

当时，黎澍同志已从近代史研究所调到《历史研究》编辑部，任《历史研究》主编。在他的倡议和推动下，决定由《历史研究》杂志社、近代史研究所中俄关系史研究室、兰州大学历史系共同主办一次全国性的学术会议——“中俄关系史科学讨论会”，交流研究成果，协调研究队伍，促进中俄关系史研究向深度和广度发展。余绳武因病没有出席。刘存宽和薛衔天（代表研究室）、李玉贞与一位齐姓的女同志（代表《历史研究》编辑部）作为会议筹备人员与黎澍同志先期到达兰州。对甘肃省来说，这也是改革开放后第一次举办全国性的学术会议，省领导同志都非常重视，宋平和肖华会前特别在省委接待处宁卧庄宴请黎澍等同志（还有画家关山月），也邀请我们会议筹备人员陪同。宴会上，黎澍同志就繁荣学术研究等问题，与宋、肖等人进行了广泛的交谈。

1979 年秋，会议在兰州大学如期举行，有来自全国各地近 200 位学者参加，会上畅所欲言，议题远远超出了沙俄侵华史范围，涉及中俄关系史的各个方面，气氛十分活跃。经与会者共同努力，会议取得三大成果。其一，学者们进行了广泛的学术交流，对下一步如何加强中俄关系史研究提出很中肯的建议，会后出版了一部论文集——《中俄关系史论文集》（杨建新、马曼丽、张左糸等编辑，甘肃人民出版社出版），收入了会上具有代表性的论文。其二，黎澍同志在会上建议成立全国中俄关系史研究会，他说到会学者主要来自华北、东北和西北地区，建议三北先分别成立研究会，然后三个研究会再合并成立全国性的中国中俄关系史研究会。他的建议得到热烈响应。其三，根据与会代表的要求，会议还拟订一份会议纪要。兰大拟订的初稿，被代表否定。徐曰彪重新起草，刘存宽和薛衔天参加修改定稿，定稿会议由兰大的一位副校长主持。这位副校长遇到不同意见，从不正面驳斥，而是让大家反复讨论，不到全体完全同意他的意见，绝不休会，每次都把会议拖到深夜 12 点以后，几天下来，我们每个人都被整得疲惫不堪。最后会议纪要终于通过了。会议纪要针对以前中俄关系史研究过度集中在领土问题上的局限性，提出扩展研究范围，从外交、文化、经贸、民族等多个领域，深入、实事求是、全面地研究中俄关系史。今天看来，此次会议纪要规划的一些基本研究课题仍然没有过时。

兰州会议后，华北地区中俄关系史研究会在京理事召开首次工作会议，制定出研究会章程，决定编印研究会会刊华北地区中俄关系史研究会通讯，增补薛衔天为理事、副秘书长，协助刘存宽工作。研究会的经常性工作主要是编印通讯，通讯第一期除刊载研究会章程、研究会会长、副会长、常务理事和理事名单外，还登载黎澍同志一篇重要文章（题目忘记了）。文章从斯大林两个俄罗斯论破题，指出两个俄罗斯论是以文明进步的俄罗斯掩盖侵略扩张的俄罗斯，是为俄国侵略扩张辩护的理论。文章不长，但极有见解和深度。通讯是内部刊物，黎澍同志却将如此重要的文章在通讯上发表，表明他对研究会是何等重视和支持。通讯共出了 7 期，后来改为不定期的正式内刊《中俄关系问题》，共出了 28 期，因物价不断上涨，经费没有增加，被迫停刊。刘存宽任主编，薛衔天协助工作，黄纪莲负担大量编辑事务。实行稿费制度之后，著作稿稿费每千字 6 元，译稿每千字 5 元。当时，《历史研究》等正式期刊稿费为每千字7元。但《中俄关系问题》（以下简称《问题》）对采用的来稿，一般不做删改，按版面计算字数，不满页者按整页算，整个算下来，稿费不比正式刊物少，在《问题》发表的文章，可以被承认为正式研究成果，因此吸引了不少专家的好稿子。印象深刻的是研究会常务理事、外交部中苏谈判代表团办公室主任赵璟的丈夫（忘记了他的名字）几乎将苏联出版的《文件在驳斥》中的所有论文都翻译成中文，系统地登载在《问题》上，对研究中俄关系史的同行了解苏方观点提供了方便。中科院地理研究所钮仲勋同志发表了一系列从地理学角度论述中俄关系问题的文章，很有特色。历史研究所谢振华同志一篇考证斯帕法里在北京活动情况的辨析文章，有理有据地揭穿了斯帕法里伪造历史、编造谎言，吹嘘他如何受到清朝皇帝接见的情况。1990年4月，薛衔天与黄纪莲同志访问曾克林将军（1945年他陪同苏军代表访问延安），写成采访记《山海关—沈阳—延安》一文，发表在《问题》第28期上，该文揭示了二战后驻东北苏军与进驻东北的八路军的微妙关系，披露了苏军代表别洛卢索夫上校与朱德总司令会谈的真实情况，澄清了不少误传（1991年薛衔天访问莫斯科，与别洛卢索夫的翻译谢德明深入地交谈了驻东北苏军与延安首次联系的详细情况，证明曾克林所谈情况符合事实）。当时拨给研究会的经费每年只有4000元，几乎全部用在编印《问题》上。我们几个编者不计报酬，只凭一腔热情，为学科研究做一点实事。特别是黄纪莲同志，每期印出之后，都是她免费分发给各位理事，多年坚持为同行做这种默默无闻的工作十分难得。

继华北地区中俄关系史研究会之后，东北地区中俄关系史研究会、西北地区中俄关系史研究会也依次成立，成立全国性的中国中俄关系史研究会遂被提上了日程。恰逢刘存宽同志退休，薛衔天继任华北地区中俄关系史研究会秘书长。因华北地区中俄关系史研究会从成立之日起就起联系全国同行的作用，操办成立全国性研究会的具体工作遂由薛衔天承担。当时经费紧张，无钱举办会议，薛衔天就以通信方式分别征求东北、西北同志的意见，书信往还，几经周折，最后在意见一致的基础上推出研究会的领导人。余绳武同志被推为会长，刘民声、孟宪章、特布信、罗明、何马等同志被推为副会长，薛衔天任秘书长。全国性的中国中俄关系史研究会正式诞生。

1991年苏联解体，我们需要了解俄国学者对中俄关系史研究的新动向，研究会也到了该换届的时候，于是薛衔天向余绳武和所领导建议，以研究会和近代史所的名义举办一次中俄关系史双边学术讨论会，得到余绳武和所领导王庆成的全力支持，他们指派薛衔天具体操办。经与俄方联系，以俄国远东研究所副所长、俄国中俄关系史权威学者米亚斯尼科夫为首的 10 位俄国学者表示将参加会议，并寄来会议论文。为方便双方交流，薛衔天组织翻译成中文，并印刷成册。薛衔天还下了很大力气写了驳斥米亚斯尼科夫的文章（《关于中俄历史文化对两国关系影响问题的思考》，在《近代史研究》发表后，《新华文摘》全文转载），准备在会上辩论。院里对这次会议表示支持，但不划拨经费，所内也没有钱，必须到地方筹款。可当时地方也不富裕，况且学术团体又没人买账，筹点钱谈何容易。薛衔天与郦永庆先到黑河，与黑河社联联系，他们虽然同意出钱合办，但随后变卦；薛又与张书田转赴满洲里，满洲里市外事办一口应承，经费终于落实。1993 年秋，会议在满洲里市召开，可出人意料的是，俄国学者一个都没有来。薛衔天不知道跑了多少次车站接人，但一个人影也没有见到。双边会变成了单边会，有人说薛衔天开了一次国际玩笑。这次会议薛衔天是下最大力气要办好的一次会议，结果他自己弄得灰头土面，苦不堪言。后来才知道，俄国人不出席会议的主要原因是没有路费，但他们没有一个人事先通知主办方不能出席，完全不顾自己的诺言和主办方的处境，对中国人表现出一种傲慢的大国主义态度。虽然领导没有责备薛衔天一句话，可薛衔天自己却感到窝囊透顶。通过这次教育，深深体会到做研究会工作必须随时做好自讨苦吃的准备。这次会上理事会做了换届选举，余绳武仍担任会长，增选刘存宽为副会长，其他副会长不变。薛衔天仍然担任秘书长，增补黄定天、沈志华和黄纪莲为副秘书长。

沈志华是个很有本事的人，会后他就从黑龙江省政府弄到 6 万元会费，这在当时是一笔不小的款项。有了钱，就好办事。满洲里会议两年后，1995 年秋，研究会在黑龙江省同江市又举办了一次讨论会。会议由黄定天同志一手操办，黑龙江省社科院领导亲自为会议做后勤，薛衔天只负责迎接了两位学者，轻松愉快。讨论会的主题是二战后中苏关系的发展走向，论文质量较高，由薛衔天编成文集，取名《二战后中苏关系走向》，同行反应不错。其中薛衔天《战后东北问题与中苏关系走向》一文，阐述了驻东北苏军阻止国民党军队在东北登陆和帮助进入东北的中共部队发展壮大，苏联与国民党政府东北经济合作谈判破裂，并首先在东北地区与中共形成同盟关系的历史过程，并指出这对新中国外交对苏联“一边倒”起到相当作用。文章得到同行普遍好评，被收入多种论文集，获得近代史研究所优秀论文奖。这次学术讨论会标志中俄关系史研究的重点转入中苏关系史。

碰到最难办的一件事是研究会会长的人选问题。余绳武同志超过任职年龄后，必须推举年龄、资历、学问都适合的新会长。当时普遍的一种意见是请高官来当，以便扩大研究会的社会影响，能在政界和商界取得经费支持。经过多方商量，一致认为，如果阎明复同志肯于屈尊，来担任会长，是最适合不过的人选。阎明复同志不仅是党的高级干部，而且见证了中苏关系发展变化的过程，他多年为中央领导人当俄文翻译，写了许多有分量的关于中苏关系史的回忆文章，从各个方面看都是最佳人选。当时阎明复同志还担任民政部部长，但按规定可以兼任群众团体领导人，只是不知道他本人是否愿意。受大家委托，薛衔天与沈志华到民政部当面征求阎明复同志的意见。明复同志听了我们的要求后，非常痛快地答应下来，表示愿意兼任会长。但他提出一个条件：“你们必须让中国社科院向中央打报告，得到批准后，我才能正式接受你们的推举，不然某某人（当时他是点了名的）就会说，阎明复又在乱搞什么名堂！”明复同志的坦率大出我们的预料，同时也使我们对他的坦荡胸怀肃然起敬。薛衔天起草了研究会和近代史所联合请求阎明复出任会长的请示报告，请社科院党委转请中央审批。但报告上去后便杳无音信，经查问，得到的回答是院党委不管此事。实际上是经办部门怕担责任，这次努力只好作罢。

实际上新会长人选早就摆在那里，就是李静杰同志。他是苏联东欧中亚研究所所长，中国社会科学院学部委员、全国政协委员、中俄21世纪合作委员会委员，是研究俄罗斯现实问题和中俄关系史的顶尖专家。虽然身任俄欧亚协会会长，仍然可兼任中俄关系史研究会会长。不管从哪一方面看，他都是最佳人选。从而被一致推选为新会长。

李静杰担任会长标志中国中俄关系史研究会进入了一个崭新阶段，从此研究会划分为两个明显不同的时期。前一个时期是从草创、历经惨淡经营达到初步繁荣时期；李会长上任后，研究队伍空前发展壮大，科研经费相对充足，学科研究向深度、广度发展，进入全面繁荣时期。现会长季志业、秘书长陈开科承前启后，继往开来，研究会在继续取得更大成绩。

回顾中俄关系史研究室和中国中俄关系史研究会将近 40 年的历程，激起我对中俄关系史研究的开创者和拓荒者黎澍与余绳武同志的无比怀念和崇敬。中俄关系史研究的最初机构“中国近代史讨论会”是在黎澍同志领导下建立的。如果我们追述中俄关系研究的历史，应当从 1963 年“讨论会”成立时算起。尽管“讨论会”存在时间不长，但没有这个“讨论会”的先期工作，中俄关系史研究室就不会像后来那样顺利发展。中俄关系史研究室成立后，黎澍同志一直关心研究室的工作。他特别注重理论建设和人才培养，《马克思恩格斯列宁斯大林论沙皇俄国（文章摘编）》（人民出版社，1977）一书就是在黎澍同志倡议和指导下问世的。该书成为研究者必读书，从理论上武装了许多人。黎澍同志热情接待前来求教者，特别是对青年研究人员，从理论上和研究方法上进行悉心指导。也是黎澍同志倡议创办的中国中俄关系史研究会，如果不是他提出建立研究会，也许时至今日都不会出现研究会今天的局面。因为除他之外，当时没有人想到应当成立这样一个群众性的学术团体；而在 1989 年之后，要想成立一个新的学术团体，已是难上加难的事。作为学术领导人，有没有远大眼光和创新精神对学科发展具有至关重要的作用。黎澍同志就是具有远大眼光和创新精神的难得的学术领导人、学术带头人。我们要永远纪念他、学习他。

余绳武同志是新中国成立后中俄关系史研究领域的拓荒者，更是这块新开垦土地的辛勤耕耘者。他 1926 年 5 月 7 日出生在江苏扬州一个知识分子家庭。1943 年 10 月考入西南联合大学经济系，1945 年 10 月转入历史系。1946 年 10 月随西南联大复员，转入清华大学历史系。1948 年 7 月毕业，同年 10 月考入清华研究院，师从邵循正教授专攻中国近代史，1951 年 11 月调入中国科学院近代史研究所工作，近代史所遂成为展现他学术人生的舞台：历任中国社会科学院荣誉学部委员，近代史所研究员，中国社会科学院研究生院教授、博士生导师，近代史研究所研究室主任、副所长、所长，中国人民政治协商会议第七、八届全国委员会委员，中国中俄关系史研究会会长。他持续担任重要领导职务，但无论职务和地位有何变化，他始终将研究工作放在第一位，奉为毕生天职，直到2009年9月27日逝世之前的重病时期，从来没有放下手中的笔，从事科学研究工作近半个世纪。

近代中外关系史是余绳武的专长，他在中英关系史，特别是在香港史研究方面有卓越的建树，但是他着力拓荒并苦心耕耘的土地还是中俄关系史。他就是在这块土地上成为我的良师益友。他高调做学问，低调做人；以国家急切需要作为自己的研究攻关方向，从不考虑个人的名利得失；他理论素养深厚，文字干净犀利；对同事严格而真诚，自己则谦虚而谨慎。无论从道德还是学问，我都把他尊为良师。刚入研究室时我最年轻，经10年荒废，学校学得的一点书本知识也几乎忘光，对承担写书任务，内心十分惶恐。可他分配给我的第一项任务却是颇有难度的一节——中俄《北京条约》有关西部条款的掠夺本质，这本是一位同志没有完成的任务，转给我这样的新手，怎么能够按时完成。他见我有些犹豫，便说：“我们都在开辟新土地，都是新手，大胆点，边学边干！”我将他写的打印书稿反复阅读，认真模仿，居然编纂成文，交他审定。他用铅笔在不妥之处点上黑点，将问题指出，不直接改动，最后批上四个字“基本可用”。从此我增加了向前努力的勇气。他对别人的稿子，基本上也是像对我一样的处理方式。这种处理方式，表现出他对对方的尊重。余绳武严格要求自己，以自己的身教，感染和影响研究室的每一个人，使研究室成为一个团结奋进的集体。他让我主持《中苏国家关系史资料汇编》，一开始我并不十分情愿，认为这是一项费时费力、见效慢的苦活。随后才明白，他是让我从基础资料做起，扎扎实实地成长为能独当一面的研究人员。由于我在研究室负有责任，又长期担任支部书记，研究室内的麻烦事他都让我去处理。他从不对我回避谈论所内，特别是研究室内同志们的优缺点，我在处理具体事情时也从不传话，将他的意见化作研究室的意见加以贯彻。《沙俄侵华史》第四卷作者较多，署名排序难以确定先后，我决定以姓氏笔画为序，薛字笔画最多，因而排在最后，他非常感动，将我当作可信任的朋友。他退休后，我每个月都去看望他一次。他患肺气肿十分严重，全身虚胖，呼吸困难，耳朵不灵，但头脑好得出奇，记忆清楚，思考敏捷，对业务工作，对所内和研究室的情况十分关心。就是在这种百病缠身的情况下，他还写了一篇关于香港问题的文章，文章不长，但极其精辟。可以说，他为自己热爱的科研事业战斗到最后一息。

黎澍同志安静地走了，余绳武同志安静地走了，中俄关系史研究最初的一批拓荒者也大都驾鹤西去。我这个当时的年轻人，也走近耄耋之年。记忆衰退，精力不足，实不愿意承担撰写这篇回忆文章的重任。但想到先行者们，筚路蓝缕，披荆斩棘，变荒漠为沃土，后来者有义务纪念先人。谨以此文献给中国中俄关系史研究开辟者黎澍同志，中国中俄关系史研究拓荒者余绳武同志。

（2018年8月24日于北京西山脚下）

“俄罗斯学”与兰州大学中亚研究所

兰州大学中亚研究所

一　发展历程及主要发展阶段

兰州大学中亚研究所（以下简称中亚所）成立于1994年3月，是国内较早建立的专事中亚及上海合作组织研究的专业学术机构。自建所之日起，中亚所就以维护国家西北边疆安全、促进中国与中亚国家之间的友好关系为宗旨，以为政府部门提供决策建议和培养专门研究人才为主要目标，开展了大量研究工作。

经过24年的发展，中亚所坚持科学研究与咨政建言双轮驱动，教学与科研相互促进，截至目前已形成了三个研究方向，即中亚和上海合作组织、反分裂理论、反恐怖主义，并成为国内在俄罗斯、中亚、上海合作组织研究领域特点鲜明、优势突出的教学研究单位。回顾过去20多年的发展历程，中亚所的发展可以大体上分为以下三个阶段。

第一个阶段是初创时期（1994~2000年）。中亚所建立之时，正值苏联解体和中亚国家独立初期，国内外学术界对中亚地区的研究刚刚起步，我国与中亚国家发展外交关系急需专门人才与智力支持。鉴于此，中亚所在这一时期的工作重点：一是研究中亚国家的基本国情，包括安全、能源、历史、民族、人口、宗教、科学教育改革、政治转型等内容；二是培养专业人才，组建研究团队。

第二个阶段是快速发展时期（2001～2010年）。这一时期，中亚所从政治、经济、民族、宗教、历史、文化、科教、资源环境及人口诸领域对中亚进行了综合性的研究，研究工作兼顾基础理论与实际应用。在中亚和上海合作组织研究方面，对中亚国家的政治、经济、社会转型，中亚国家间关系，上海合作组织在中亚地区的功能与合作，大国的中亚政策，中亚的宗教极端主义和毒品问题，水资源、能源、矿产资源，以及中亚国家间边界及中亚国家的周边关系等进行了深入研究，并有一批研究成果问世，多项政策咨询报告被采纳。俄罗斯是上合组织的重要成员国和中亚事务的重要参与方，因此俄罗斯相关问题也是中亚所长期关注的研究方向和领域。经过多年的努力，中亚所取得了丰硕的成果，在上述领域的研究水平和成果，居国内前列，在国内外具有较高的知名度。

第三个阶段是智库建设时期（2011年至今）。2011年，中亚所被教育部批准为国别与区域发展培育研究基地，2017年中亚所申报的“阿富汗研究中心”成功进入备案名单。此外，2015年以来，中亚所还先后被“一带一路”智库合作联盟、新疆智库、金砖国家智库合作中方理事会、中俄战略协作高端合作智库等吸纳为理事单位。

过去几年，中亚所重点围绕中亚安全与稳定、新疆长治久安、国际反恐、上海合作组织未来发展、“一带一路”建设等问题向中共中央、国家反恐办、中央新疆办、安全部、外交部等机构提供30多份咨询报告并得到采纳，部分咨询报告还得到党和国家领导人的批示。2012年，杨恕教授被上海合作组织授予“上海合作组织十周年奖章”，以表彰杨恕教授为上海合作组织发展所做出的贡献。2015年，杨恕教授当选中俄关系史研究会副会长和“一带一路”智库合作联盟理事会理事。

二　研究现状

1. 国际关系理论研究

中亚所历来十分注重从国际关系研究的理论视角剖析近年来俄罗斯的国际战略选择、发展趋势及其影响。自2000年普京总统上任以来，俄罗斯重整旗鼓，以捍卫国家利益，维护大国地位为首要任务，积极参与大国竞争，并在一定程度上制衡美国，俄罗斯的国际地位有所提升。可以说，俄罗斯的战略选择十分符合现实主义的理论分析框架，尤其是均势理论。在无政府状态下，自助是国家唯一的选择，参与安全竞争是不可避免的，制衡霸权国、恢复国际体系的均势是大国战略的基本选项。具体而言，中亚所关于俄罗斯的国际关系理论研究成果主要体现在以下四个方面。

一是地缘政治层面的整合与拓展。地缘政治理论的落脚点在于安全关切，这也是现实主义国际关系理论的重要内容。苏联解体以来，俄罗斯的地缘政治环境日益恶化，以北约东扩、“颜色革命”、乌克兰危机为代表。基于此，俄罗斯充分采纳了地缘整合的相关理论指导：与中国进行战略合作，努力提升上海合作组织的地位和作用；努力与欧洲，主要是法德搞好关系，分化美欧；坚决维护在独联体的主导地位，与美国针锋相对，抵制北约东扩；积极介入世界事务，参与热点问题的解决，深度介入伊朗核问题与叙利亚危机。其中，俄罗斯以集体安全条约组织、欧亚经济联盟、上合组织为主要载体稳定部分后苏联空间部分地区，与美国展开了地缘政治竞争。2014 年，俄罗斯将克里米亚纳入版图，引发了欧美国家的广泛不满与经济制裁。因此，近年来，俄罗斯与欧美大国之间的关系一直处于停滞状态。作为横跨欧亚的大国，地缘政治竞争对俄罗斯的对外战略选择一直具有较强的解释力。当然，在地缘政治竞争中，俄罗斯往往对独联体国家、中亚国家的安全利益有所忽视，也在一定程度上滋生了这些国家的离心力，埋下了隐患。

二是以均势理论为指导的多极化战略。均势是现实主义国际关系理论的核心命题，即如何通过势均力敌来实现国际体系的稳定。均势的实现手段主要有内部制衡与外部制衡。内部制衡指的是通过提升国家实力来制衡强国；外部制衡则是通过与他国联盟来对抗强国。自 2008 年国际金融危机以来，美国主导的单极体系已经开始有所动摇，金砖国家与 20 国集团的兴起意味着多极化趋势的加强。冷战结束以来，俄罗斯的相对实力基本处于衰退之中，自普京总统上台以来，俄罗斯积极调整军事战略，增强军事遏制能力，坚决维护国家安全：一方面对内凝聚人心、发展经济、重整军备，国家综合实力得以大幅提升；另一方面积极推进与中国的战略合作，以集体安全条约组织与上合组织为主要平台制衡美国主导的西方体系。崇尚实力、显示实力、大胆运用实力一直是俄罗斯外交的传统，这在普京外交战略中更是得到了体现。这些年，俄罗斯逐渐从战略防御转向战略进攻，以其强大的战略意志与军事实力与美国展开竞争，在很大程度上提升了其国际地位。但无论俄罗斯的战略意图如何，其内部实力提升的幅度与外部联盟的整合与制衡美国、实现均势还有很大距离。

三是关于俄罗斯区域合作的理论研究。俄罗斯地跨欧亚，在区域合作上也明显呈现出“双头鹰”特征。在乌克兰事件之前，俄罗斯一直希望能够以世界大国的姿态重返欧洲，利用欧美之间的立场分歧，在默认欧盟东扩的同时强烈反对北约东扩，与德法等欧洲大国深化区域合作。对俄罗斯而言，与欧洲的合作对其经济发展、文化认同与大国地位有十分重要的影响。但乌克兰危机之后，俄罗斯与欧洲关系的基本结构已发生根本改变，近期内难以扭转。西方的经济制裁对俄罗斯造成了严重后果。鉴于此，俄罗斯把区域合作的重心逐渐东移，在强化中俄战略合作的同时，继续巩固与印度的深层次合作关系，推动上合组织扩员，逐步参与“一带一路”建设，以抗衡西方的遏制。

四是关于俄罗斯战略文化的相关研究。自近代以来，俄罗斯在国际体系中一直处于被包围的状态，再加上长达半世纪的美苏冷战，以及苏联解体之后的全面衰退，战略不安感十分强烈。近期，由乌克兰危机引发的西方制裁更是激发了俄罗斯以“零和博弈”为主导的战略文化以及以攻代守的强硬战略。俄罗斯之所以采取战略进攻主要有两方面的原因：（1）当前俄罗斯与美国唯一有抗衡能力的就是军事领域，采取进攻态势可发挥最大影响力；（2）西方主要大国的敌视与遏制，激化了俄罗斯的战略不安感。与此同时，实用主义也是俄罗斯战略文化的重要特征，俄罗斯顺应国际形势的能力较强，例如，“9·11”之后迅速改善与美国的关系。因此，俄罗斯的战略态势仍然可能发生转变，关键在于与美国关系的调整。

总而言之，国际政治的实质是大国政治，现实主义国际关系理论对俄罗斯的对外战略具有较强的解释力，还应继续予以深化研究。现阶段，中亚所将着重从以下三方面展开相应研究：（1）俄罗斯外交战略的理论化研究，国际层次的压力如何通过国内层次因素的过滤和传达最终转化为外交政策；（2）俄罗斯积极参与大国竞争的举动能否在经验层面上验证米尔斯海默的进攻性现实主义；（3）俄罗斯将以怎样的方式推动体系的转变，实现国际体系从单极到多极的过渡。

2. 反恐研究

自20世纪90年代末起，恐怖主义已成为严重影响国际社会及我国安全稳定的重要因素。兰州大学中亚研究所是国内较早对恐怖主义进行系统研究的高校科研机构之一，自1994年建所后便长期跟踪研究了中亚、阿富汗、俄罗斯的反恐形势及对策，并对国内反恐形势进行了系统研究。

中亚所在反恐研究方向的研究成果和地位已获得学界和国家有关部门的认可，尤其在对恐怖组织的认定、新疆的恐怖活动、俄罗斯的反恐政策、中亚的宗教极端主义、阿富汗的反恐形势、网络恐怖主义、“去极端化”研究、“伊斯兰国”研究等方面具有较广泛的影响，先后承担了十余项国家社科基金项目及有关部委的委托项目，公开发表的相关成果居高校前列，相关专家被国家反恐办、中央新疆办等部门聘为政策咨询专家。

目前，中亚所反恐研究的主要学者有杨恕、朱永彪、李捷、曾向红、周明等人，主持的相关科研项目及公开发表的主要成果如表1、表2所示。

表1　兰州大学中亚研究所部分有关恐怖主义研究科研项目

序号	项目类别	项目名称	主持人	立项时间
1	国家社科基金重点项目	新疆反恐形势、机制与对策研究	杨恕	2015年
2	国家社科基金重点项目	反“疆独”斗争的国际环境研究	杨恕	2008年
3	教育部人文社科重点研究基地重大项目	中亚国家独立以来民族宗教势力的发展及其对新疆的影响	杨恕	2002年
4	国家社科基金项目	中南亚地区的安全观与安全合作机制研究	朱永彪	2015年
5	国家社科基金项目	阿富汗问题的发展趋势及我国对策研究	朱永彪	2010年
6	国家社科基金项目	网络恐怖主义及对策研究	朱永彪	2007年
7	国家社科基金项目	新疆长治久安视域下丝绸之路经济带核心区建设研究	李捷	2015年
8	国家社科基金项目	新时期新疆发展与稳定协调关系研究	李捷	2011年

续表

序号	项目类别	项目名称	主持人	立项时间
9	教育部人文社科项目	我国分裂主义的国际化及其引发的国际冲突研究	李捷	2009 年
10	国家社科基金项目	中亚萨拉菲与恐怖极端势力的关系及其对新疆安全的影响研究	周明	2014 年
11	教育部人文社科项目	中亚五国有关民族立法及其相关问题研究	汪金国	2001 年
12	教育部人文社科项目	社会运动理论视角下的西亚北非政治剧变及其启示研究	曾向红	2011 年
13	教育部人文社科项目	"伊斯兰国"的崛起对当前新疆去极端化工作的挑战及应对	曹伟	2016 年

注：以上信息未统计涉密及有关部委委托项目。

表 2　兰州大学中亚研究所部分有关恐怖主义研究成果（2008~2018 年）

序号	作者	成果名称	出版单位及时间
1	汪金国、杨恕	《阿富汗症结和中亚安全问题》	兰州大学出版社，2010
2	朱永彪、任彦	《国际网络恐怖主义研究》	中国社会科学出版社，2014
3	李捷	《南亚极端民族主义与民族分裂主义研究：以斯里兰卡为例》	兰州大学出版社，2014
4	杨恕	《中亚和南亚的恐怖主义和宗教极端主义》	兰州大学出版社，2003
5	李捷、雍通	《外国恐怖主义战斗人员转移与回流对中亚和俄罗斯的威胁》	《国际安全研究》2018 年第 1期
6	杨恕、王术森	《独联体集体安全条约组织对外功能弱化的原因分析》	《俄罗斯东欧中亚研究》2018 年第 2期
7	杨恕、王术森	《议题性质、威胁认知、共同利益与"可合作安全"》	《国际安全研究》2018 年第 2期
8	曾向红、李孝天	《上海合作组织的安全合作及发展前景——以反恐合作为中心的考察》	《外交评论》2018 年第 1 期
9	曾向红	《为何而战？为谁而战？——恐怖主义、暴力与承认斗争》	《世界经济与政治》2018 年第 2 期

续表

序号	作者	成果名称	出版单位及时间
10	宛程、杨恕	《“伊斯兰国”对中亚地区的安全威胁：迷思还是现实?》	《国际安全研究》2017年第1期
11	曾向红、杨双梅	《大国协调与中亚非传统安全问题》	《俄罗斯东欧中亚研究》2017年第2期
12	杨恕	《国际恐怖主义新特征》	《人民论坛》2017年第1期
13	曾向红	《恐怖主义的整合性治理——基于社会运动理论的视角》	《世界经济与政治》2017年第1期
14	曾向红	《全球化、逆全球化与恐怖主义新浪潮》	《外交评论》2017年第3期
15	曾向红	《恐怖主义的全球治理：机制及其评估》	《中国社会科学》2017年第12期
16	朱永彪	《伊斯兰国在阿富汗的现状与前景》	《南亚研究季刊》2017年第2期
17	朱永彪、魏丽珺	《阿富汗安全形势及其对丝绸之路经济带的影响》	《南亚研究》2017年第3期
18	靳晓哲、李捷	《“伊斯兰国”与东南亚恐怖主义的发展》	《东南亚南亚研究》2016年第3期
19	杨恕	《2015年伊斯兰极端主义新特点》	《人民论坛》2016年第3期
20	曾向红、梁晨	《从“基地”组织到“伊斯兰国”——国际恐怖主义组织结构的演化》	《中东问题研究》2016年第1期
21	周明、曾向红	《适当性逻辑的竞争：“基地”与“伊斯兰国”的架构叙事》	《世界经济与政治》2016年第4期
22	曾向红、陈亚州	《恐怖主义的组织结构：类型辨析及其影响》	《世界经济与政治》2016年第8期
23	朱永彪、武兵科	《结构压力、资源动员与极端组织的攻击策略》	《世界经济与政治》2016年第9期
24	周明、曾向红	《“基地”与“伊斯兰国”的战略差异及走势》	《外交评论》2016年第4期
25	朱永彪、魏月妍、梁忻	《网络恐怖主义的发展趋势与应对现状评析》	《江南社会学院学报》2016年第3期

续表

序号	作者	成果名称	出版单位及时间
26	朱永彪、武兵科	《中国的宗教极端主义研究进展与问题》	《贵州民族研究》2016年第7期
27	李捷、杨恕	《“伊斯兰国”的意识形态：叙事结构及影响》	《世界经济与政治》2015年第12期
28	曾向红、陈亚州	《“伊斯兰国”的资源动员和策略选择》	《国际展望》2015年第3期
29	杨恕、蒋海蛟	《欧安组织在中亚的活动及评价》	《新疆师范大学学报》2015年第2期
30	朱永彪、武兵科	《阿富汗和解进程：现状、原因与前景》	《兰州大学学报》2015年第2期
31	杨恕	《国际恐怖主义新动向新特征》	《人民论坛》2015年第3期
32	杨恕、蒋海蛟	《“圣战派萨拉菲”在中亚的活动及其影响》	《现代国际关系》2014年第5期
33	杨恕、蒋海蛟	《伊斯兰复兴和伊斯兰极端主义》	《新疆师范大学学报》2014年第2期
34	蒋海蛟、曹伟	《中亚圣战派萨拉菲：概念、过程、网络》	《新疆社会科学》2014年第5期
35	沈晓晨、杨恕	《试析“反恐怖主义激进化”的三个关键维度——基于英国“预防战略”的案例分析》	《欧洲研究》2014年第3期
36	沈晓晨、杨恕	《当代西方恐怖主义激进化研究主要路径述评》	《兰州大学学报》2014年第3期
37	杨恕、郭旭岗	《圣战派萨拉菲的缘起与现状》	《新疆师范大学学报》2013年第6期
38	朱永彪	《阿富汗塔利班的现状和困境》	《东南亚南亚研究》2013年第4期
39	杨恕、朱永彪	《西方反恐“越反越恐”怪圈成因》	《人民论坛》2012年第7期
40	朱永彪、后俊	《论阿富汗民族、部落因素对毒品问题的影响》	《兰州大学学报》2011年第3期
41	朱永彪、杨云安	《阿富汗安全形势及其对中亚的影响》	《兰州大学学报》2010年第5期

续表

序号	作者	成果名称	出版单位及时间
42	朱永彪、闫培记	《阿富汗难民：历史、现状及影响》	《世界历史》2009年第4期
43	张倩倩	《"东突"恐怖势力的特点及对策浅析》	《牡丹江大学学报》2009年第2期
44	杨恕、辛万翔	《巴阿边境地区的毒品生产与贩运》	《南亚研究季刊》2009年第1期
45	李捷	《猛虎组织溃败的原因分析》	《南亚研究季刊》2009年第3期
46	李捷	《反恐与公众参与》	《兰州大学学报》2008年第2期
47	杨恕、焦一强	《城市反恐安全区划与等级研究》	《兰州大学学报》2008年第2期
48	朱永彪、任彦	《美国的反网络恐怖主义战略研究》	《兰州大学学报》2008年第2期
49	汪金国、王桂香	《中亚地区打击恐怖主义的国际合作》	《俄罗斯中亚东欧研究》2008年第5期

注：以上信息未统计相关咨询报告、研究报告。

3. 反分裂研究

与恐怖主义一样，分裂主义也是中俄两国共同面临的一个重要问题。中亚所在这一方面的研究工作主要集中在以下三个方面。

一是俄罗斯反分裂案例研究。在反对分裂主义、维护国家领土主权完整及安全问题上，中国与俄罗斯有着相似的战略需求。长期以来，中国面临着"疆独""藏独"等分裂主义的持续挑战，近年来"台独""港独"的发展也愈演愈烈。同样，自苏联解体、俄罗斯独立伊始，车臣分裂主义就对俄罗斯的主权及领土完整造成了严峻挑战。为此，俄罗斯不惜发动了两次车臣战争以平定车臣分裂武装的割据。所以，对俄罗斯反分裂的经验和教训进行总结，研判车臣等分裂主义的走向，是中亚所俄罗斯研究的重要内容。在这一方面，中亚所的相关研究成果主要如下。

在《世界分裂主义论》（时事出版社，2008）一书中，对车臣分裂主义的产生、发展及俄罗斯政府的应对策略进行了深入分析。在详细评估俄罗斯在车臣问题上政策得失的同时，创新性地研究了车臣问题国际化，特别是西方国家在此问题上的立场和态度。对于西方和俄罗斯在车臣问题上纷争的研究，为当前研判乌克兰-俄罗斯关系及克里米亚等相关问题奠定了基础。

当然，在周边关系上，俄罗斯又与相关国家内部的分裂主义存在着复杂的关系。在这方面最典型的是阿布哈兹和南奥塞梯，这些问题对俄罗斯与格鲁吉亚的关系造成了重大影响，甚至一度爆发了武装冲突。《俄格冲突后的格鲁吉亚局势》（《俄罗斯中亚东欧研究》2010 年第 1 期）一文指出，俄格冲突是近年来俄罗斯地缘政治突围的继续和延伸。这次冲突对相关国家之间的关系有重大影响，同时也使格鲁吉亚的国内局势发生了重大变化。阿布哈兹和南奥塞梯面临重新确定身份的问题，这两个地区不会并入俄罗斯，但是它们与阿扎尔一样会继续远离格鲁吉亚。格鲁吉亚加入北约和欧盟的希望更加渺茫，格鲁吉亚内部的政治稳定也将受到其长远的影响。

二是分裂主义的相关意识形态及政策影响。在反分裂问题上，中俄两国内部的分裂主义在意识形态上因地缘、宗教文化等，均深受民族极端主义和宗教极端主义的影响。同时，由于历史上中国与苏联的特殊关系，苏联的民族政策不可避免地影响着中国少数民族问题治理的理论思路和政策实践。所以，对上述问题的探讨成为中亚所俄罗斯反分裂问题研究的重要内容。主要成果如下。

《20 世纪 80~90 年代全球民族主义浪潮及相关理论》（《新疆社会科学》2005 年第 5 期）一文指出，20 世纪以来，世界上出现了多次大的民族主义浪潮。第一次民族主义浪潮出现在一战前后，东方民族主义兴起，多个殖民地国家摆脱了殖民主义统治。第二次民族主义浪潮出现在二战末期，一直延续到 20 世纪 60 年代，又一批殖民地国家和地区在继续反对殖民主义的斗争中取得了胜利，脱离了殖民地或附属国、半附属国地位，成为新兴国家。第三次民族主义浪潮发生在 20 世纪八九十年代，原社会主义联邦国家纷纷解体，诸多新兴的民族独立国家建立。在此股浪潮中，表现出的一系列民族分裂活动则具有破坏主权国家完整和社会稳定的消极性质。如俄罗斯联邦内部的车臣民族主义分裂问题、南斯拉夫境内科索沃问题、格鲁吉亚境内的阿布哈兹和南奥塞梯问题以及中国境内的“东突”分裂活动等，都是在这次民族主义浪潮中因受民族国家独立潮流的鼓舞和刺激而在一些民族分裂分子中得以强化的一股逆流。这是此次民族主义浪潮最大的负面影响，这种影响迄今仍然发挥着极其消极的作用，在相当程度上已成为影响多民族主权国家稳定和发展的严重障碍。

《关于苏联联邦制的再思考》（《俄罗斯中亚东欧研究》2003 年第 4 期）指出，苏联解体这一重大历史事件包括社会主义制度在苏联失败和联邦制国家解体两个方面，即国体和政体两个方面，二者没有必然的联系，不能混淆。苏联法律只给予联邦成员自由脱离的权利而没有规定维护联邦的责任和义务，是导致联邦解体的原因之一。而更深层的原因则是以民族区域自治为基础的联邦制在法律上特化了群体及其权利。《对苏联解体过程中民族因素作用的再评价》（《新疆社会科学》2008 年第 4 期）认为，沙俄的本土扩张以及苏联时期民族工作中的某些失误是苏联民族问题错综复杂的根源。民族因素在苏联解体过程中加剧了政治、经济和社会等领域的矛盾，但我们不能因此否定苏联民族国家建设的成绩，夸大民族因素在苏联解体中的作用。

《论俄国突厥穆斯林运动的形成、发展与终结》（《俄罗斯研究》2018 年第 1 期）研究指出，19 世纪中后期，俄国出现了以梅尔加尼、纳吉利和费兹汉尼等为代表的突厥语民族改革家，他们推动了俄国突厥穆斯林的民族自觉意识。在此背景下，迦斯普林斯基形成了自己对俄国突厥穆斯林社会的政治、宗教、民族、文化、教育等问题的新思想，并成为全俄突厥穆斯林运动的领导人。扎吉德运动和全俄穆斯林大会是俄国突厥穆斯林运动的两个主要载体，但二者之间相对独立。1907 年第一次俄国革命结束后，由于帝俄政府采取限制性政策，俄国突厥穆斯林运动走向终结。

三是俄罗斯打击“三股势力”与维护国家安全研究。近年来，“伊斯兰国”等极端恐怖组织不断兴起，对国际安全与相关国家的反分裂斗争均造成了重大冲击。俄罗斯在此问题上亦不例外，最主要的表现在于大量高加索特别是车臣地区居民奔赴叙利亚和伊拉克参与“伊斯兰国”等恐怖组织的活动。他们的所谓“圣战”特别是“回流”，将对俄罗斯的国家安全构成重大威胁。打击中东车臣恐怖分子是俄罗斯参与在叙利亚境内反恐军事行动的目的之一。由于恐怖分子的转移及回流，俄罗斯打击“三股势力”、维护国家安全的任务仍面临重大挑战。在反分裂问题上，俄罗斯将面对车臣分裂主义由民族驱动型向宗教极端驱动型的转变，后者将更为激进和顽固。

《外国恐怖主义战斗人员转移与回流对中亚和俄罗斯的威胁》(《国际安全研究》2018 年第 1 期) 一文指出，自 2011 年以来，中东局势的剧变特别是“伊斯兰国”的兴起，吸引了数万名外国恐怖主义战斗人员奔赴伊拉克和叙利亚参与战事。随着“伊斯兰国”日渐溃败，此波规模空前的外国恐怖人员的转移和回流潮，将对国际安全造成深远的影响。仅从这些人员个体性的角度，难以全面评估此类安全威胁。应在“伊斯兰国”全球战略布局、本土恐怖组织结合当地议题的发展与重组以及外国暴恐人员活动网络的联结这三个层面对其进行研究。在这三个层面的表现中，俄罗斯和中亚地区面临着日趋严峻的安全风险。其一，两地外国恐怖主义战斗人员规模大，而且大多成为“伊斯兰国”及其部分分支的主力，并在世界各地多次发动恐怖袭击；其二，组织性较强，“伊斯兰国”的效忠组织及分支将成为外国暴恐分子回流及恐怖活动的重要载体，特别是“伊斯兰国呼罗珊分支”；其三，他们的转移和回流，不仅推动了“圣战”萨拉菲主义等暴力极端主义的渗透，而且将提升俄罗斯及中亚恐怖主义的国际化水平。所以，增强上海合作组织、集体安全条约组织等组织的反恐能力及合作水平，施行针对回流的恐怖分子的改造政策，对于维护地区安全有着重要的意义。

当然，在反分裂问题上，中亚所对俄罗斯的相关研究虽取得了一定成果，但仍有待深入和进一步系统化。中俄两国在反分裂问题上有着重要的共同利益，在此问题上进行协调与合作，共同维护两国各自的领土主权完整和国家统一，是一个重要的现实命题。面对分裂主义的国际化，俄罗斯在对外关系中面临着较大的困境，吸取俄罗斯的教训，在我国的反分裂斗争中反对外部势力的介入和干涉，营造有利的国际环境，也是有待深入的议题。最后，“东突”和车臣恐怖势力在境外的勾结不断增多，中俄两国需要采取有效的联合反恐措施，对其实施坚决打击。

4.“一带一路”研究

“一带一路”倡议提出后，中亚所结合自身优势与特长，围绕“一带一路”建设中的相关问题进行了多方面的研究，并获得了多个国家社科基金和省部级项目与部委委托项目的资助，取得了一系列研究成果。

作为中亚问题、反恐以及反分裂问题专家，中亚所所长杨恕教授参与了丝绸之路经济带倡议的前期论证工作。“一带一路”倡议提出后，中亚所积极跟进，对它进行了多方面的研究。2013 年 10 月 24 日，杨恕教授应邀在中国人民大学重阳金融研究院做了题为“漫谈丝绸之路经济带”的演讲。他从丝绸之路的历史由来出发，对丝绸之路经济带的现实基础和潜在挑战进行了系统分析。杨恕教授认为，丝绸之路经济带这个大的区域经济合作是一个可期待的目标，但需要做至少 30 年期的规划，分期分段来实现这一构想。之后，杨恕教授又在《中国西部地区需要什么样的新丝绸之路——从北京的战略构想到兰州的现实诉求》一文中，分析了西部地区在我国经济社会发展中的重要地位以及丝绸之路经济带为西部地区提供的重要机遇。他指出，我们应当以丝绸之路经济带为依托，带动中国西部地区向西开放，加强西北省区与中亚、欧洲的经济交流与合作，推动中国的西部大开发向更高水平发展，惠及西部地区的各族民众。

此外，中亚所还积极服务于地方经济发展，为甘肃更好地参与“一带一路”建言献策。杨恕教授指出，甘肃不能走资源简单开发的老路，在充分利用丝绸之路经济带向西发展机遇的同时，应该结合当前国家京津冀经济区、长江经济带、粤港澳大湾区、雄安新区等一系列规划，积极向东看，并利用好 21 世纪海上丝绸之路带给甘肃的机会。在丝绸之路经济带倡议提出初期，这些成果使我们对这一倡议有了一个较为直观的理解，并受到各方的广泛好评。

中亚所积极关注“一带一路”的最新进展，围绕中亚地区与“一带一路”建设、丝绸之路经济带核心区新疆的长治久安问题、中南亚及中东等“一带一路”沿线地区的安全形势、上海合作组织与“一带一路”建设、“一带一路”沿线国家和地区的反恐问题等议题做了大量研究。其中，对中亚地区与“一带一路”建设的研究成果尤为丰富，涉及政治、经济、文化、安全等多个方面。中亚毗邻中国西部地区，是中国与欧洲的连接地带，重要的地理位置奠定了中亚各国在丝绸之路经济带构建过程中核心地区的地位。经过 20 余年的积累，中亚所在中亚问题研究方面形成了大量成果。

在既有研究的基础上，中亚所结合自身研究专长，积极服务于“一带一路”建设，在中亚地区与“一带一路”建设方面成果颇丰。具体来看，这些成果主要包含以下内容。

一是中亚国家对“一带一路”的认知问题。整体而言，丝绸之路经济带的构想得到了中亚国家主流媒体的积极评价。中亚各国对构建丝绸之路经济带有所期待，希望借此进一步发展与中国的关系并实现本国的发展。但由于中亚国家利益诉求的差异、各国对中国强大经济实力的疑虑以及俄罗斯在该地区的传统影响，构建丝绸之路经济带仍面临不少挑战。

二是丝绸之路经济带建设背景下中国的中亚外交。丝绸之路经济带倡议为深化中国与中亚国家友好关系提供了契机。当前中国的中亚外交，要在继续加强能源外交的基础上，拓展非能源外交，重视人文交流，以构建丝绸之路经济带为突破口，全力打造以利益共同体和命运共同体为核心的中国中亚间关系。虽然中国的中亚外交在双边、多边等多个层面取得了积极进展，但还应该注意一些可能影响中亚国家参与丝绸之路经济带建设的因素，如战略构想的细节还有待明晰、俄罗斯在该地区的传统影响等。

三是“一带一路”与中亚研究。“一带一路”倡议的提出为中亚研究带来重大机遇，使其资源投入增多、研究队伍壮大、研究机构增长、学术阵地拓展，但中亚研究贡献的智力支持仍存在严重不足。为此，中亚研究界需要加大对区域和国别问题研究人才的培养力度，促进国际关系理论研究与区域问题研究的融合，加大对基础性问题的研究，深化与拓展研究议题。唯有如此，学术界才能借助“一带一路”倡议所带来的重大机遇，推动中亚研究水平的真正提升，进而为“一带一路”倡议的建设提供更好、更大的智力支持。

四是如何在中亚地区推进“一带一路”建设以及存在的问题。杨恕教授提出了“亚洲中部经济发展轴”的概念。发展轴连接了亚洲中部六个重要的核心城市，该轴线附近区域是该地区人口最密集的地区，自然条件较好，经济相对发达，交通便利，城市较多，具备较好的经济发展区位条件。这条轴线可能成为丝绸之路经济带在亚洲中部地区的核心区，也是丝绸之路经济带在亚洲中部的雏形和基础。但就目前的发展状况而言，“亚洲中部经济发展轴”还存在国家之间分歧和矛盾较多、基础设施落后、生态和环境问题突出、产业结构不合理等诸多问题。此外，在当前的中国-中亚-西亚经济走廊建设中，中亚与西亚在互通互联、经济贸易等方面的联系并不紧密，对走廊建设造成明显影响。为此，应该加强中西亚交通基础设施建设，促进中西亚国家产业结构协调发展，促进两个地区间贸易便利化，借助“双重身份”国家独特的地缘政治、经济优势等，促进中国-中亚-西亚经济走廊建设。

五是中亚地区参与“一带一路”建设面临的安全风险与挑战。总体来看，当前中亚地区面临的安全威胁主要有“颜色革命”、恐怖主义、极端主义、毒品、走私、水资源冲突、边界领土争端、民族宗教冲突等。除此之外，阿富汗复杂的安全形势可能对中亚地区安全产生一定威胁，进而影响丝绸之路经济带建设，但这种影响是间接的、有限的。

此外，中亚所还对“一带一路”建设中的具体内容进行了研究，涉及经济、文化、教育等多个层面。

第一，从投资领域看，受制于政治安全、基础设施条件、制度和法律环境等因素的影响，中亚五国吸引外资能力有限，而丝绸之路经济带倡议的实施和亚投行的建立有望改善中亚地区的投资环境。在此背景下，中国企业应详细了解中亚五国的市场环境，有效利用相关优惠政策，积极在中亚地区进行投资活动。

第二，从文化层面看，应该注重丝绸之路的历史文化价值。当前的研究多从经济层面论证“一带一路”的重要性，与此同时，还应该充分挖掘丝绸之路的历史文化价值。无论是就丝绸之路通过的内层空间领域来说，还是就它涉及的外围空间的国家、民族和文化联系来说，丝绸之路都超越了丝绸本身的意义。实际上，“丝绸之路”已经成为一个代名词，它代表着东西方物质文明和精神文明相互沟通的桥梁，反映着欧亚内陆及其周边民族的友好往来的悠久历史。丝绸之路经济带涉及范围大、国家多，国家之间在政治、经济、文化、社会等方面差异较大。因此，需要认真研究和思考丝绸之路的历史文化意义，充分利用这一丰富的历史文化遗产，秉承“文化先行”的理念，促进丝绸之路经济带倡议的顺利实施。

第三，民心相通是“五通”的重要内容之一，实现民心相通的关键在于不同文化之间的相互理解、相互尊重和相互交流，即要推动人文交流。虽然“一带一路”人文交流成果显著，但仍然存在语言人才匮乏、民间交流不足、中国软实力有待提升、文化交流中的不平衡、文化产品的数量和质量不足、人文交流的方式和内容的差异等诸多问题。因此，要加强“一带一路”人文研究，加强“一带一路”国际合作，提高文化产品的数量和质量，通过稳定的、长期的人文交流促进民心相通。

第四，除人文交流外，还需要通过教育合作促进民心相通。关于“一带一路”的发展，国家已有明确规划，但目前在人文交流和教育合作方面还欠缺宏观系统的考虑。在今后一段时间里，要大力推进人文交流和教育合作这方面的工作。在开展对“一带一路”教育交流与合作的研究时，要特别注意以下两个问题：其一，“一带一路”沿线国家经济发展水平差距很大，在制定相应教育政策时要避免“一刀切”的做法，应注重同一地域的国情差异，采取差异化政策；其二，“一带一路”教育发展战略的研究与制定必须处理好国家目标、部门目标、单位和个人利益的关系，处理好不同部委之间的职责分工、权利分割所带来的协作问题。

第五，从外交层面看，“一带一路”构想蕴含的太极式地缘政治想象能为中国加强与“一带一路”沿线国家或地区开展合作提供诸多启示。以大国势力云集的中亚地区为例，太极式地缘政治想象能够产生对中亚地区的新认知，并为促进中国与中亚国家共建“一带一路”提供一些具体启示。

第六，中亚所还根据自己的研究特色和专长，围绕中南亚地区安全、上海合作组织扩员与“一带一路”建设、新疆长治久安与“一带”核心区建设、国际反恐斗争与“一带一路”建设等议题进行了大量的研究工作，并有一批高水平的研究成果发表和出版。虽然，大部分研究成果并未直接与“一带一路”联系起来，却为维护我国边疆安全与稳定、保障“一带一路”安全提供了重要借鉴。

5. 上合组织研究

自 2001 年上海合作组织正式成立以来，中亚所便致力于上合组织的动态跟踪与理论研究，并取得了较为丰硕的学术成果。目前，中亚所对上合组织的研究情况如下。

一是围绕上合的地缘特征、对中俄关系的影响、对中亚大国关系的影响、与本地区其他组织的对比等主题，发表了多篇具有较高学术价值的论文。《建构周边区域合作机制——中国参与上合、东盟合作分析》（《法制与社会》

2008 年第 14 期）将上合组织置于中国建构周边区域合作机制的语境下，认为组织体现出了与邻为善、以邻为伴和睦邻、安邻、富邻等中国周边外交核心理念。本文提出，中国参与主导的以上合为代表的亚洲次区域多边安全体制与经济合作体制，可以成为我国和平发展战略的重要平台。而中国在这一进程中倡导的原则、建构的机制、积累的经验，可以推动全球层次上合作机制的发展。《论上海合作组织的地缘政治特征》（《兰州大学学报》2013 年第 2 期）从地缘政治的角度，提出上合组织有地域辽阔、空间范围内差别大、成员国内部差异明显与多元文化特征明显、周边环境复杂等特征。这些特征既是上合组织发展的动力，也是上合近些年经济合作滞后的主要原因之一。本文建议推动中亚这一上合组织核心地区的经济合作水平，并将乌鲁木齐建设成地区经济中心，以提高上合组织的经济合作水平。

二是上合组织既有中国与俄罗斯这样的全球性大国，也有中亚各国。中俄在上合内发挥"两驾马车"的作用，拉动上合组织发展。中亚各成员国也以自己的方式影响着上合的议程。《上海合作组织对中俄在中亚地区互动的影响》（《兰州大学学报》2013 年第 2 期）认为，上合组织的成立与运转，促进了中俄在非传统安全领域和在应对美国干预中亚国家内政问题上的合作，但中俄在传统安全与促进上合中亚成员国经济一体化问题上仍存在分歧。中俄在上合组织内部处于一种既竞争又合作的关系，而这种关系很大程度上决定了上合组织的未来发展。《中亚成员国对上海合作组织发展的影响：基于国家主义的小国分析路径》（《新疆师范大学学报》2017 年第 2 期）一文结合了国家主义分析视角与国际关系中的小国研究成果，认为上合组织并非由中国与俄罗斯两国主导，中亚成员国也可以通过其地缘战略价值、奉行多边平衡的外交政策、作为动荡的源头及群体数量优势四种途径对上海合作组织的发展产生影响。

三是上合组织与中亚地区其他合作机制的对比分析也是中亚所上合组织研究的一项特色内容。《评上海合作组织和独联体集体安全条约组织之间的关系》（《俄罗斯中亚东欧研究》2012 年第 1 期）比较了上合组织与独联体集体安全条约的异同，提出两者在性质、功能、战略重心、合作方式等方面存在的异同性是两个组织矛盾的源头，也是合作的契机。本文认为，两者合作既有积极影响也会有消极影响，上合应积极采取措施，预防深入合作后消极影响的产生。《上合组织和集安组织发展及前景——基于区域公共产品理论的视角》（《国际政治科学》2015 年第 4 期）一文则从区域公共产品供给的机制、内容与效用存在的差异，分析了上合组织与集安组织发展前景的不同。本文认为这些差异使中亚各国在面临较为严峻的安全问题时更有可能求助于集安组织而非上合组织。

四是自上合组织 2008 年开始酝酿扩员以来，中亚所推出了一系列考察上合扩员的对象、风险与前景的文章。《东盟扩员对上海合作组织的启示与借鉴——兼论上海合作组织扩员的前景》（《当代亚太》2013 年第 2 期）深入分析了与上合组织具有相似宗旨与原则的东盟的扩员过程，及其对上合组织的启示与借鉴意义。本文认为，进一步明确组织定位、营造良好的国际环境和区域环境是上合组织成功实现扩员的必要条件。《上海合作组织扩员的学理与政治分析》（《当代亚太》2014 年第 3 期）对上合扩员展开了学理和政治分析，即先比较了上合扩员可能带来的收益与成本，再讨论上合成员国尤其是俄罗斯与中国在上合定位以及扩员方面的立场差异。因此，上合应加强组织内部的机制建设，同时着重处理成员国之间存在的分歧、项目实施存在的资金缺口以及工作人员缺乏相应的工作经验等问题，以保障上合的健康发展。《缘何蒙古国仍未正式加入上海合作组织》（《国际展望》2015 年第 1 期）针对蒙古国符合上合新成员国的标准却不向扩员提出“转正”申请的情况，分析了蒙古国的外交战略、外交政策和外交布局与加入上合存在的不够契合之处，以解释蒙古国在加入上合问题上的保留态度。在上合组织 2017 年 6 月完成扩员后，中亚所又对上合扩员的风险进行了较为全面的评估。《上海合作组织扩员风险前瞻》（《欧亚经济》2017 年第 5 期）认为，扩员可能对上合组织的内部结构形成更大压力，削弱组织的决策效率与行动能力，印巴冲突也可能损害上合组织的一致性。此外，中、俄及中亚各成员国均会因扩员而面临一些个体风险。应预先对这些风险进行防范与应对。《寻求合作共赢：上合组织吸纳印度的挑战与机遇》（《外交评论》2018 年第 1 期）则详细分析了新成员国印度加入上合的过程与动机，指出印度在与上合接触时存在着态度摇摆与倚重俄罗斯等特征，而它加入上合除了能源、经济与安全等考量，更有制衡中国和巴基斯坦的动机。本文认为，上合应从加强制度建设、积极预防成员国矛盾等方面应对印度加入对上合构成的挑战和机遇。《上合组织发展阶段及前景分析——基于组织生命周期理论视角》（《当代亚太》2017 年第 3 期）则基于组织生命周期理论的视角，认为上合组织的发展会经历创立期、成长期、成熟期和蜕变期四个阶段，而扩员后，上合将进入成长期，意即虽然面临一些亟待解决的障碍和困境，但具有很大的发展机遇和良好的发展前景。因此，上合组织有必要通过加强组织协调、增强组织认同、提高行为能力、发展对外合作等途径来促进自身的良性持续发展。《上海合作组织的安全合作与发展前景——以反恐合作为中心的考察》（《外交评论》2018 年第 1 期）一文也认为，明确成员国参与上合以反恐为重心的安全合作的行为动机，有助于整体把握上合安全合作的现状及扩员后的发展前景。本文首先假设国家的行为动机只包含后果性逻辑与适当性逻辑，然后比较分析不同成员国反恐遵循不同逻辑的权重，认为俄罗斯与中亚各成员国主要基于后果性逻辑参与上合的安全合作，合作程度仍然较低。本文提出，上合应满足成员国在涉恐等安全事务上的合理利益需求，促使它们更多地由适当性逻辑而非后果性逻辑主导反恐等行为。

五是“一带一路”倡议提出以来，中亚所结合中亚与上海合作组织围绕“一带一路”进行了诸多研究，取得了一系列成果。《上合组织在丝绸之路经济带中的作用与路径选择》（《当代亚太》2015 年第 6 期）一文认为，基于“上海精神”与“丝路精神”的高度契合，上合组织在丝绸之路经济带的建设中将发挥不可替代的重要作用。而丝绸之路经济带所蕴藏的合作潜力有助于扩员后的上合组织整合印度与巴基斯坦的利益需求。但上合组织现有的区域经济合作水平与配套措施还不足以有效地支撑丝绸之路经济带建设的持续深入推进。因此，上合组织有必要进一步明确组织定位，通过推动成员国之间的战略协调与政策沟通，提升公共物品供给水平与塑造组织认同等路径来实现对丝绸之路经济带的有效对接。

除了上述学术成果，中亚所还积极参与了与上合相关的各项政策咨询与智库研究工作。杨恕教授是中国上海合作组织研究中心常务理事、中国社会科学院上海合作组织研究中心高级顾问、教育部上海合作组织教育专家。2017 年 5 月，中亚所与中国人民大学重阳金融研究院联合发布了《乘风破浪行稳致远：上海合作组织十七年进展评估》（中英文版）智库研究报告。这是对上合组织十七年发展历程最为全面深入的一次总结，也是中亚所关于上合组织研究成果的一次重要展示，得到了来自中央电视台新闻频道、新华社、人民网、央广网、北京电视台、《经济日报》《南华早报》《大公报》等多家主流媒体的关注和报道。下一步，中亚所还将继续保持对上合的跟踪研究，加大与中外智库的合作与学术交流，力求为上合组织的发展、中国的上合政策等提供更科学有效的智力支持。

6. 俄罗斯的中亚政策研究

兰大中亚所一直非常重视对俄罗斯问题的研究，研究内容涉及俄罗斯的历史、文化、政治、经济、社会等多个领域，在俄国穆斯林社会、苏联共产党的执政体制、苏联解体、俄罗斯的圣愚文化现象、“休克疗法”、远东开发战略、人口变动、失业现象等问题的研究上，中亚所都取得了一定研究成果。与此同时，在俄罗斯学的研究上，中亚所还把俄罗斯外交政策作为了一项重要内容。除了对俄罗斯兼并克里米亚、军事干预叙利亚、中俄战略协作伙伴关系等问题进行研究外，中亚所还充分结合自身优势和特色，把研究重点放在了俄罗斯的中亚政策上。

众所周知，中亚因其历史发展的特殊性和地缘政治地位的重要性，构成了俄罗斯外交政策的重要内容之一，俄罗斯的中亚政策自然也就属于我国俄罗斯学的研究范畴。多年以来，兰大中亚所一直把俄罗斯中亚政策作为一个重要内容进行研究，在研究维度、研究视角、研究格局上形成了宏观与微观相结合、历史与现实相对照、核心区与辐射区相补充的多层次、多领域研究特点，并取得了相当丰富的研究成果，得到了有关部委的认可，在学术界和社会上享有良好的声誉。下面简要介绍中亚所的俄罗斯中亚政策研究状况。

一是从历史维度进行研究，探讨俄国、苏联的中亚政策及其影响，主要研究俄国和苏联在中亚的民族文化政策、苏联的中亚移民政策、苏联的中亚开发政策、苏联的新疆政策、中亚民族问题与苏联解体等问题。在这方面，中亚所已公开发表了多篇学术论文，主要有：《1916 年中亚起义的性质及其历史意义》（《兰州大学学报》2000 年第 6 期）、《苏联时期俄罗斯人向中亚迁移的因素》（《西北人口》2001 年第 4 期）、《对苏联解体过程中民族因素作用的再评价》（《新疆社会科学》2008 年第 4 期）、《苏联时期哈萨克斯坦伊犁-巴尔喀什湖流域开发述评》[《兰州大学学报》（社会科学版）2009 年第 4 期] 等。需要指出的是，苏联在制定和实施其对新疆政策的过程中，中亚地区曾发挥了重要作用。苏联中亚政策与新疆政策的紧密联系，引起了中亚所的关注，并在《反法西斯战争时期的苏联对华政策研究》（武汉大学出版社，2010）、《从哈共（布）中央的报告看苏联对新疆政策的变化》（《中国边疆史地研究》2012 年第 3 期）、《20 世纪 30 年代苏联红军两次出兵新疆及其原因》（《西域研究》2014 年第 4 期）等论著中进行了相关研究。

二是从现实问题出发，研究当代俄罗斯的中亚政策，研究视角涉及政治、经济、军事、文化、安全、宗教、移民等多个领域。在这一方面，中亚所公开发表的学术论文主要有：《中亚国家利用外资情况简析》（《东欧中亚市场研究》2001 年 2 期）、《俄罗斯与中亚国家关系的新发展》（《国际问题研究》2006 年第 1 期）、《中亚各国制度变迁的政治文化动因》（《俄罗斯中亚东欧研究》2007 年第 6 期）、《俄罗斯的中亚劳务人员对双边关系的影响》（《西北人口》2011 年第 4 期）、《语言法：塔吉克斯坦“去俄罗斯化”的新发展》（《俄罗斯中亚东欧研究》2010 年第 4 期）等。除了对这些具体问题的研究，中亚所还从宏观上研究当代俄罗斯的中亚政策，并形成了全球文化力量变化与大国博弈和大国合作两个视角。在这一方面，中亚所汪金国教授主持了两项国家社科基金项目——“全球文化力量消长与中亚政局变动研究”和“影响未来中亚社会发展的文化研究”，把俄罗斯文化力量作为影响中亚政治变动和社会发展的影响因素之一进行研究，并公开发表和出版了相关研究成果。从大国博弈和大国合作角度进行研究的成果主要有：《关于俄罗斯、土耳其、伊朗在中亚的发展战略的若干问题思考》（《西北民族研究》2001 年 1 期）、《吉尔吉斯斯坦的俄美平衡外交》[《兰州大学学报》（社会科学版）2010 年第 5 期]、《浅析大国合作与中亚安全》（《中共四川省委党校学报》2006 年第 4 期）、《中亚地区打击恐怖主义的国际合作》（《俄罗斯中亚东欧研究》2008 年第 5 期）、《新形势下中俄加强在中亚合作的利益分析》（《亚非纵横》2014 年第 2 期）、《大国协调与中亚非传统安全问题》（《俄罗斯东欧中亚研究》2017 年第 2 期）等。

三是从国际组织的角度，分析俄罗斯与相关国际组织在中亚地区的互动关系。这些国际组织主要有欧亚经济联盟、独联体集体安全条约组织、欧安组织、上海合作组织等。在这一方面，中亚所杨恕教授进行了大量研究，已公开发表了《评上海合作组织和独联体集体安全条约组织之间的关系》（《俄罗斯中亚东欧研究》2012 年第 1 期）、《论上海合作组织的地缘政治特征》［《兰州大学学报》（社会科学版）2013 年第 2 期］、《俄白哈关税同盟的发展及其影响》（《国际问题研究》2014 年第 4 期）、《独联体集体安全条约组织对外功能弱化的原因分析》（《俄罗斯东欧中亚研究》2018 年第 2 期）等学术论文。焦一强副教授主持了教育部人文社科项目“俄白哈关税同盟与上海合作组织关系研究”。其他研究成果还有：《古阿姆：地缘政治力量较量的产物》（《当代世界》2010 年第 5 期）、《乌兹别克斯坦与集安组织的曲折关系》（《国际问题研究》2012 年第 6 期）、《上海合作组织对中俄在中亚地区互动的影响》（《兰州大学学报》2013 年第 2 期）等。

四是对辐射性问题，即会不同程度涉及俄罗斯与中亚国家关系的问题进行研究，这类问题主要有“颜色革命”、乌克兰危机、“伊斯兰国”等问题。在这一方面，中亚所公开发表的学术论文主要有：《社会运动理论视角下的“颜色革命”》（《俄罗斯中亚东欧研究》2006 年第 2 期）、《乌克兰危机对哈萨克斯坦的影响评估》（《国际论坛》2015 年第 2 期）、《乌克兰危机中的关税同盟因素》（《俄罗斯东欧中亚研究》2016 年第 4 期）、《外国恐怖主义战斗人员转移回流对中亚和俄罗斯的威胁》（《国际安全研究》2018 年第 1 期）等。此外，我国在制定中亚政策时，俄罗斯是一个必须要考虑的因素，为此杨恕教授主持了国家社科基金项目“21 世纪初中亚格局变化趋势和我国与中亚关系战略”和教育部人文社科重大课题招标项目“中国的中亚战略与对策研究”，并就俄罗斯在中亚地区的影响力进行了研究。

综上所述，中亚所在俄罗斯中亚政策的研究上已形成了自己的研究特色和研究团队，并取得了相当丰富的研究成果。随着上海合作组织的快速发展、“一带一路”建设的不断推进以及国际形势的复杂多变，中国与俄罗斯在中亚地区的关系既处于协调合作的最佳阶段，同时也面临着区域内和区域外诸多不确定性因素的制约和负面影响。中亚所将继续加大对俄罗斯中亚政策及其影响的研究和评估，为我国外交政策调整、国家发展战略的实施做出应有的贡献。

三　主要学者及其科研成果

兰州大学中亚研究所现有专职研究人员12人，其中教授4人（博导2人，硕导2人），副教授5人（硕导5人），讲师3人。其中2010年从南开大学引进博士1名，2012年从中央党校引进博士1名，2013年从北京大学引进博士1名，2013年和2016年选留本校毕业博士各1名。专职研究人员中，10人具有博士学位，其中3人为北京大学、南开大学、中央党校等国内知名院校的博士学位获得者。另有校内外兼职研究人员8人。

中亚所立足创新团队的建设，培养和造就了一批国内外知名的专家学者，并不断强化对中青年学者的学术扶持，健全学术梯队，加强人才引进力度，完善激励机制，最大限度发挥研究队伍的积极性和创造性。本研究所已初步形成一支在中国特色国际关系理论研究、俄罗斯研究、中亚研究、西部地区安全稳定研究方面在国内外具有重大影响的教学科研队伍。

杨恕，男，1947年9月生，河北省清河县人，教授、博士生导师。1982年毕业于兰州大学地质地理系，获学士学位；1985年2月获硕士学位，同年留校任教。1988年8月至1991年10月在中国驻苏联大使馆工作，先后任三秘、二秘。1991年10月回兰州大学工作，任外事处副处长、处长，1997年7月任兰州大学党委副书记，2001年12月至2007年9月任兰州大学副校长。在担任行政职务的同时，先后在地质系、地理系、国际政治系、政治与行政学院任教，1996年以来一直任兰州大学中亚研究所所长。

主要研究领域为中亚、反分裂、反恐、地缘政治、国际关系理论等。1997年以来已公开发表论文100余篇，其中CSSI期刊60余篇，专（译）著7部；主持国家社科基金项目3项（其中重点项目1项），教育部社科重大课题招标项目1项，其他部委项目10余项。有多个咨询报告被相关部委采纳或中央领导同志批示。与国内外多所高校及科研机构的知名学者有交流关系，并在北京大学、清华大学、复旦大学、中国人民大学、香港科技大学等多所高校和研究所讲学。

任中国国际关系学会常务理事、中俄关系史研究会副会长、“一带一路”智库合作联盟理事会理事、中国俄罗斯东欧中亚学会常务理事、中国上海合作组织研究中心常务理事、中国社科院上海合作组织研究中心高级顾问、全国高校国际政治研究会副理事长等，被教育部聘为上海合作组织教育专家。2012年获"上海合作组织十周年奖章"。

主要研究成果有：

(1)《转型的中亚和中国》(专著)，北京大学出版社，2005；

(2)《俄罗斯寻找自己》(译著)，兰州大学出版社，2007；

(3)《俄罗斯与中亚国家关系的新发展》，《国际问题研究》2006年第1期；

(4)《关于苏联联邦制的再思考》，《俄罗斯中亚东欧研究》2003年第4期；

(5)《关于俄罗斯、土耳其、伊朗在中亚的发展战略的若干问题思考》，《西北民族研究》2001年第1期；

(6)《对苏联解体过程中民族因素作用的再评价》，《新疆社会科学》2008年第4期；

(7)《俄罗斯人口现状与前瞻》，《西北人口》2002年第3期；

(8)《俄格冲突后的格鲁吉亚局势》，《俄罗斯中亚东欧研究》2010年第1期；

(9)《俄罗斯的中亚劳务人员对双边关系的影响》，《西北人口》2011年第4期；

(10)《评上海合作组织和独联体集体安全条约组织之间的关系》，《俄罗斯中亚东欧研究》2012年第1期。

汪金国，男，1971年1月生，甘肃省甘谷县人，博士，博士生导师。1993年毕业于上海外国语大学俄罗斯语言文学系，获俄罗斯语言文学学士学位。1999年毕业于兰州大学历史学系世界史专业，获世界史硕士学位。2003年毕业于兰州大学历史系民族学专业，获法学博士学位。2002~2003年，在哈萨克斯坦哈萨克国立民族大学历史系做访问学者。2004~2006年，在武汉大学历史学院世界史专业国际关系方向博士后流动站从事科研工作。2006~2007年，在哈萨克斯坦国立民族大学孔子学院任中方院长。2004年入选甘肃省"555"创新人才工程。2010年入选甘肃省领军人才。2011~2017年任中华人民共和国驻乌克兰大使馆一秘。曾任兰州大学政治与行政学院副院长，现任兰州大学中亚研究所副所长。上海外国语大学中亚研究所特聘兼职教授，新疆大学西北少数民族研究中心特聘兼职教授，《和平与发展》特约研究员，中国第二次世界大战史研究会副会长。

主要研究领域为俄罗斯、中亚问题。主持国家社科基金项目2项、教育部规划项目1项，承担教育部重大攻关项目子项目1项，获博士后流动基金资助项目1项，参与国家、省部级社会科学基金项目多项。已出版译著1部、专著3部，在国内核心期刊发表论文30余篇、国外期刊发表论文4篇，并撰写了多份咨询报告。

主要研究成果有：

（1）《反法西斯战争时期的中国与世界研究·第八卷·战时苏联对华政策》（专著），武汉大学出版社，2010；

（2）《多种文化力量作用下的现代中亚社会》（专著），武汉大学出版社，2006；

（3）《论俄罗斯帝国伊斯兰教的发展与伊斯兰教政策的变化》，《世界历史》2006年第2期；

（4）《从1897年全俄人口普查看俄罗斯帝国的穆斯林阶层分布与社会状况》，《世界民族》2006年第1期；

（5）《关于中亚社会“俄罗斯化”概念的理论探讨》，《东欧中亚研究》2002年第5期；

（6）《影响未来中亚社会发展的文化和社会力量因素》，《兰州大学学报》2002年第4期；

（7）《多种文化交互影响——影响现代中亚社会发展的外部文化力量因素》，〔加拿大〕《跨文化交流》2005年第1期；

（8）《中亚地区打击恐怖主义的国际合作》，《俄罗斯中亚东欧研究》2008年第5期。

曾向红，男，1982年4月生，法学博士。现为兰州大中亚研究所教授，硕士生导师。研究方向主要为国际关系理论、中亚中东问题。

已完成教育部“社会运动理论视角下的西亚北非政治剧变及其启示研究”

和国家社科基金项目"中东国家的社会变迁与社会运动研究"，出版学术专著2部（《遏制、整合与塑造：美国中亚政策二十年》，兰州大学出版社，2014；《世界观与国际关系理论》，中国社会科学出版社，2015）。截至2017年底，已在《中国社会科学》《世界经济与政治》《社会学研究》《世界宗教研究》《当代亚太》等学术刊物上发表学术论文60多篇。

目前，担任CSSCI刊物《国际展望》的编辑委员会成员（2016～2020年），并担任《世界经济与政治》《当代亚太》《外交评论》《国际安全研究》《俄罗斯研究》《战略决策研究》等专业刊物的匿名审稿专家。

公开发表的学术论文主要有：

（1）《俄罗斯在伊朗核问题上的地缘利益》，〔中国香港〕《中国评论》2006年4月号第100期；

（2）《试析上海合作组织对中俄在中亚地区互动的影响》，《兰州大学学报》（社会科学版）2013年第2期；

（3）《俄罗斯兼并克里米亚的心理动机研究——兼论对中国独联体地区外交的启示》，《当代亚太》2016年第1期；

（4）《大国协调与中亚非传统安全问题》，《俄罗斯东欧中亚研究》2017年第2期；

（5）《国家地位信号释放与俄罗斯军事干预叙利亚》，《国际安全研究》2017年第6期；

（6）《大国互动对上海合作组织的影响研究》，杨成主编《上海合作组织发展报告（2014）》，上海人民出版社，2015；

（7）《上合组织与集安组织在中亚安全领域的发展前景比较——基于地区公共产品的视角》，《国际政治科学》2015年第4期；

（8）《"一带一路"的地缘政治想象与地区合作》，张蕴岭、袁正清主编《"一带一路"与中国发展战略》，社会科学文献出版社，2017。

陈小鼎，男，汉族，福建古田人。兰州大学中亚研究所教授，硕士生导师。2005年毕业于兰州大学政治与行政学院国际政治专业；2007年毕业于南开大学周恩来政府管理学院国际关系系，获法学硕士学位；2010年毕业于南开大学周恩来政府管理学院国际关系系，获法学博士学位。2010年7月任兰州大学副教授；2018年任兰州大学教授。

主要研究领域为国际关系理论、中国外交。已在《世界经济与政治》《当代亚太》《欧洲研究》《国际政治研究》《国际政治科学》等核心期刊上发表论文近20篇；著有《结构现实主义的理论评估及其发展》；译著有《历史的回归与梦想的终结》。主持国家社科基金一般项目、外交部、民政部、中央高校基本科研业务费重点项目等多项课题，获省级精品课一门。

主要研究成果有：

（1）《区域公共产品与中国周边外交新理念的战略内涵》，《世界经济与政治》2016年第8期；

（2）《上合组织在丝绸之路经济带中的作用与路径选择》，《当代亚太》2015年第6期；

（3）《战后欧洲安全公共产品的供给模式》，《世界经济与政治》2015年第6期；

（4）《美国外交政策的结构动因》，《中国社会科学报》2014年10月15日；

（5）《从“干涉的权利”到“保护的责任”》，《当代亚太》2014年第3期；

（6）《东盟扩员对上海合作组织的启示与借鉴》，《当代亚太》2013年第2期。

朱永彪，男，1981年12月出生，河南临颍人，法学博士。现为兰州大学中亚研究所副教授、所长助理，兰州大学阿富汗研究中心主任，主要研究方向为国家安全与对外战略。

主要学术兼职有：Journal of World Economic Research 编委、《中亚研究》副主编、中国“一带一路”（上海）协同创新研究院副院长、中国反恐与地区安全协同创新研究院副院长、金砖国家智库合作中方理事会理事、重庆警察学院特邀研究员等。

已主持国家社科基金项目3项、外交部年度重大外交政策研究课题1项、教育部国别和区域研究课题3项。作为子课题负责人参加国家社科基金重点项目2项、国家社科基金“一带一路”专项项目1项。作为主要成员参与其他各类课题 10 余项。

以第一作者出版专著 3 部，在 *Asian Survey*、《世界历史》《当代亚太》《世界经济与政治》《外交评论》《南亚研究》《南亚研究季刊》等期刊及论文集发表学术论文 40 余篇，其中 2 篇被《中国社会科学文摘》转载。应国家有关部门邀请提交各类咨询报告、研究报告 30 余份。

多次就阿富汗问题、反恐问题、中亚问题等接受《华尔街日报》《德国之声》《朝日新闻》《金融日报》《人民日报》《环球时报》、人民网等的专访、采访。

主要研究成果有：

（1）《简论美国大中亚战略的调整》，《和平与发展》2010 年第 6 期；

（2）《阿富汗问题与中国的关联》，《南亚研究季刊》2012 年第 1 期；

（3）《西方反恐“越反越恐”怪圈成因》，《人民论坛》2012 年第 7 期；

（4）《阿富汗塔利班的现状和困境》，《东南亚南亚研究》2013 年第 4 期；

（5）《美国从阿富汗撤军对中亚的影响》，《新疆师范大学学报》2014 年第 6 期；

（6）《阿富汗和解进程：现状、原因与前景》，《兰州大学学报》2015 年第 2 期。

焦一强，男，1965 年 11 月出生于陕西省洛南县。1989 年毕业于西安外国语大学俄语系，获俄罗斯语言文学学士学位；2001 年毕业于四川外国语学院，获俄罗斯语言文学硕士学位；2009 年毕业于华东师范大学国际关系与地区发展研究院、教育部人文社会科学重点基地——俄罗斯研究中心，获法学博士学位。2007 年 1 月至 2008 年 1 月在吉尔吉斯斯坦吉尔吉斯-俄罗斯斯拉夫大学国际关系学系访学。2010 年通过国家汉办孔子学院中方院长全国选拔考试并经过中方院长岗前培训入选后备人才库。现为兰州大学中亚研究所副教授，法学博士，硕士研究生导师；新疆大学西北民族研究中心特约研究员。

学术旨趣及研究方向主要为俄罗斯及中亚问题。先后在《俄罗斯中亚东欧研究》《俄罗斯研究》《兰州大学学报》《新疆社会科学》《理论导刊》《吉尔吉斯-俄罗斯斯拉夫大学学报》等国内外专业学术期刊发表论文 10 余篇，出版学术专著一部并参与过相关著述个别章节的撰写工作及译著翻译工作。参与主持教育部重大项目子课题2项，横向课题1项；主讲课程“中华人民共和国外交史”“俄罗斯政治与经济”“中国近现代史纲要”等。

主要研究成果有：

（1）《从“民主岛”到“郁金香革命”：吉尔吉斯斯坦政治转型研究》（专著），兰州大学出版社，2010；

（2）《乌克兰危机中的关税同盟因素》，《俄罗斯东欧中亚研究》2016年第4期；

（3）《吉尔吉斯斯坦的俄美平衡外交》，《兰州大学学报》2010年第5期；

（4）《奉行俄美平衡外交对吉尔吉斯斯坦内政转型及邻国关系的影响》，《和平与发展》2010年第6期；

（5）《浅析大国合作与中亚安全》，《四川省委党校学报》2006年第4期；

（6）《“休克疗法”为何在俄罗斯失败？——一个文化解读的视角》，《俄罗斯研究》2006年第3期。

李捷，男，1979年8月生，法学博士。兰州大学中亚研究所副教授，硕士生导师，主要研究方向为反分裂理论、国际安全及新疆问题研究。

主持国家社科基金项目2项：“新疆长治久安视域下丝绸之路经济带核心区建设研究”“新时期新疆发展与稳定协调关系研究”；教育部人文社科项目1项：“我国分裂主义的国际化及其引发的国际冲突研究”。

出版学术专著4部：《分裂主义及其国际化研究》（时事出版社，2013），《分裂与反分裂》（中国社会科学出版社，2012），《南亚极端民族主义与民族分裂主义研究：以斯里兰卡为例》（兰州大学出版社，2014），《推进新疆社会稳定与长治久安战略：发展与稳定关系的视角》（社会科学文献出版社，2017）。

在《世界经济与政治》《国际政治研究》《南亚研究》等专业刊物上发表学术论文40多篇，主要有：

（1）《中亚民主化和民主建设简析》，《新疆大学学报》（哲学社会版）2007年第5期；

（2）《反恐与公众参与》，《兰州大学学报》（社会科学版）2008年第2期；

(3)《当代分裂主义与外部环境》,《北方民族大学学报》2009年第4期;

(4)《中国周边国家自治制度评析》,《广西民族研究》2009年第3期;

(5)《“疆独”、“藏独”的国际化路径研究》,《广西民族研究》2010年第2期;

(6)《分裂主义对国家安全的威胁研究》,《国际政治研究》2010年第3期。

郭琼,女,汉族,1976年生,甘肃兰州人,现任兰州大学中亚研究所副教授。1998年毕业于兰州大学历史系历史学专业,获学士学位,2001年毕业于兰州大学历史系世界史专业,获硕士学位。2001年留校任教,2013年被聘为副教授。

主要研究方向中亚地区国际关系和国际政治。主讲课程为“当代国际关系”“中国周边关系”,曾在《东南亚研究》《新疆社会科学》《太平洋学报》《现代国际关系》《兰州大学学报》等核心期刊上发表论文,参与2013年度教育部人文社科规划基金项目“俄白哈关税同盟与上海合作组织关系研究”,主持兰州大学中央高校基本科研业务费项目“美国重返东南亚及我国的对策研究”“丝绸之路经济带战略框架下中国与中亚互联互通研究”。

主要研究成果有:

(1)《论冷战后美菲关系及中菲黄岩岛争端的美国立场》,《新华文摘》2013年第2期;

(2)《俄罗斯提速远东开发战略探析》,《太平洋学报》2013年第5期;

(3)《主导性国家与东盟安全共同体的建构——兼谈美国重返东南亚对建构东盟安全共同体的影响》,《东南亚研究》2012年第5期;

(4)《中国在中亚地区国家形象塑造的实践、挑战及建议》,《新疆社会科学》2014年第1期;

(5)《新形势下中俄加强在中亚合作的利益分析》,《亚非纵横》2014年第2期。

周明,女,1983年6月生,湖北宜昌人,法学博士。2005年毕业于武汉理工大学政治与行政学院思想政治教育专业,获学士学位;2008年毕业于兰州大学政治与行政学院科社专业,获硕士学位;2012年毕业于中共中央党校国际战略研究所国际政治专业，获博士学位。现任兰州大学中亚研究所副教授。主要从事中南亚领域的研究工作。

主要研究成果有：

（1）《七国集团已无足轻重了吗？——基于三维权力观的一种考察》，《世界经济与政治论坛》2011 年第 5 期；

（2）《埃及“一·二五革命”中的信息瀑布与虚拟社会网络》，《外交评论》2012 年第 2 期；

（3）《试析冷战后印度中亚政策的演变》，《南亚研究》2012 年第 1 期；

（4）《地缘政治想象与获益动机——哈萨克斯坦参与丝绸之路经济带构建评估》，《外交评论》2014 年第 3 期；

（5）《乌克兰危机对哈萨克斯坦的影响评估》，《国际论坛》2015 年第 2 期；

（6）《中亚五国对阿富汗局势的应对：历史与趋势》，《南亚研究》2015 年第 2 期。

马国林，男，1978 年生，宁夏西吉人。2000 年毕业于陕西师范大学经济贸易系，获经济学学士学位（市场营销专业）；2006 年毕业于陕西师范大学政治经济学院，获法学硕士学位（政治学理论专业）；2013 年毕业于北京大学国际关系学院，获法学博士学位（国际关系专业）。其间，于 2011～2012 年在英国杜伦大学访学 6 个月。现为兰州大学中亚研究所讲师。

主要研究方向为国际关系理论。在中国社会科学出版社出版专著 1 部，在《世界经济与政治》《国际政治研究》等刊物发表论文数篇。

主要研究成果有：

（1）《社会·制度·秩序：赫德利·布尔的世界秩序思想研究》（专著），中国社会科学出版社，2015；

（2）《国际社会和天下体系：比较与思考》，中国国际关系学会等编《中国国际关系理论的建设：借鉴与创新》，世界知识出版社，2012；

（3）《国际社会的社会性与非社会性》，《国际政治研究》2014 年第 6 期；

（4）《英格兰学派的发展动因论析》，《世界经济与政治》2016 年第 4 期。

曹伟，1981 年 4 月生，法学博士，现为兰州大学中亚研究所讲师。

主要研究领域为中国西部边疆安全与周边外交、反新疆分裂主义等。在《中国边疆史地研究》《清史研究》《西域研究》发表学术论文多篇。主讲课程“近现代国际关系史”“国际战略学”等。

主要科研成果有：

（1）《美国在阿富汗的禁毒行动及成效分析》，《新疆师范大学学报》（社会科学版）2011 年第 4 期；

（2）《阿富汗问题与中国的关联》，《南亚研究季刊》2012 年第 1 期；

（3）《从哈共（布）中央的报告看苏联对新疆政策的变化》，《中国边疆史地研究》2012 年第 3 期；

（4）《20 世纪 30 年代苏联红军两次出兵新疆及其原因》，《西域研究》2014 年第 4 期；

（5）《反分裂视角下的“中华民族认同”建设》，《原道》第 16 辑（2015 年）。

张玉艳，女，1985 年 9 月生，山东沂水人。2004 年考入兰州大学外国语学院俄语系，2015 年毕业于兰州大学马克思主义学院马克思主义国际关系理论与中国对外关系专业，获法学博士学位。2014 年 2 月至 10 月，受国家留学基金委资助，在哈萨克斯坦阿勒·法拉比国立民族大学国际关系系进修。现为兰州大学中亚研究所研究人员。主要研究领域为俄罗斯问题、中亚问题、新疆问题。已在《俄罗斯研究》《新疆社会科学》《新疆大学学报》《俄罗斯东欧中亚研究》等期刊上发表论文数篇，并参与撰写了多篇研究报告。

主要研究成果有：

（1）《论俄国突厥穆斯林运动的形成、发展与终结》，《俄罗斯研究》2018 年第 1 期；

（2）《“俄罗斯德意志人”问题的由来与发展》，《中亚研究》2016 年第 2 辑；

（3）《乌克兰俄语地位问题探析》，《俄罗斯中亚东欧研究》2012 年第 1 期；

（4）《俄罗斯对外语言推广政策及其启示》，《甘肃社会科学》2011 年第 6 期。

四　主要合作伙伴及其他情况

中亚所虽然地处西北，但积极致力于与境内外其他科研单位的学术交流与科研合作。近年来，研究所主办了国际关系学会年会和美国的中亚政策、中南亚反恐学术研讨会等全国性的学术会议及中亚新疆相关问题学术研讨会。此外，中亚所还与国内外多所知名研究机构保持着良好的学术关系，如北京大学国际关系学院、上海社会科学院国际关系研究所、四川大学巴基斯坦研究中心、新疆师范大学中亚研究所、中亚国家各总统战略研究所、美国约翰·霍普金斯大学的中亚-高加索战略研究所、印度的相关中亚研究部门等。以下是中亚所的主要国内外合作伙伴。

1. 国内主要合作伙伴

中国社科院俄罗斯东欧中亚研究所

北京大学国际关系学院

清华大学现代国际关系研究院

中国人民大学国际关系学院

复旦大学国际问题研究院俄罗斯中亚研究中心

华东师范大学俄罗斯研究中心

新疆社会科学院中亚研究所

新疆师范大学中亚研究中心

新疆哲学社会科学网

陕西师范大学中亚研究院

黑龙江大学俄罗斯研究院

东南大学俄罗斯研究中心

上海外国语大学中国中亚研究中心

中国现代国际关系研究院

中国国际问题研究所

云南大学国际关系学院

外交学院国际关系研究所

上海社会科学院世界经济与政治研究院

上海国际问题研究院。

2. 国外主要合作伙伴

哈萨克斯坦总统战略研究所（阿基姆别克夫·苏尔坦教授）

哈萨克斯坦凯纳尔大学（克拉拉·哈菲佐娃教授）

哈萨克斯坦民族大学

乌克兰国立基辅大学国际关系系和历史系

乌克兰国立苏梅大学国际关系系

乌克兰国立敖德萨大学历史系

美国约翰·霍普金斯大学的中亚-高加索战略研究所。

俄罗斯乌克兰研究在武汉大学

田　园　刘再起

武汉大学的“俄罗斯学”研究最早可追溯至张之洞“自强学堂”和“方言学堂”时期。1893 年，张之洞创办的湖北自强学堂，设方言（英语）、算学、格致、商务四科。1896 年，增设法语、德语、俄语三科。1898 年，张之洞另立湖北方言学堂，专门教授英、法、德、俄、日五门外语，以及地理、历史、算术、公法、交涉等学科。1903 年，自强学堂并入湖北方言学堂，张之洞称，方言一门，“为一切西学之阶梯”；并对俄语教学寄予厚望：“去冬以来，时局紧迫，两文（俄语、日语——笔者）尤为切实之用……中俄近邻，需用尤殷。”俄语人才“将来学成以后，通殊方之学，察邻国之政，功用基宏，实基于此”。著名外交家夏维崧就是自强学堂的毕业生。1911 年后，方言学堂停办，人才流失，俄语教学中断。这段历史虽然短暂，但也为今后的俄语语言学和国别学研究奠定了基调：学习外语，为国服务；掌握外语，通晓西学；活用外语，考察国情。

新中国成立后的 1950 年，武汉大学俄语语言与文学专业正式设立，“俄罗斯学”重新启动。1980 年，俄语系获批俄语语言与文学专业硕士点。1995 年，招收国内第一个乌克兰语专业硕士。2009 年，俄语系设立博士后流动站，2011 年，获批俄语语言文学博士点。综观俄语系的发展历程和现状，主要有俄语语言与文学和“俄罗斯乌克兰学”两条主脉络，这里分别介绍。

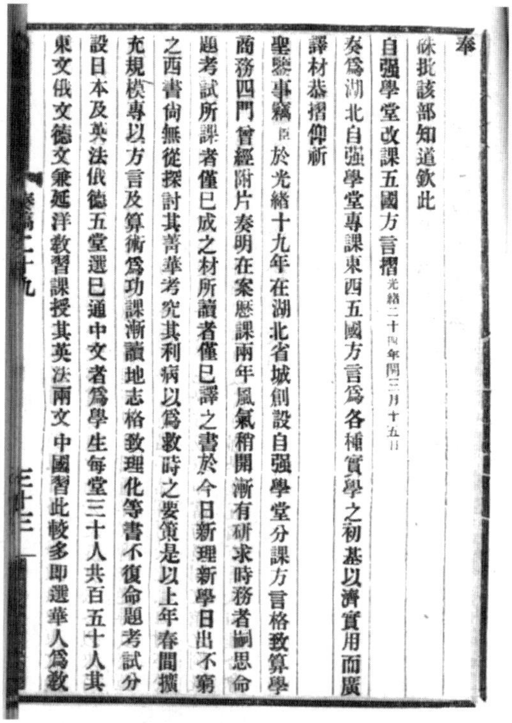

奉
硃批該部知道欽此
自强學堂改課五國方言摺光緒二十四年閏三月十五日
奏爲湖北自强學堂專課東西五國方言爲各種實學之初基以濟實用而廣
譯材恭摺仰祈
聖鑒事竊臣於光緒十九年在湖北省城創設自强學堂分課方言格致算學
商務四門曾經附片奏明在案歴課兩年風氣稍開漸有研求時務者轉思命
題考試所課者僅已成之材所讀者僅已譯之書於今日新理新學日出不窮
之西書尚無從探討其菁華考究其利病以爲救時之要策是以上年春間擴
充規模專以方言及算術爲功課漸讀地志格致理化等書不復命題考試分
設日本及英法俄德五堂選已通中文者爲學生每堂三十人共百五十人其
東文俄文德文兼延洋教習課授其英法兩文中國習此較多即選華人爲教
奏稿二十九　三十三

图 1

图片说明：张之洞《自强学堂改课五国方言折》。

一　俄语语言与文学方向

（一）武汉大学俄语系的历史成就（20 世纪 50 年代至 90 年代末）

俄语语言与文学的教学和研究是俄语系的主线，目的在于培养从事俄语教学、翻译、管理和研究的人才。研究方向为词汇学、语法学、语音学、文学等。鼎盛时期，俄语系有教师 20 余人，50% 以上为教授。俄语系老师语言基本功扎实，中西学功底深厚，为人师表，深得学生爱戴。

词汇学方面，成语学研究和词典编撰成果突出，如《俄语成语词典》（华中师范学院外语系、武汉大学外文系和武汉教育学院外语教研室合编，

1984）、《俄语常用固定组合词典》（康兆安、李正珂，上海译文出版社，1990）、《俄语感叹词教学词典》（康兆安、胡谷明，武汉大学出版社，1996）、《俄汉学生成语词典》（王训光、胡谷明，武汉大学出版社，1999）等，词条精挑细选，例句俄中对照，语言精练上乘，是独树一帜且极有价值的研究成果。喻茵英的论文《俄语成语及其发展》[《武汉师范学院学报》（哲学社会科学版）1984 年第 4 期]、《俄语成语的民族文化语义》（《中国俄语教学》1994 年第 3 期）在学术界获得反响，被成语学研究的后来者多次引用。

文学方向，研究力量强大，如赵德泉、娄力、邱榆若、罗宁、李正珂、王先晋等，不仅研究成果丰富，译作也极多。娄力的论文《谢·沃罗宁及其新作〈温顺的人〉》获湖北省外国文学学会颁发的优秀科研奖；译作《少女的美学》获全国翻译作品优秀图书奖。赵德泉译《当代苏联中短篇小说选》（长江文艺出版社，1981）、郑文东译《父与子》（长江文艺出版社，2000）多次再版。俄语系杂志《俄苏文学》于 1980 年创刊，1999 年停刊，共刊发了上千万字的翻译和研究成果，在俄语界具有影响力。

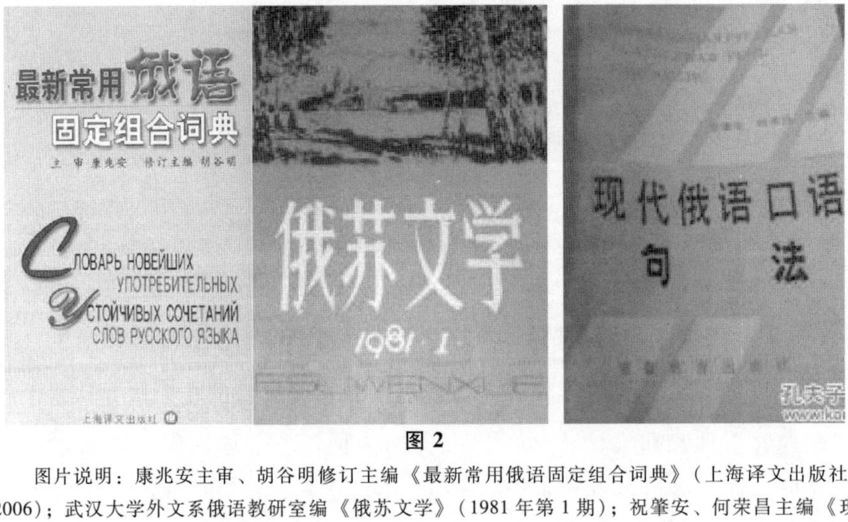

图 2

图片说明：康兆安主审、胡谷明修订主编《最新常用俄语固定组合词典》（上海译文出版社，2006）；武汉大学外文系俄语教研室编《俄苏文学》（1981 年第 1 期）；祝肇安、何荣昌主编《现代俄语口语句法》（安徽教育出版社，1987）。

语言学方向，俄语系教师既发表论文，出版和翻译理论著作，也编撰教材。如祝肇安、何荣昌主编《现代俄语口语句法》（安徽教育出版社，1987），杨余森等译《语言学说史》（〔苏〕И. А. 康德拉绍夫著，武汉大学出版社，1985），朱虹论文《语言、言语与语音、语调教学》（《外语研究》1987年），邱榆若主编《俄汉汉俄翻译》（武汉大学出版社，1993），熊礼贵、罗嘉玉编《旅俄经商》（华中师范大学出版社，1998），叶清玲编《导游俄语——海南导游》（武汉大学出版社，2010）等。文化学方向，有王英佳著《俄罗斯社会与文化》（武汉大学出版社，2002），王训光著《俄罗斯文化漫谈》（武汉大学出版社，1999）等。

（二）俄语系的现状（21世纪）

目前俄语系专业教师共11人，其中教授2人，副教授3人，讲师5人，助教1人。具有博士研究生学历和博士学位的教师8人，具有硕士研究生学历和硕士学位的教师3人。教师年龄分层为：50~60岁2人，40~49岁6人，30~39岁2人，20~29岁1人。教师的来源为：本校毕业生5人，外校毕业生6人。8位教师具有在俄语国家学习进修一年及以上的经历。研究方向涵盖俄语语言学（2人）、翻译学（5人）、俄罗斯文学（4人）、俄罗斯国情与文化（兼职1人）。俄语专业常年聘请1名俄罗斯籍教师。

俄语系专业排名为教育部专业排名第10位，专业四、八级的通过率和优秀率在全国名列前茅。教学方面的特色是：低年级重基础，高年级重拓展，全面培养学生听说读写译的能力；注重培养高年级学生在俄罗斯语言、文学、翻译、国情等方面的研究能力。本专业的培养目标为：培养爱国敬业，知识面广，适应力强，具有扎实的俄罗斯语言、文学和国情文化基础的专门人才；具有人文素养和创新能力，能从事外事、外贸、教育、文化、情报、旅游等部门的翻译、管理以及俄语教学、研究等工作。

课程方面，俄语系的主干课“基础俄语综合实践课程”是省级精品课程（2011年，负责人郑文东，成员：胡谷明、田园、黄清华、王艳卿、乐音等），包括词汇、语法、国情课、视听说和口语课程，注重学生俄语语音语调的培养，语法词汇基础知识的讲授、训练以及国情素养和听说能力的提高。“俄语翻译理论与实践”（胡谷明、李红青等）和“俄罗斯文学史”（王艳卿、乐音）是俄语系的优势课程。“高级俄语口译”（田园、张鸿彦、张栋）和为全校学生开设的通识课程“俄罗斯社会与文化”（胡谷明）受到好评。俄语系自

1992年起开设乌克兰语选修课（刘东、田园），也是我系的教学特色之一。

科研方面，俄语系形成了良好的学术传统和“老、中、青”“传、帮、带”的学科建设梯队，研究方向具有跨学科的宽口径特点，尤其在翻译学、文学修辞和文化符号学以及俄罗斯国情文化研究上具有不可替代的优势。

俄语系博士点包括俄语翻译理论和文学修辞与文化符号学两个方向。俄语翻译理论方向的学术带头人是胡谷明教授，他在翻译学理论研究、中国文化经典翻译、编撰词典、教材方面多有建树。如发表论文《汉俄翻译中文化空缺词汇的翻译策略》（胡谷明、沈曼，《中国俄语教学》2011年第1期）、《俄汉翻译中的补偿方法研究》（胡谷明、黄西萌，《中国俄语教学》2013年第1期）、《口译能力及其培养途径》（《中国俄语教学》2014年第3期）、《致使动词语义韵翻译研究——基于俄汉平行语料库的专业文本》［陶源、胡谷明，《武汉大学学报》（人文科学版）2015年第1期］、《论中华文化经典俄译的几个问题》（《中国俄语教学》2016年第3期）、《阐释俄国文学作品中潜文本现象的文本分析模型》（胡谷明、刘早，《俄罗斯文艺》2017年第3期）、《某些汉语特殊手段在俄汉口译中的运用》（胡谷明，《莫斯科大学学报》2017年第3期）等。主编《最新常用俄语固定组合词典（修订版）》（上海译文出版社，2006），《俄汉分类学习词典》（胡谷明、王仰正，上海译文出版社，2014），主编教材《经贸俄语教程》（武汉大学出版社，2005）、《高级俄语视听说》（武汉大学出版社，2008）、《汉俄翻译教程（学生用书和教师用书）》（上海外语教育出版社，2010）、《汉俄口译实用手册》（胡谷明、陈著，武汉大学出版社，2014），主编《大国文化心态·俄罗斯卷》（武汉大学出版社，2014）、《苏俄翻译理论导读》（武汉大学出版社，2016）等。2015年，胡谷明主编的《汉俄翻译教程》获教育部第二届“全国高校俄语专业优秀教材奖”一等奖。

胡谷明教授还参与教育部哲学社会科学研究重大课题攻关项目“哲学社会科学创新能力及评价研究”，主持子项目“俄罗斯人文社会科学发展的理论、政策、制度及启示研究”（2007~2009）；参与教育部211工程三期项目“中外文化交流与变迁”，主持子项目“中俄文化交流及社会变迁”（2009~2011）；主持武汉大学研究生院硕士研究生精品课程“翻译理论”（2014年12月至2016年12月）、武汉大学通识教育课程“俄罗斯社会与文化”（2018年

9 月至 2020 年 9 月）等。

翻译学方向的青年教师有毛志文、张鸿彦、陈著。毛志文主要从事诗歌翻译研究；张鸿彦主要研究中国先秦文学的翻译问题，并兼顾国别学的俄罗斯汉学方向；陈著主要研究俄汉、汉俄的误译问题等（详见学者成果介绍）。

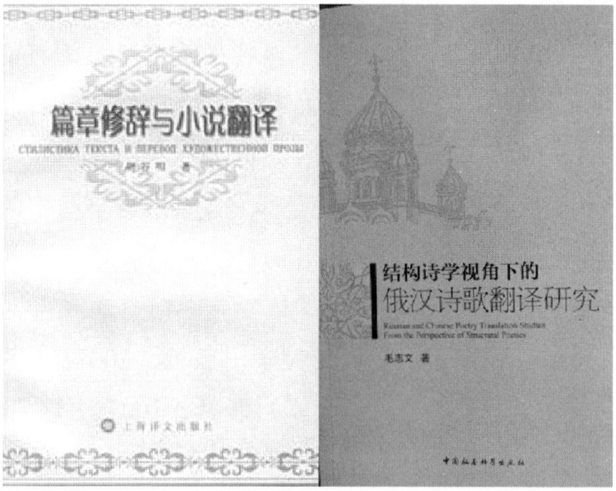

图 3

图片说明：胡谷明《篇章修辞与小说翻译》（上海译文出版社，2004）；毛志文《结构诗学视角下的俄汉诗歌研究》（中国社会科学出版社，2016）。

图 4

图片说明：胡谷明主编《汉俄翻译教程（学生用书和教师用书）》（上海外语教育出版社，2010）；胡谷明主编《苏俄翻译理论导读》（武汉大学出版社，2016）。

文学修辞与文化符号学是语言学和文学的交叉研究方向，该方向的学术带头人是郑文东教授。主要研究洛特曼文化符号学理论，并以此为基础分析俄罗斯现当代文学。发表的论文有：《符号域：民族文化的载体——洛特曼符号域概念的解读》（《中国俄语教学》2005年第4期）、《文化拓扑结构中神话思维的作用——洛特曼文化符号学视角观察》（《中国俄语教学》2008年第2期）、《文化比较需要一种工具语言——〔俄〕洛特曼关于工具语言的构想》（《国外社会科学》2009年第1期）、《一条永不间断的“莫比乌斯带”——纳博科夫〈天赋〉的叙事结构分析》（《外国语文》2009年第2期）、《文化互动中的翻译机制——洛特曼文化符号学观察视角》（《时间与空间中的俄语和俄罗斯文学》第5辑，上海外语教育出版社，2011）、《符号域的空间结构——洛特曼文化符号学研究视角》（《解放军外国语学院学报》2006年第1期）等。出版专著《文化符号域理论研究》（武汉大学出版社，2007），主编国情文化读物《北风的故乡——俄罗斯》（武汉大学出版社，2003），零起点教材《快乐学俄语》（武汉大学出版社，2011），以及“十一五”国家级规划教材《大学俄语》系列中的三本教材和教师用书：《大学俄语（东方新版）教师用书3》（郑文东、苗澍，外语教学与研究出版社，2011）、《大学俄语（东方新版）听力教程2》（郑文东、黄玫，外语教学与研究出版社，2013）、《大学俄语（东方新版）听力教程3》（郑文东、黄玫，外语教学与研究出版社，2014）。出版译著《父与子》（长江文艺出版社，2000，后多次再版）。参编《欧美文艺思潮及文学批评》（朱宾忠主编，武汉大学出版社，2016）、《外国文学》（涂险峰、张箭飞主编，北京大学出版社，2014）。主持湖北省高校精品课程“基础俄语综合实践课程”，担任2017年度国家社会科学基金重大招标项目“现代斯拉夫文论经典汉译与大家名说研究”（周启超主持）的子课题“《尤里·蒂尼亚诺夫论文学》编选、汉译与俄罗斯形式论学派文论研究”的负责人。

文学修辞与文化符号学方向还有青年教师张栋。张栋主要研究白俄罗斯作家阿列克谢耶维奇的作品（详见学者成果介绍）。

图 5

图片说明：郑文东、黄玫《大学俄语（东方新版）听力教程 3》（外语教学与研究出版社，2014）；郑文东《文化符号域理论研究》（武汉大学出版社，2007）；〔俄〕屠格列夫《父与子》（郑文东译，长江文艺出版社，2000）。

硕士方向除翻译学（胡谷明，李红青）、修辞学（郑文东）外，还有词汇学（姚玲）、言语交际学（田园）（详见学者成果介绍）。

图 6

图片说明：田园《社会政治交际领域的俄语言语礼节》（俄语）（武汉大学出版社，2010）；田园、王璐瑶编著《外事接待俄语口语》（中国地质大学出版社，2016）。

21世纪，俄语系还主办了两次学术会议。2007年3月31日至4月3日，俄语系主办了“中国俄语教学研讨会‘俄罗斯译学’学术研讨会”。来自全国31所高校和科研单位的57名代表参加了会议，提交学术论文41篇。会上探讨了翻译理论方面的成就和存在的问题。2014年3月28日至4月1日，俄语系主办了“第七届全国高校俄语翻译理论与翻译教学研讨会”，与会人数达78人，来自58所高校和科研院所。会议共收到论文60篇，其中笔译理论研究45篇，翻译教学研究15篇，内容涵盖口笔译理论与实践、语料库建设、翻译教材编写、翻译教学方法、MTI教学等问题。研讨会的与会代表人数、会议规模及论文总数都创历次会议之最，充分展示了学者们的学术思想和最新科研成果。武汉大学俄语系还与山东大学协办了2009年4月在济南举行的“第四届全国高校俄语翻译理论与翻译教学研讨会”。

图7

图片说明：参加2007年“中国俄语教学研讨会‘俄罗斯译学’学术研讨会”人员合影；2014年参加“第七届全国高校俄语翻译理论与翻译教学研讨会”人员合影。

综上所述，俄语系的语言与文学方向继承和发扬了俄语系的优良传统，将研究与教学紧密结合，既保证了学科建设，又促进了人才培养，也为武汉大学其他方向的“俄罗斯学”“乌克兰学”的发展奠定了基础。在未来五年内，俄语系的发展规划是：保持华中地区一流，争取进入全国前8名的行列；进一步加强博士点和博士后流动站的建设；进一步加强俄罗斯文学方向的学科建设；鼓励年轻教师兼职从事俄罗斯国情研究。

二　俄罗斯乌克兰学

（一）武汉大学乌克兰研究中心的历史成就（20世纪60年代至90年代末）

1964年，为服务湖北省和武汉市发展与苏联乌克兰共和国和基辅市友好交往的需要，俄语系成立了全国唯一的苏联乌克兰研究室，开启了乌克兰研究与乌克兰语教学之先河。

中心的工作主要从1985年启动，主任为何荣昌。1992年后主任为刘东。研究室最初以研究乌克兰文化及全苏文化为主要方向。于1987~1991年编辑出版《苏联文化教育》（研究资料）共10期，其中乌克兰问题的资料是主要组成部分，介绍了乌克兰文化教育情况，以及乌克兰民族的历史与现状。发表的论文有：《关于苏联高等教育改革的若干问题》（何荣昌）、《加拿大和美国的乌克兰研究》（何荣昌，1988）、《十三—十四世纪中国史书记基辅罗斯》（何荣昌，《“基辅罗斯的文化”国际研讨会》，1987）等。1988年和1989年，中心派遣刘东、熊青赴加拿大约克大学和多伦多大学进修乌克兰语言文学。

图8

图片说明：武汉大学外文系苏联乌克兰研究室编《苏联文化教育》（内部研究资料），1991；刘东：《基础乌克兰语》（武汉大学出版社，1995）；刘东：《中乌会话手册》（山西高校联合出版社，1996）。

1991年苏联解体，乌克兰独立，研究室于1992年更名为乌克兰研究中心，开始对乌克兰的政治、经济、民族、文化、语言、文学、历史进行全方位研究，尤以政治、经济为重点。这段时期，中心参加国内外学术会议，发表论文；与国际乌克兰学研究机构开展交流合作；完成国家社科基金项目；领先全国开设了高校乌克兰语选修课。

1990年，何荣昌作为唯一一位来自中国的代表，在基辅参加了国际乌克兰学家学会第一次代表大会，并宣读论文《关于乌克兰文化与中国文化的比较研究》（何荣昌）。1991年，何荣昌在乌克兰卢茨克参加了“列霞·乌克兰英卡与世界文化”国际研讨会，宣读论文《列霞·乌克兰英卡在中国》（何荣昌、朱虹），并接受了多家记者采访。1993年，何荣昌、朱虹、刘东参加了在基辅举办的“乌克兰-中国：合作的途径”国际会议。这次会议由何荣昌教授和加拿大麦克马斯特大学波提契尼教授共同发起，由乌克兰文化部、乌克兰学家学会、乌克兰科学院世界经济与国际关系研究所、“乌克兰-中国”协会和乌克兰汉学家协会联合主办，中国乌克兰学委员会协办，参加会议的中方学者达20多人。中心人员在会议上宣读论文《乌克兰著名教育家的教育学说在中国》（何荣昌）、《乌克兰文学在中国》（朱虹）、《乌克兰与中国的文化、科学联系》（刘东）。同年，何荣昌还在利沃夫参加了国际乌克兰学家学会第二次代表大会。1995年，刘东教授在北京参加了“乌克兰与中国合作之路”国际学术会议，并宣读论文《乌中合作现状与问题》。

中心人员公开发表的论文还包括：《乌克兰研究在中国》（刘东），《达拉斯（谢甫琴科），在中国人们热爱你》（朱虹），《乌克兰教育在中国》（何荣昌），《乌中科技、教育与文化交流》（刘东），《乌克兰文学在中国》（朱虹），《乌克兰政治、经济、对外关系现状的分析》（何荣昌），《乌中关系史研究》（何荣昌、朱虹），《乌克兰的经济形势分析》（何荣昌、朱虹），《乌克兰人在中国》（王金华）等。

中心于1990~1992年完成“七五”国家社科基金项目“乌克兰文化与中国文化”（负责人：何荣昌，成员：刘东、朱虹、王金华），成果为《乌克兰文化在中国》（未出版）。中心还完成了1991~1993年中华社科基金项目“当今乌克兰与中国的关系”。1993~1996年，完成“八五”国家社科基金项目“当今乌克兰与中国的关系”（负责人：何荣昌，成员：刘东、朱虹、郑文东等）。

1992年6月，何荣昌当选为中国东欧欧亚学会理事，后由刘东接任。中心也是“国际乌克兰学家学会”会员单位。

1993年，为了加强乌克兰学研究力度和推广乌克兰文化，刘东为武汉大学俄语系开设了全国第一门乌克兰语选修课，并于1995年招收了全国第一名乌克兰语专业硕士研究生柳丰华（现任中国社会科学院俄罗斯东欧中亚研究所俄罗斯外交研究室主任、研究员）。刘东还出版了中国第一本乌克兰语教材《基础乌克兰语》（武汉大学出版社，1995）和第一本《中乌会话手册》（山西高校联合出版社，1996）。

20世纪80~90年代，中心与加拿大多伦多大学、约克大学、乌克兰国家科学院东方学研究所、基辅大学东方语言文学系、乌克兰汉学家学会有频繁的学术和人员交流。鉴于中心对乌克兰学的贡献，1997年12月，乌克兰科学院将“武汉大学乌克兰研究中心”“何荣昌”“刘东”“朱虹”等词条列入《当代乌克兰百科全书》。

НОВОСТИ 22 — 29 ЯНВАРЯ 1996 ГЕОПОЛИТИКА 13

Шелковый путь возродится

В Китае всесторонне изучают Украину

В это трудно поверить, но это действительно так. В Ухани, в одном из провинциальных центров Китая, есть весьма интересное для нас научное учреждение. Дело в том, что здесь изучают проблемы украинистики

Центр украинистики создан при Уханьском университете и руководит им профессор Хэ Жунчан, филолог, славист, член Совета Всекитайской ассоциации по изучению проблем Восточной Европы и Средней Азии.

Развитие наших связей по маршруту древнего Шелкового пути — это возможность наиболее естественного и оптимального вхождения в мировой экономический процесс

Александр МАСЛОВ

图9

图片说明：1996年1月，何荣昌教授在接受乌克兰《消息报》记者采访时指出：“沿古丝绸之路的线路发展（中国与乌克兰）的交流，是两国加入世界经济进程的最自然和最好的方式。”（〔乌克兰〕《消息报》1996年1月22~29日，第13版）。

1996~1998年，国家留学基金委派匡增军、田园赴乌克兰利沃夫大学学习乌克兰语，其后发表论文《乌克兰民族的骄傲——乌克兰民歌》（田园，《翻译与文化》论文集，湖北科学技术出版社，2000）、《戈宝权与谢甫琴科研究》（匡增军：《泰安教育学院学报岱宗学刊》2000 年第 1 期）等。1999 年至今，田园承担了武汉大学俄语系乌克兰语选修课的教学任务。

乌克兰研究中心自成立之日起，就积极为国家制定对外政策提供参考，起点较高；领先全国开展与乌克兰政治家、学者的交流合作，并率先在中国国内开展乌克兰语教学和乌克兰国情研究。中心的研究工作前后连贯，有逻辑性、系统性、前瞻性。首先较为系统地梳理了中国史料、文学、译学中有关乌克兰国家和名人的研究成果，厘清了乌克兰学的历史，同时探讨了乌克兰研究的方法论问题，为进一步研究指明了方向；接着又研究了中乌合作的现实情况，展望了中乌合作的前景与途径，为国家制定相关政策提供了咨询意见。中心为中国乌克兰学的学科发展做出了贡献，在国内外乌克兰学界享有盛誉。中心的研究方法、成果，治学态度、思路，以及留下的数千册乌克兰语原版书籍、杂志，为武汉大学的俄罗斯、乌克兰研究奠定了深厚的学术基础。

二　俄罗斯乌克兰研究中心的现状（21 世纪）

2006 年，乌克兰研究中心更名为俄罗斯乌克兰研究中心，刘再起教授任中心主任，田园副教授任副主任。中心继承了乌克兰研究中心的学术传统，整合了外语学院、经管院、历史学院等科研力量，将研究范围扩大到了俄罗斯、乌克兰及东欧中亚地区，扩大了视野，增加了对外交流的范围。中心也秉承武汉大学“顶天立地”的理念，“顶天”就是为中央政府建言献策；“立地”就是接地气，为地方服务。中心的研究任务始终与国家和社会需求紧密联系起来。

刘再起教授主要研究方向为世界政治与国际关系、世界经济与国际贸易。在俄罗斯乌克兰学方面，刘再起教授重点研究万里茶道沿线中俄蒙以及中国与东欧中亚的经济贸易和文化交流，并积极为国家和地方经济社会的发展献计献策。主要代表作有专著《新地缘政治条件下的中俄关系》（俄语）（莫斯科，俄罗斯科学院“科学”出版社，2004）；引进、翻译及主审“世界政治与国际关系丛书”：《世界政治》（〔俄〕M. M. 列别杰娃著，刘再起、田园译，武汉大学出版社，2008）、《国际关系社会学》（〔俄〕A. П. 茨冈科夫、П. A. 茨冈科夫著，刘再起译，武汉大学出版社，2007）；《生态政治学与全球学》

（〔俄〕A. И. 科斯京著，胡谷明译，武汉大学出版社，2008）；《政治战略分析》（〔俄〕Э. Н. 奥日加诺夫著，聂品、胡谷明译，武汉大学出版社，2008）；《国际安全》（〔俄〕B. M. 库拉金著，钮菊生、雷晓菊译，武汉大学出版社，2009）。其中刘再起译著《国际关系社会学》获 2010 年第七届湖北省优秀社会科学成果奖三等奖。

图 10

图片说明：刘再起《新地缘政治条件下的中俄关系》（莫斯科，俄罗斯科学院“科学”出版社，2004）；刘再起引进的“世界政治与国际关系丛书”，包括译著《世界政治》《国际关系社会学》，刘再起主审《生态政治学与全球学》《政治战略分析》《国际安全》。

论文代表作有《中国外交政策与中俄关系》（俄语）（《世界经济与国际关系》2004 年第 9 期），《中俄茶叶贸易》（俄语）（《远东问题》2007 年第 6 期），《软实力是影响国际力量对比的重要因素》（刘再起、徐艳飞：《江汉论坛》2012 年第 3 期），《中国发展战略中的软实力》（俄语）（《政治学研究》2013 年第 4 期），《俄罗斯安全体制改革与启示》（刘再起、刘若书：《俄罗斯东欧中亚研究》2013 年第 4 期），《东方茶港汉口及其与俄罗斯的历史文化联系》（《万里茶道申遗》，武汉出版社，2015），《“一带一路”战略与中国参与全球治理研究——以话语权和话语体系为视角》（刘再起、王曼莉：《学习与实践》2016 年第 4 期），《“一带一路”：中国软实力的“西游”之路》（刘再起、王曼莉：《江汉论坛》2016 年第 6 期），《〈俄罗斯联邦安全法〉的演进及国家安全体系改革趋势》（刘再起、魏玮：《俄罗斯东欧中亚研究》2016 年第 12 期），《论万里茶道与“一带一路”战略》（刘再起、钟晓：《文化软实力研究》2016 年第 8 期），《“一带一路”背景下的中美俄经济关系》（《人民论坛·学术前沿》2017 年第 10 期）等。其中论文《软实力是影响国际力量对比的重要因素》获武汉市第十三次社会科学优秀成果二等奖，《中国发展战略中的软实力（俄语版）》获第八届湖北省社会科学优秀成果奖二等奖（2013）。

图 11

图片说明：刘再起论文《软实力是影响国际力量对比的重要因素》获武汉市第十三次社会科学优秀成果二等奖（2013）；刘再起论文《中国发展战略中的软实力（俄语版）》获第八届湖北省社会科学优秀成果二等奖（2013）。

作为中国东欧欧亚学会成员单位的负责人，刘再起教授自 2007 年起，每年都参加中国社会科学院俄罗斯东欧中亚研究所举办的“俄罗斯东欧中亚与世界高层论坛”。2010 年 11 月还接待了该所来湖北的调研活动，中心负责人和武汉市的领导及专家专程陪同考察了武汉光谷、“南水北调”中线工程的源头丹江口水库和三峡大坝，并且向国务院有关部门提交调研报告。2011 年 10 月，接待了乌克兰总统兼总理顾问、乌克兰国家科学院世界经济与政治研究所佩茨科夫院士，该院士在珞珈讲坛发表“新的世界地缘政治与经济条件下的中乌关系”的演讲。2012 年，中心主持了湖北省的课题“湖北省深化经济改革和对外对内开发问题”，给省委、省政府及国家发改委提交了研究报告，在报告中提出，每次重大的危机也是重大的机遇，要深刻体会世界经济的变革，顺应时代要求，积极改革和深度参与世界经济一体化等对策建议。

从2013年开始，俄罗斯乌克兰中心积极参与湖北省武汉市牵头的万里茶道申遗工作。2014年10月，中心积极参与武汉市人民政府与俄罗斯驻中国大使馆联合举办的“中俄蒙万里茶道沿线市长高峰论坛暨国际学术会议”，中心主任刘再起教授作为特邀嘉宾发表“汉口与中俄万里茶道”会议主旨发言。2014年5月，刘再起教授通过湖北省社科联向省委和省政府提交了《在后经济危机时代湖北省扩大经济开放力度的建议》，获省领导集体批示。2014年至2016年，俄罗斯乌克兰研究中心调研“宜红古茶道”五峰段，并积极形成调研报告向有关部门以及有关专家推荐五峰土家自治县，特别是有“小汉口”之称的渔洋关，作为中俄蒙万里茶道重要的茶源地之一纳入申遗点。2015年

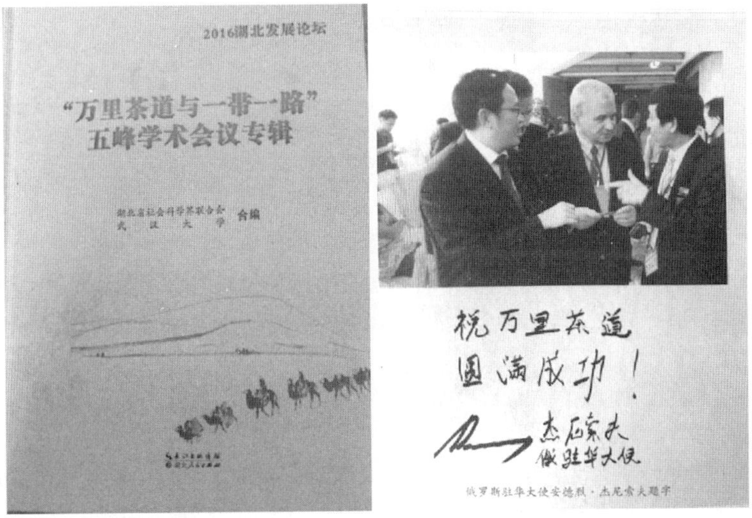

图 12

图片说明：湖北省社会科学界联合会与武汉大学合编《“万里茶道”与“一带一路”五峰学术会议专辑》（长江出版传媒、湖北人民出版社，2016）；刘再起教授与俄罗斯驻华大使安德烈·杰尼索夫在“中俄蒙万里茶道沿线市长高峰论坛暨国际学术会议”上交换意见（2014）。

至2016年，中心联合湖北省社科联、武汉市人民政府、宜昌市人民政府等单位在湖北五峰举办了“2016年湖北发展论坛”，会议的主题为：“‘万里茶道’与‘一带一路’五峰学术会议”。会后中心向湖北省委和省政府提交了《借助中国万里茶道的申遗与研究，促进湖北省融入“一带一路”发展》的报告，并出版了论文集。

2016年8~9月，本研究中心刘再起教授应邀参与武汉市、武汉大学和长江水利委员会共同举办的“大河文明对话”国际学术会议的部分筹备和有关专家的邀请工作。2016年9月，俄罗斯乌克兰中心和经济与管理学院参与举办了山西晋中市民营企业家“晋商与万里茶道”为期一周的培训。2017年8月，刘再起、田园参加内蒙古二连浩特“‘万里茶道’申遗工作推进会暨学术研讨会”并宣读论文《从汉口到圣彼得堡——万里茶道的中俄茶商》。2018年1月，中心成员邀请俄罗斯自然科学院院士奥列格·扎哈连科来武汉大学做学术报告，介绍“万里茶道历史地图集”项目，并陪同考察湖北武汉、五峰，湖南石门、安化等茶道遗址，达成科研合作意向。

图13

图片说明：刘再起出席由武汉市人民政府和俄罗斯驻华大使馆联合主办的“中俄万里茶道研讨会”并发表演讲“中俄万里茶道与东方茶港”（2014年10月）；刘再起、田园陪同俄罗斯自然科学院院士奥列格·扎哈连科及女儿奥尔加·扎哈连科考察湖南省石门县夹山寺（2018年2月）。

作为乌克兰与湖北省友好交往的前沿阵地，中心成员多次陪同湖北省和武汉市主要领导访问乌克兰，参与湖北省和武汉市与乌克兰和基辅市的经济文化交流活动，以及陪同接待乌方代表团来访。在中心的牵线搭桥下，武汉大学与乌克兰基辅大学建立了友好校际联系，签署了友好合作文件。2018 年 6 月 21 日，乌克兰驻华大使奥列格·焦明率团访问中心，了解了中心的历史和研究成果，以及乌克兰语选修课教学情况。大使盛赞中心的历史成就，并对中心今后的发展和研究方向给出了实质性的建议。双方就中心与乌克兰大使馆合办“中心 60 周年庆祝活动”、举办“湖北与乌克兰”国际会议、出版论文集等事宜达成初步共识。使馆表示愿意为中心提供最新书籍资料，协助促进乌克兰学研究和乌克兰语教学工作。

图 14

图片说明：2018 年 6 月 21 日，乌克兰驻华大使奥列格·焦明访问俄罗斯乌克兰研究中心。

2006 年以来，俄罗斯乌克兰研究中心的科研工作和对外交流主要由刘再起承担，他对万里茶道历史和中俄茶叶贸易史、文化交流史的宣传推广，让俄罗斯西伯利亚以及莫斯科等高校和科研院所的专家教授对万里茶道的软实力有了深刻的认识，并促进了中国与俄罗斯及东欧中亚各国在万里茶道方向上的科学合作，促进了湖北省和武汉市的对外开放和经济发展，也让中心在国内外享有了相当的知名度。中心的迫切问题在于兼通俄语和国别学的人才短缺，后继无人，项目难以做大。如能从学校层面鼓励外语学院和经管院合作管理中心，培养国别学研究生，开设国别学课程，这一学科将会继续发扬光大。

三　俄语系与俄罗斯乌克兰研究中心主要学者简介及主要成果

2013~2018年，俄语系和俄罗斯乌克兰研究中心成员共发表学术论文20余篇，其中在CSSCI期刊发表10余篇，在俄罗斯学术期刊发表论文10篇；出版专著3部，教材7部，主持省部级以上科研项目5项。主要学者简介和成果如下。

胡谷明（1963年出生），男，湖南宁乡人，文学博士，武汉大学外语学院党委委员，分管研究生工作的副院长、教授、博士生导师，武汉大学人文学部学术委员会成员，中国俄语教学研究会常务理事，湖北省翻译工作者协会副会长，武汉市翻译协会常务副会长，湖北省优秀硕士论文和优秀学士论文评审专家，国家社科基金通讯评委，教育部社科项目通讯评审专家，社科基金后续资助项目通讯评审专家，2011~2015年曾任教育部外语教学指导委员会俄语分委员会委员，外语学院翻译与文化研究中心副主任，中南林业科技大学兼职教授，黑龙江大学俄语名家学术丛书编委。

主要研究方向：翻译理论、俄汉语言对比研究。出版专著、编著、词典、教材等21部，发表论文40篇，译作100多万字。代表作有专著《篇章修辞与小说翻译》（上海译文出版社，2004），主编教材《经贸俄语教程》（武汉大学出版社，2005），《高级俄语视听说》（武汉大学出版社，2008），《汉俄翻译教程（学生用书和教师用书）》（上海外语教育出版社，2010），《汉俄口译实用手册》（胡谷明、陈著，武汉大学出版社，2014），《苏俄翻译理论导读》（武汉大学出版社，2016）等。主编《最新常用俄语固定组合词典（修订版）》（上海译文出版社，2006），《俄汉分类学习词典》（胡谷明、王仰正，上海译文出版社，2014）等。其中教材《汉俄翻译教程》获教育部第二届“全国高校俄语专业优秀教材奖”一等奖（2015），《苏俄翻译理论导读》获第七届湖北省翻译工作者协会优秀学术成果奖一等奖（教材类）（2017）。

代表性论文有：《俄汉成语的文化差异与翻译》（《俄罗斯语言文化研究论文集》，2003），《翻译中的语用表达》（《外语与外语教学》2001年第11期），《汉俄翻译中文化空缺词汇的翻译策略》（胡谷明、沈曼：《中国俄语教学》2011年第1期），《俄汉翻译中的补偿方法研究》（胡谷明、黄西萌：《中国俄语教学》2013 年第 1 期)，《口译能力及其培养途径》(《中国俄语教学》2014 年第 3 期)，《致使动词语义韵翻译研究——基于俄汉平行语料库的专业文本》[陶源、胡谷明:《武汉大学学报》(人文科学版) 2015 年第 1 期]，《论中华文化经典俄译的几个问题》(《中国俄语教学》2016 年第 3 期)，《阐释俄国文学作品中潜文本现象的文本分析模型》(胡谷明、刘早:《俄罗斯文艺》2017 年第 3 期)，《某些汉语特殊手段在俄汉口译中的运用》(俄语)，(《莫斯科大学学报》2017 年第 3 期) 等。

代表性译著《生态政治学与全球学》(〔俄〕А. И. 科斯京著，胡谷明译，武汉大学出版社，2008)，《政治战略分析》(〔俄〕Э. Н. 奥日加诺夫著，聂品、胡谷明译，武汉大学出版社，2008)，译作《战争与和平》(长江文艺出版社，2012)；汉译俄《中俄万里茶道与汉口》(武汉市国家历史文化名城保护委员会编，武汉出版社，2014)，译著《万里茶道申遗》[刘英姿、唐惠虎、〔俄〕Е. Ю. 陶米恒主编，武汉出版社，2015]；译著《武汉上空的鹰》(长江日报编辑社著，武汉出版社，2015) 等。

主持武汉大学通识教育课程一般项目“俄罗斯社会与文化”(2018 年 4 月)，武汉大学系列规划教材项目“俄罗斯社会与文化”(2018 年 5 月)，武汉大学研究生院硕士研究生精品课程“翻译理论”(2014 年 11 月) 等。

郑文东 (1969 年出生)，女，文学博士。现任武汉大学外语学院俄语系主任、教授、博士生导师，2018 年起担任中国俄语教学研究会常务理事，中国巴赫金研究会常务理事。

长期以来从事俄罗斯语言学研究、俄罗斯文学理论研究、比较文学研究以及俄语外国文学翻译。在《俄罗斯文艺》《国外社会科学》《中国俄语教学》《外国语文》等多种杂志以及集刊上发表外国文学类论文十几篇，主持教育部、湖北省、国家社会科学基金子课题等多个项目。

出版专著《文化符号域理论研究》(武汉大学出版社，2007)，主编《北风的故乡——俄罗斯》(武汉大学出版社，2003)，《快乐学俄语》(武汉大学出版社，2011)，《大学俄语 (东方新版) 教师用书 3》(外语教学与研究出版社，2011)，《大学俄语 (东方新版) 听力教程 2》(外语教学与研究出版社，2013)，《大学俄语 (东方新版) 听力教程 3》(外语教学与研究出版社，

2014）等。其中《大学俄语（东方新版）》系列教材均为“十一五”国家级规划教材。出版译著《父与子》（长江文艺出版社，2000年出版，后多次再版）。参编《欧美文艺思潮及文学批评》（朱宾忠主编，武汉大学出版社，2016）、《外国文学》（涂险峰、张箭飞主编，北京大学出版社，2014）

发表的代表性论文有：《符号域：民族文化的载体——洛特曼符号域概念的解读》（《中国俄语教学》2005年第4期），《符号域的空间结构——洛特曼文化符号学研究视角》（《解放军外国语学院学报》2006年第1期），《洛特曼学术思想的自然科学渊源》（《俄罗斯文艺》2007年第2期），《文化拓扑结构中神话思维的作用》（《中国俄语教学》2008年第2期），《文化比较需要一种工具语言——〔俄〕洛特曼关于工具语言的构想》（《国外社会科学》2009年第1期），《一条永不间断的“莫比乌斯带”——纳博科夫〈天赋〉的叙事结构分析》（《外国语文》2009年第2期），《俄汉音位在语流中的变化对比》（俄语）（《俄语在国外》2017年6月）等。

发表俄罗斯文学理论方向的学术译文数篇，如《18世纪俄罗斯文化的符号类型学》（《长江学术》2011年第3期），《比较与“普通理论”——各个诗学系统中的历史比较要素》（《外国文论与比较诗学》第1辑，知识产权出版社，2014），《米哈伊尔·巴赫金与罗兰·巴特》（《外国文论与比较诗学》第2辑，知识产权出版社，2015），《什克洛夫斯基对雅各布森：语言的战争》、《文本的三个功能》（均发表在《外国文论与比较诗学》第4辑，知识产权出版社，2017）等。

主持教育部人文社会科学研究年度规划项目“文化符号域理论研究”（2012），主持湖北省高校精品课程“基础俄语综合实践课程”（2012），主持国家社会科学基金重大招标项目“现代斯拉夫文论经典汉译与大家名说研究”（周启超主持）的子课题“《尤里·蒂尼亚诺夫论文学》编选、汉译与俄罗斯形式论学派文论研究”（2017）等。

刘再起（1967年出生），男，国际关系学博士，曾任俄语系教师，现任武汉大学经济与管理学院世界经济与国际关系教研室教师，兼任外语学院区域国别俄罗斯乌克兰研究中心主任，教授，博士生导师，硕士生导师。代表作有论文《俄罗斯安全体制改革与启示》（《俄罗斯东欧中亚研究》2013年第4期），

《东方茶港汉口及其与俄罗斯的历史文化联系》（《万里茶道申遗》，武汉出版社，2015），《“一带一路”战略与中国参与全球治理研究——以话语权和话语体系为视角》（《学习与实践》2016年第4期），《“一带一路”：中国软实力的“西游”之路》（《江汉论坛》2016年第6期），《论万里茶道与“一带一路”》（《文化软实力研究》2016年第8期），《“一带一路”背景下的中美俄经济关系》（《人民论坛·学术前沿》2017年第10期），《〈俄罗斯联邦安全法〉的演进及国家安全体系改革趋势》（《俄罗斯东欧中亚研究》2016年第12期）等。

刘再起译著《国际关系社会学》（〔俄〕A. 茨冈科夫著，武汉大学出版社，2007）获2010年第七届湖北省优秀社会科学成果奖三等奖。论文《软实力是影响国际力量对比的重要因素》获武汉市第十三次社会科学优秀成果二等奖。《中国发展战略中的软实力（俄语版）》获第八届湖北省社会科学优秀成果奖二等奖（2013）。

主持武汉市重大课题“武汉市融入‘一带一路’发展机制创新研究”（2017~2020），武汉大学经管院项目“从汉口到圣彼得堡——万里茶道的中俄茶商”（2017~2020），武汉市课题“俄国史料中的汉口茶商和俄侨研究”（2014）等。

田园（1974年出生），语言学博士，现任俄罗斯乌克兰研究中心副主任，副教授，硕士生导师。研究方向为言语交际学，兼顾国别学。代表作有论文《对人民群众的称呼语——社会政治交际领域的指称方式》（俄语）（〔俄〕《国外俄语》2007），《俄语社会政治交际领域中的礼貌策略和侵犯策略》（《“俄罗斯学”在中国》，重庆出版社，2009），专著《社会政治交际领域的俄语言语礼节》（武汉大学出版社，2010），教材《外事接待俄语口语》（田园、王璐瑶，中国地质大学出版社，2016），学术译文《东西方文化交流与通道：从“万里茶道”到更久远的历史》（〔俄〕米·布·马林诺夫、伊·米·朱科娃，田园、肖卫焕译，国际会议论文集《“万里茶道”与“一带一路”：五峰学术会议专辑》，湖北省社会科学界联合会、武汉大学合编，2017年7月）等。参与国家社科基金项目“苏联解体20年来俄罗斯档案事业的变革与发展研究”（肖秋会主持，2013~2015）等。

王艳卿（1973 年出生），文学博士，讲师。主要研究方向：俄罗斯文学、俄罗斯文论、俄罗斯文化学等。代表作有论文《俄语文论中的情节诗学研究》（《俄罗斯文艺》2010 年第 4 期），译文《匈牙利当代民俗学对普罗普学术思想的师承》（《跨文化的文学理论研究》，周启超主编，知识产权出版社，2015），《并非光鲜的屠格涅夫》（序言，节译）（《俄罗斯文艺》2018 年第 2 期），主持湖北省教育厅人文社会科学研究一般项目“俄罗斯文论中的情节学问题研究”（2015~2018），武汉大学一般通识课项目“电影中的俄罗斯文学”（2018~2020），参与教育部人文社会科学 2006 年度规划项目“文化符号域理论研究”（主持人郑文东），2012 年度国家社科基金重大招标项目（第三批）“俄罗斯《中国精神文化大典》中文翻译工程”子项目——哲学卷（夏忠宪主持）等。

毛志文（1983 年出生），语言与文化学博士，文学博士后，讲师。代表作有论文《从俄语界翻译单位的研究分类看秋列涅夫对翻译单位的贡献》（《外语教学理论与实践》2012 年第 4 期），《苏、俄翻译理论文艺学派的思想演变及其研究》（《上海翻译》2013 年第 1 期），《重复、平行对照与中国古诗的俄译——以唐诗为例》（《中国俄语教学》2017 年第 1 期），专著《结构诗学视角下的俄汉诗歌翻译研究》（中国社会科学出版社，2016）等。毛志文的论文《论俄罗斯译学的三大突破和文化转向》获 2012 年全国外国语言文学及亚非语言文学学科博士后论文三等奖。主持湖北省教育厅人文社会科学立项项目“结构诗学与俄汉诗歌翻译”（2013）、教育部人文社会科学一般项目“苏俄现代翻译研究 60 年考察（1953~2013）”（2014），武汉大学人文社会科学自主科研项目“俄苏文艺学派翻译史及其翻译理论研究”（2017）等。

张鸿彦（1987 年出生），翻译学博士，讲师。代表作有《典籍俄译中民族特有事物词汇的传译》（《中国俄语教学》2014 年第 3 期），《由〈法国年鉴〉的艰难历程窥探法国学在俄罗斯的历史与现状》（《法国研究》2014 年第 3 期），《张鸿彦，寻访二战苏联空军援华志愿队后裔日志》（《中俄关系史研究通讯》2014 年总 29 期），《从俄罗斯汉学的发展看〈论语〉的俄译》（俄语）（〔俄〕《比较语文学与多语种研究》，2014），《从阐释学看译者的主体性（以〈论语〉的五个译本为例）》（俄语）（〔俄〕《人文科学问题》2016），

《〈三字经〉在俄罗斯的翻译与影响》（俄语）（〔俄〕《高校外语》2018年1月），《〈道德经〉在俄罗斯的译介与传播》（俄语）（〔俄〕《人文论丛》2017年第2辑）等。主持2016年度武汉大学自主科研项目（人文社会科学）青年项目“持秦子书中民族特有词汇的俄译”、2016年度省教育厅人文社会科学研究一般项目“文化元典中民族特有词汇的俄译”以及2017年武汉大学教学研究项目“高级俄语口译课程的教材优化及教学模式创新研究”等。

张栋（1987年出生），文学博士，讲师。代表作有《作者的声音：俄罗斯文献文学中的“变革”（以阿列克谢耶维奇〈切尔诺贝利的祈祷：未来纪事〉为例）》（《俄罗斯文艺》2016年第2期），博士论文《新现实主义视野下普里列平创作研究》（2017）等。

李红青（1969年出生），翻译学硕士，讲师。主要研究方向：翻译学。代表作有论文《中印冲突下的“一带一路”发展前景与挑战》（俄语）（〔俄〕《高等教育》2017年第11期），《乌克兰危机后的中俄战略协作》（俄语）（〔俄〕《高等教育》2014年第10期），参加国家社科基金项目“‘一带一路’语言景观汉俄比译模式化研究”（刘丽芬主持，2016）等。

陈著（1989年出生），翻译学博士，助教。主要研究方向：文学翻译。代表作《汉语成语俄译的基本方法》（俄语）（〔俄〕《人文科学问题》2015年12月），《俄汉成语的结构特征》（俄语）（〔俄〕《现代人文研究》2015年12月），《误译的文化学因素（以草婴译托尔斯泰〈战争与和平〉为例）》（俄语）（〔俄〕《伏尔加大学学报》2018年2月），《误译的语言学因素（以草婴译托尔斯泰〈战争与和平〉为例）》（俄语）（〔俄〕《彼得堡大学学报》2018年4月），主持第62批中国博士后项目“莫言文学作品俄译本中的有意误译”等。

四　俄语系与俄罗斯乌克兰研究中心的主要合作伙伴

俄语系目前每年与俄罗斯友谊大学、莫斯科州国立大学、远东大学互换俄语、汉语进修生。与莫斯科大学、圣彼得堡大学、俄罗斯南联邦大学、乌克兰基辅大学也有校际合作协议。

俄罗斯乌克兰研究中心与中国社会科学院俄罗斯东欧中亚研究所、俄罗斯科学院远东研究所、中国台湾“国立”政治大学俄罗斯研究所、黑龙江大学俄罗斯研究所、日本北海道大学斯拉夫研究中心、乌克兰科学院世界经济与政治研究所、摩尔多瓦科学院、湖北省社科院、武汉市社科院等单位有较多联系及学术交流。

武汉大学学科门类齐全，从事俄罗斯研究的不仅限于俄语系和俄罗斯乌克兰研究中心。例如，武汉大学边境与海洋研究院匡增军、牟沫英、徐广淼等是俄罗斯海洋问题、国际法、历史方面的专家，信息学院肖秋会主要研究俄罗斯档案史等。这些学者与俄罗斯科学院、各高校及智库组织也有深度的合作，其成果也是武汉大学“俄罗斯乌克兰学”研究的重要部分。

综上所述，可对武汉大学的“俄罗斯乌克兰学”研究做几点结论。

其一，武汉大学“俄罗斯乌克兰学”研究的发展与国家、地方的发展大计密切相关，俄语系与研究中心的工作适应时代需要，贴合“一带一路”倡议以及湖北省、武汉市的改革与开放政策，为国家和当地的经济、社会、文化发展出力，发挥人才培养基地、对外交流前沿和智库作用。

其二，俄罗斯学研究与语言教学与研究相互倚重，以国别学研究促进语言的深度教学，以语言教学支持国别学研究，缺一不可。两个方向的研究人员应增强沟通和协作，共同申报项目，培养新一代接班人，促进学科发展。

其三，武汉大学的俄罗斯学研究拥有了阶段性成果，而且发展潜力巨大。可发挥综合性大学基础好、人才素质高、学科门类齐的优势，在多领域、跨学科研究方向取得突破性的成果。

沈阳俄文专科学校沿革

穆重怀

沈阳俄文专科学校成立于抗美援朝的战火烽烟中，后来并入辽宁大学。它是东北地区最早培养俄语专业人才的专科学校之一，并且在20世纪50年代中期名列全国有影响的8所外语院校，也是现在辽宁大学外国语学院的前身。

一　沈阳俄文专修学校的建立

1950年朝鲜战争爆发，这场战争不仅关系到朝鲜的存亡，也关系到中国的安危。当战火蔓延到中朝边境之际，中国决定出兵朝鲜。中国人民志愿军于1950年10月25日渡过鸭绿江奔赴朝鲜战场，与朝鲜人民军一道抗击美国侵略者。与此同时，党和政府在全国掀起了轰轰烈烈的抗美援朝运动。在抗美援朝战争中，中国与当时的苏联进行了紧密的合作。为了适应战争的需要，急需培养俄语翻译人才。正是在这样的历史背景下，一所专为抗美援朝培养翻译人才的俄文专修学校在沈阳成立了。

根据东北人民政府的指示，学校由隶属东北人民政府的沈阳专家招待所筹备。经过各方面的高效工作，1950年11月19日，学校正式宣告成立。学校的任务就是为抗美援朝培养军事翻译。校址在沈阳市和平区清华街1号。校长、副校长由专家招待处的正、副处长卢竞如、白如海兼任。由当时的组织科科长张耀、教务处副科长陈殿兴具体负责学校的各项管理和教务工作。第一批学员主要从沈阳市第一中学、第二中学的在读学生中选拔，以支援抗美援朝战争的需要动员入学，共有160人，后来被称为“一级部”。学习年限未定，根据战争形势的需要，随用随调。学生在校期间一律按照国家工作人员的标准，享受供给制待遇。据陈殿兴先生回忆，这时学校尚没有正式名称，也没有建立起相应的规章制度，只是笼统地称为俄文学校。

当时设置的教学科目有两大类：一类是政治课；另一类是专业课。专业课主要学习俄语语法课、俄语实践课。由于学员们没有俄语基础，俄语实践课是从字母开始学起。实践课教员全部从在沈阳的俄侨中招聘。中国教员主要教授语法，最初由陈殿兴负责，后来专家招待处派李强来加强教学力量，两人进行了分工，陈殿兴负责教词法，李强负责教句法。这一时期主要由陈殿兴负责教学工作，还有一位苏联女士贡别尔格·温（音译）作为顾问辅助管理教学，具体负责俄侨教师的招聘工作。她在沈阳俄文专修学校工作的时间不长。

沈阳俄文专修学校是在特殊情况下，为解决迫切问题成立的一所学校。在当时时间紧、任务急、各方面条件缺乏的情况下能够实现正常教学是非常不容易的。它的建立和发展为沈阳俄文专科学校的进一步发展奠定了基础。

二　建校初期的重组和变化

沈阳俄文专修学校是在百废待兴和战火威胁的条件下建立的，这注定了学校的发展要经历不断的探索，根据形势的需要不断地变化。

从1951年8月起，由于战争形势的变化和国家工业建设的需要，沈阳俄文专修学校由专家招待处移交给东北人民政府工业部领导。学校的任务由培养抗美援朝军事翻译改为培养工业翻译。学生来源也有变化。后来被称为“二级部”“三级部”学生主要招收工科中专毕业生，通过让有一定工科基础的学生学习俄语，为培养工业翻译做准备。与此同时，学校提请更改校名。

1951年9月，沈阳俄文专修学校更名为沈阳俄文专门学校。10月，获得东北教育文化委员会的批复，正式批准学校更名。

11月，校址由和平区清华街迁至铁西区兴顺街7号。

12月，东北人民政府工业部任命翟颖为沈阳俄文专门学校副校长，主持全校工作。

在隶属关系转变后，1951年10月，学校的编制为学生200名，教员17

名，职员 17 名（按规定职员应为 14 名，特批超出 3 名），工警为 12 名。到 12 月份，学校的规模进一步扩大，学生为 300 名，教员 27 名，职员 23 名，工警为 21 名。1952 年 12 月 30 日，根据中央政府国务院改革学制的决定，沈阳俄文专门学校改名为沈阳俄文专科学校（以下简称沈阳俄专）。

1952 年 1 月，沈阳俄文专门学校成立了党支部，当时有党员 7 名。到 1953 年，全校已有党员 136 名。10 月，党支部改为党总支，徐豪任副书记，主持党总支工作。

从 1952 年 3 月起，学校在教职员中展开了自我思想改造运动。要求教职员学习文件，提高认识，运用批评与自我批评的方法，进行自我思想改造，树立爱国主义与国际主义思想，分清敌我，划清界限，肃清亲美、崇美、恐美思想，并强调教师的思想改造是提高教育质量的关键。

1952 年，沈阳俄专先后办起了为期一年的留苏预备班和为期三个月的俄语专业翻译速成训练班。留苏预备班先后培训了 127 名学员，速成班共培训了 567 名学员。

1952 年 9 月，由于大区工业部撤销，沈阳俄专转为由中央重工业部直接领导，同时，接受中央高教部的领导。到 1952 年底，在校学生 745 名，其中专科学生 437 名（二、三级部），学生来自全国各地，毕业分配的去向也是国家需要与个人志愿相结合，在全国范围内进行分配。

三　沈阳俄文专科学校的正规化建设

随着“一边倒”政策的全面落实，在各个领域向苏联学习成为时代风气。作为俄文的专业语言学校，沈阳俄专更是要与时俱进。1953 年 3 月，沈阳俄专党组织召开党员大会，讨论向苏联学习的问题，强调“学俄文就是掌握向苏联学习的工具，‘要学习苏联’的号召应成为学习俄文的动力”。学校的工作计划也强调：“苏联完整的高等教育的先进经验，是我们教学改革最靠得住的理论。”除了要学习苏联总的教育思想体系外，还要着重学习苏联的教学内容、教学方法、教学组织和教学制度。为此，学校一方面在苏联教师和苏联专家的帮助下直接学习苏联的做法；一方面还借助兄弟学校学习苏联的成果，加速学校的改革与建设。

从建校时起，沈阳俄专就聘请了大批苏联籍教师。从1955年开始，每年聘请两位苏联专家来校任教，并担任校长顾问，他们在帮助培养师资与指导教学改革方面都发挥了积极的作用：他们协助学校制订教师进修计划，为教师开设"语言学概论""俄语语言学""俄语实践"等进修课程。还为19名教师办了脱产进修班，并深入教学第一线，指导教学改革，解答教学中的疑难问题。他们还参加校委会，帮助校委会改进工作。所有这些对当时沈阳俄专的建设都起到了积极作用。

为了提高教员的教学水平，学校还先后派出24名教师，到北京俄专、中国人大学习和进修。这些教师中的王嘉民、勾树林等后来都成为教学骨干，在国内的俄语界具有一定的影响力。

1953年7月，为贯彻市委有关高等学校党的工作会议精神，学校党总支召开全校思想政治工作会议，根据市委"必须加强党在教学中的思想政治工作"的要求，会议讨论的中心内容就是思想政治工作与教学工作结合问题。具体分析研究了学生思想特点和发展规律，马列主义理论教育、时事政策教育与品德教育之间的关系，党对知识分子的政策，并对今后思想政治工作的方针与任务进行了讨论。

同时，学校参照北京俄专的经验，修订了教学计划，并按照高教部的推荐，采用北京俄专课本为固定教材，培养目标也由工业翻译明确改为德才兼备、身体健康、口译笔译兼能的翻译干部。学制三年，总学时为1608小时，其中基础俄语课1180小时，占73.4%；马列主义理论课为272小时，占16.9%；中国语文课88小时，占5.5%；体育课68小时，占4.2%。有了明确的教学计划和固定的教材也为稳定教学秩序、提高教学质量创造了重要条件。

从1953~1954新学年开始，学校正式参与了全国统一招生，停办了速成班，集中力量办二年制专科。

1953年10月，坐落在皇姑区崇山东路的新校舍（今辽宁大学崇山校区的一部分）全部竣工。新校舍于1952年5月开始建设，包括教学楼、图书馆、礼堂、学生宿舍、职工住宅和食堂、卫生所等。建筑面积达22173平方米，校舍种类比较齐全，配置比较合理，为学校和师生提供了较好的环境和条件。

1953年10月，沈阳市委组织部同意沈阳俄专建立党的总支委员会，书记暂缺，副书记为徐豪。11 月，中央重工业部决定，调副校长翟颖回部工作，派陈维帆任副校长，主持全校工作。

1953~1954 学年开始，学校抓了组织机构建设和制度建设，健全了教研室，以发挥基层教学组织的作用，开展教学研究工作，校务委员会讨论通过了《沈阳俄文专科学校章程》《学生守则》《组织机构及职责范围》《全校性会议制度》以及总务处的各种制度，并强调要加强制度建设，使各项工作有章可循，使各单位都能紧张而有序地工作，这是实现学校正规化的重要条件。

1953~1954 学年，除陈维帆副校长外，又有董鲁展来校任副校长。校党总支书记由董鲁展兼任，高永泽任副书记。学校机构设一室两处，即校长办公室、教务处、总务处。

1954 年暑期高考，学校招收学生 280 人，经高教部批准，从本届起全校学制一律改为三年制，在校生也改为三年制。

在教学改革过程中，为解决学生负担过重的问题，学校一方面提出了“学习好、工作好、身体好”和“学少一点、学好一点”的原则，要求学生全面发展；另一方面大力提高师资水平，并适当地修改了教学计划和教学大纲。

1955 年 9 月 20 日，学校决定成立 10 个直属校长和教务主任领导的教研组，以解决原先在教研室下分设教研组所造成的层次多、难以发挥基层教学组织效能的弊端。10 个教研组是：中国革命史、马列主义基础、政治经济学、现代汉语、现代俄语语言、现代俄语语法、现代俄语词汇、俄译汉、汉译俄、体育教研组。

1955 年 12 月，学校考察总结了学生参加体育运动的情况。从 1954 年 5 月国家体委、高教部等单位联合发出指示，倡导开展“劳卫制”（“准备劳动与卫国体育制度”的简称）以来，学校体育教研组与团委在学生中组织开展了“劳卫制”锻炼，各班普遍成立了锻炼小组，经常参加“劳卫制”锻炼人数在学生中占 90%以上，各种比赛活动也比较活跃。1954~1955 学年末测验，其合格率达 78.8%。体育活动的开展，促进了学生的身体健康，保证了学生的正常学习。

根据中共中央 1955 年 3 月发出的《关于宣传唯物主义思想和批判资产阶级唯心主义思想的指示》，沈阳俄专开设了夜大班，组织干部和教师学习辩证唯物主义和历史唯物主义，参加学习的有 58 人。此外，还组织了有 18 人的干部中级组学习《联共党史》9~12 章，其余同志则在干部初级班学习《经济建设常识》，通过学习提高了干部和教师的理论和政策水平。

1956 年 1 月 14 日，周恩来同志做的《关于知识分子问题的报告》，在知识分子中引起了强烈反响，极大地调动了知识分子的积极性。为此，沈阳俄专党总支召开了第三次党员大会，其中心议题是贯彻中共中央关于知识分子问题的指示，讨论“向科学进军”问题。大会以后，全校教师积极响应“向科学进军”的号召，制订规划，开展科学研究，加强业务进修。鉴于沈阳俄专是一所新校，师资队伍比较年轻，从 1955 年上半年才开始搞科学研究，当时参加的人很少，选题也仅限于教材、教学法中的一些实际问题。1956 年有 19 名教师参加科研工作，主要还是围绕编写讲义和研究教学法问题进行。党员大会以后，学校总结了前一阶段的科研工作，新设置了科学研究科，动员和组织教师积极参加科学研究，以提高教学质量和学术水平，1956~1957 学年科研选题增加到 30 个。

这一时期，俄专教师发表的在全国引起一定反响的论文有陈殿兴的《信达雅与翻译准确性的标准》。这篇论文发表在 1955 年第 9 期《俄文教学》上。论文提出了对传统翻译标准评价的新观点，引起了广泛的关注，在外语界掀起了一场大讨论。后来这篇文章又被罗新璋收入 1984 年出版的《翻译论集》（商务印书馆版）中。可见这一学术争鸣影响之深远，直到当下依然有着它的现实意义。在教材编写方面，沈阳俄专还派陈殿兴参与了四院合编的全国通用的《俄译汉教材》（时代出版社）。此外，陈殿兴翻译的《茹尔宾一家》也在国内产生了一定的影响，他也获得了“青年翻译家”的赞誉。

与此同时，校团委为了调动学生“向科学进军”的积极性，向广大团员和青年发出倡议：一是提倡热爱科学、热爱知识、热爱自己的专业，充分发挥自己的才能和智慧；二是提倡讲求学习的实际效果，使自己成为有真才实学的人；三是提倡学习上的融会贯通、独立思考、自由争论、大胆创造，反对不求甚解、死记硬背。

在团委组织生活时，介绍古今中外科学家的事迹，让团员和青年学习他们的创造精神和治学态度。为了鼓励学生向科学进军，保证学生全面学好功课，学校还制定了《精简学生社会工作的暂行规定》。

经过几年来的建设，沈阳俄专已成为全国8个正规外语院校之一。学制三年，开设的课程有：马列主义基础，中国革命史，政治经济学，体育，苏联历史，现代汉语，语言学引论，现代俄语实践课（语言、语法、词汇），翻译理论与实践课（口笔译、汉译俄、俄译汉），俄语修辞学10门。此外，还设立了以教师进修为主的研究生班，学制暂定二年，全部由苏联专家授课。

1956年8月，根据高教部在暑假召开的部分高校院校长座谈会精神，学校制订了1956～1957学年工作计划，提出要认真贯彻全面发展、因材施教的教育方针，培养学生独立思考和独立工作能力，以提高培养人才的质量。校党总支在工作计划中强调党的组织要主动地做好每个教学环节的思想政治工作，保证全面发展、因材施教方针的贯彻执行。

为了让学生得到全面发展和进一步培养学生独立思考和独立工作能力，学校采取了以下措施：精简教学计划，周学时由30学时减至25学时，以增加学生的自学时间；取消统一规定课外活动的做法，课余时间由学生自己支配；减少学生兼职，改进考试方法，并修改了先进集体评选制度，等等。

中共八大会议以后，沈阳俄专建立了党委领导学校的体制，党总支改为党委，董鲁展任党委书记，张跃任副书记。

1957年4月，沈阳俄专党委召开第四次党员大会，总结了第三次党员大会以来的工作，讨论今后的任务。过去一年的主要工作：一是贯彻了全面发展、因材施教的方针；二是贯彻了“百家争鸣”的方针，响应“向科学进军”的号召，结合教学开展了科学研究工作；三是进一步贯彻了知识分子政策，抓了知识分子的理论学习、业务提高、工作安排和职称评定，改善了知识分子的工作和生活条件。

同年，高教部以总理名义为1957年度沈阳俄专应聘期满回国的苏联专家格里戈利耶夫和蔡金娜颁发了中苏友谊纪念章。

同年4月，高教部通知沈阳俄专，俄语翻译干部过剩，今年毕业生大部分无法分配工作。5月，高教部再次通知，中学急需外语师资，沈阳俄专移交教育部领导，并停止招生一年。学生听此消息，思想波动很大。6月，高教部决定沈阳俄专60%的学生可以转学，大部分学生表示满意，留下继续学习的学生，一律改为四年制。

1957年5月15日，沈阳俄专根据中央的指示和中共沈阳市委的具体部署，开始整风。1957年11月，整风进入整改阶段，讨论精简机构和下放干部问题。1958年3月7日，校党委向全校人员做整改阶段总结报告，传达中共中央关于“双反”（反浪费、反保守）的指示，提出以“双反”为纲全面跃进的规划。随后，开展了教育与生产劳动相结合的大辩论，兴起了勤工俭学运动，师生员工到营口盐场参加了4个月的勤工俭学劳动。

7月24日，冶金部冶教字第39号文通知，将沈阳俄专移交给辽宁省管理，并要求在7月31日前办完移交手续。辽宁省委、省人大决定，沈阳俄专与沈阳师范学院、东北财经学院合并，成立辽宁大学。

8月6日，沈阳俄专对学校的基本情况进行了全面的汇总：在校生195人，其中二年级115人，三年级80人；教职工157人，其中教师77人，干部63人，工人17人；学校占地总面积97625平方米，校舍建筑总面积22206平方米；图书馆藏书62796册，其中外文书籍15714册。

沈阳俄专从1950年建校到1958年三校合并，共为国家培养俄语翻译人才1830人，其中专科毕业生1136人，速成班结业567人，留苏预备班结业127人。

从此，存在了8个春秋的沈阳俄文专科学校走进了历史，成为辽宁大学外语系（1997年改名为辽宁大学外国语学院）的一部分。沈阳俄专的各种资源为辽宁大学外语系和辽宁大学外国语学院的发展奠定了坚实的基础。学校培养的毕业生成为祖国建设事业的中坚力量，在国内外都有很大的影响。可以说，沈阳俄文专科学校在人民共和国的俄语教育发展史上写下了厚重的一笔，直到今天依然余韵犹存。

新华社国际部"俄罗斯学"研究的特点及成果

万成才

《"俄罗斯学"在中国》主编、中国社会科学院的李永全博士约请本人撰写新华社国际部"俄罗斯学"研究的历史。本人于1964年进入新华社，之后未曾间断地从事关于俄罗斯的新闻报道和俄罗斯内外政策的研究50余年。回顾和总结"俄罗斯学"研究的历史，不仅对新华社，而且对我国整个"俄罗斯学"研究都具有重要意义，于是我接受了李永全博士的约请。需要特别说明的是，鉴于新华社工作的性质和新华人注重做实事而从不宣传和张扬自身工作成果的传统，许多研究成果都见之于相关报道中，并对中央的抉择发挥了重要作用，却从未公开宣传和介绍过，有些相关档案至今尚未解封，所以，现在还无法将新华社"俄罗斯学"研究的整体情况还其原貌。新华社"俄罗斯学"研究的许多前辈已作古，吾辈也多为垂年，故本人只能以自己的挈瓶之知简要地勾画新华社国际部以及相关部门近90年来对俄罗斯研究的基本概况，对整个研究史而言，这仅仅是冰山一角，还望后来人丰富之。

一 新华社"俄罗斯学"研究的突出特点

第一，新华社由党中央直接成立，自始至终直属中央领导，包括"俄罗斯学"研究在内的国际问题研究始终遵循急中央所急和急中央所需的精神进行。

新华社（新华通讯社）的前身是红中社（全称为红色中国通讯社），于

1931年11月7日在中国第二次革命战争时期的中华苏维埃共和国首府江西瑞金成立。党中央选择在俄国十月社会主义革命胜利14周年纪念日成立红中社，这本身就表明，当时的红中社和后来的新华社是共产党人和人民的耳目、喉舌，并在党中央就国内外重大问题做出抉择时，向党提供消息总汇。红中社从瑞金出发，跟随党中央渡过奔腾的江河，穿越高山密林、雪山草地到达革命圣地延安，后又辗转西柏坡直到北京，如今已发展成为拥有30多个国内分支机构、约200个境外分支机构的全球最有影响力的四大通讯社之一。80多年来，无论是在革命战争年代，还是在社会主义建设年代、改革开放年代，无论是在国际斗争的艳阳天，还是在严峻的暴风雨日子里，新华社的创始者和后继者们，都始终重视对国际问题的报道和研究，包括对昔日苏联和当今俄罗斯的研究。毫不夸张地说，在新华社国际问题研究的长河中，对俄罗斯的研究开展得最早、着力最多、持续时间也最长（从未间断），参与研究者的层次最高、人数最多，而且成果斐然。党和国家领导人瞿秋白（总书记）、博古（总书记）、杨尚昆（国家主席）、廖承志（国家副主席）、胡乔木（党中央政治局委员）等都曾担任过红中社或新华社社长；若干中央外事和新闻部门的负责人，如外交部副部长王殊、广电部副部长谢文清、人大外委会副主任曾涛、社科院副院长李之等都曾是新华社国际部的驻外记者。他们均十分关注对苏俄的研究，并且亲力亲为。毛泽东主席不仅重视新华社在公开新闻报道中的传媒作用，而且十分重视新华社内部参考报道的智库作用，亲自倡议新华社创办为广大基层干部和民众提供国际重要信息的《参考消息》报，该报后来成为在全国发行量最多的报纸之一。毛主席不但亲自为新华社撰写了100多篇重大新闻报道和时局评论文章，而且亲自修改新华社记者和研究人员撰写的内部报告，其中不少是关于苏联问题的研究报告。他的床头总是摆放着新华社提供的各种参考刊物。毛主席晚年视力不好，为方便他和其他年长领导人阅读，新华社用大字体排印供他们阅读的刊物。

第二，新华社“俄罗斯学”研究为适应革命和建设的需要，从最初研究俄国革命和建设的经验发展到全面研究俄罗斯。

最早研究苏俄经验的是中央派往苏联实地考察或学习的革命家，如瞿秋白等。到了延安时期，一批年轻战士或初中级知识分子被安排学习俄文，如后来任新华社莫斯科分社首席记者的谢文清等。新中国成立后，大批青年被派往苏联学习俄文或新闻，如后来对俄罗斯颇有研究的新华社莫斯科分社首席记者王崇杰、唐修哲、丁翔起（后任新华社副社长）等。

20 世纪 50 年代，“俄罗斯学”研究的主要方向是吸取苏联建设的经验，宣传苏联的建设成就，以及中苏在国际共运和与西方斗争中的合作与团结。从 20 世纪 60 年代起，随着中苏关系的恶化，研究方向转为揭露苏联如何分裂国际共运，例如为发表批评苏共的“九评”提供了大量的原始素材和研究报告，后来任新华社国际部副主任和新华社副总编的丁曼同志参与了这一工作。1989 年中苏关系正常化以后，尤其是苏联 1991 年 12 月 25 日解体后，苏联亡党亡国的教训成为对苏研究的重点。20 世纪 80 年代后期和 90 年代初，中央政策研究室组织研究苏联的专家集中研究苏联和戈巴乔夫的“新思维改革”，办公地点就设在中南海，新华社国际部的资深苏联问题专家唐秀山和景勿晤同志被调去参加专门研究，他们向中央领导提交了很有分量的研究报告，本人（万成才）也应邀去参加过几次专题讨论。后来对俄罗斯的研究步入更全面的阶段，包括客观报道俄罗斯政治、经济、文化、科技、体育和对外交往的情况，尤其是中俄关系、俄美关系等的发展状况，并提出问题、预测前景。

第三，“俄罗斯学”研究虽然是新华社国际问题研究的重点，但与社科院和知名大学设有专门研究俄罗斯的机构（如欧亚所、俄罗斯研究中心等）不同的是，新华社从来没有设立过专门研究俄罗斯的机构，但任何时候都没有中断过对俄罗斯的研究。

新华社中研究俄罗斯的人员分布在从事公开报道的国际部、从事对内参报道的参编部、从事对外报道的对外部以及从事图片报道的摄影部，以及网络媒体、新媒体等部门，彼此有交叉。不管在哪个部门，调查研究都是搞好工作的基础。1956 年，对外部成立了专门用俄文报道国内国际问题的俄文编辑室。特别需要指出的是，在 1965 ~ 1976 年的“文化大革命”期间，在全国许多研究机构陷入混乱而无法从事认真研究的年代，新华社不但没有削弱，而且加强了对国际问题，包括对苏联问题的研究。1968 年，在国际部新组建了“世界形势研究”编辑室，并出版发行《国际问题专题资料》，一文一期。抽调当时对国际问题有深入研究的万光（后任国务院发展研究中心干事）担任首任编辑室主任，苏联编辑室的陈启民、万成才、毕开源同志先后被抽调到该编辑室专门研究苏联问题。刊物《国际问题专题资料》后来更名为《世界形势研究》，仍然是一文一期，以便及时报送研究报告，每年出版数百期，颇受各界读者欢迎。当时，这一刊物和参编部《国际内参》上发表的研究文章成为各级领导干部了解国际形势必不可少的材料来源。2002 年 12 月 4 日，时任中央政治局常委李长春亲自到《世界形势研究》编辑室视察，充分肯定了包括该室出版的内部调研报告在内的新华社内参，称其对中央做出决策发挥了重要的参考作用，并索取了最新一期刊物。可惜的是，这一刊物于 2005 年停刊了，专门研究俄罗斯的人员包括本人在内被并入现在的新华社世界问题研究中心。该中心为国家高端智库之列，出版不定期的《世界问题研究》，每年出版 300 期左右，专报中央各部门和中央领导。研究员万成才，盛世良重点研究俄罗斯和独联体国家以及大国关系，多次承接中宣部、中央办公厅提交的专报中央主要领导的研究课题，所报文章受到好评。

在“文革”期间，新华社提供的包括苏联在内的大量原始资料（参编部每日上午和下午各出一本《参考资料》）和国际部等单位的调研和分析报告填补了许多研究单位的空白，因为当时许多单位不能获得外报、外刊，也不能收听外台以了解相关信息，更没有外驻人员，而新华社一直有常驻苏联的记者，改革开放之初还增加了驻外人员，苏报、苏刊任何时候能及时收到，坐在办公室就能随时收看苏联电视台的节目。当时，新华社一直保有 100 名左右专门从事苏联报道和研究的俄语人才，对外部俄文编辑室人数最多时达 61 人。这样的情况当时在全国是独一无二的。

“文化大革命”之前的若干年，新华社俄文编辑室曾协助北京外国语大学等单位培养俄语人才。“俄国通”高放教授曾数次率北外翻译班（研究生班）到新华社对外部俄文室实习，其中有后来出任独联体一些国家大使的潘占林、赵启迪、王凤翔等。

第四，新华社包括“俄罗斯学”研究在内的国际问题研究的服务对象和领域广泛——从中央到地方，从官方到民间，从政治、经济、外交、国防、科技，到文化体育、教育卫生，简直无所不包。但改革开放之前，主要的研究对象是政治、经济和外交，改革开放之后研究领域虽逐步拓宽，但重点未变，仍然是政治、经济和外交。

由于服务对象广泛，同样的内容也必须根据其需要撰写各种不同体裁的文章。公开报道的有简短消息、综述（重点在叙事件）、述评（夹叙夹议）、评论（阐述观点）。如今随着多媒体、融媒体的发展，开展了更多形式的报道，如手机报、新华影视等。内参报道除报告事件的主要内容外，还需要阐明作者对事件的看法，提出相关的建议，并视不同内容和需要或发刊物，或报送给相关部门负责人，甚至直接报送国家领导人。

第五，新华社的“俄罗斯学”研究任何时候都是以时政为主，要求十分严格。

对任何当前发生的重大事件必须了解和清晰其事件的历史沿革，即所谓背景，在此基础上用最简洁、清晰的语言深入浅出地阐明问题，提出看法，通常文字都不会超过1800字，最长3000字。对重大突发事件必须分秒必争地尽快报回编辑部，编辑部必须立即编发。首先，事实必须准确，所有稿件文责自负，无论公开报道还是内部研究报告，一律签署作者的真实姓名；其次，同一事件在内部报告中允许刊发不同看法的文章，这既是责任，也是信任，更是新华社一贯的传统。

第六，新华社历届领导都重视和珍惜俄文人才。

在各个时期，俄语人才都发挥了重要作用，大多数研究“俄罗斯学”的同志都在俄罗斯学习和工作过，这在改革开放之前是很少有的。新华社历届领导都爱惜俄语人才。例如，1957年的“反右”运动中，有数十人的俄文编辑室仅有1人被划为“右派”，即使如此，也未让其离开俄文工作岗位，更未对其采取任何其他处置，而且很快就给他平反，其一直正常地工作到退休。又如，1964年对外部俄文编辑室招收了13名俄语专业的大学毕业生。按当时规定，必须先下放到农村搞“四清”一年才可回社工作，对外部领导却根据实际情况决定先不让这些毕业生去搞“四清”，而是先工作，待熟悉环境、巩固外语能力后再去。当时这样做是需要有实事求是的精神和极大勇气的。再如，“文革”初期，有关部门和有的群众认为俄文编辑室的几位同志是“苏修特务”。因本人曾在苏联留学，直到1966年底才回国，入社的“军管小组”就责成本人专门调查他们是不是“苏修特务”。本人认真调查后，认为有关部门提出的怀疑并无事实证明，建议排除对他们的怀疑。“军管小组”也首肯，解除了对他们已采取的审查。改革开放后，几乎所有俄语专业的同志都先后被派往俄罗斯学习或工作，以便就地了解和研究俄罗斯问题。

第七，新华社“俄罗斯学”的研究主要是在从事新闻工作中进行研究，学以致用，知行合一。

不足之处是理论研究不足，并且研究不太系统，遇见什么重大问题就研究什么问题，没有长期的研究计划，因而至今也没有出版过很有分量的有关俄罗斯研究的系统著述。但是，新华社对苏联和俄罗斯各个时期的所有重大问题和事件都有完整的跟踪报道，包括公开的和内部的报道，如果社会科学院或者某个大学的研究机构能将这些报道收集起来并加以系统地整理和分析，将会写出一部中国视野的俄罗斯历史和中俄关系史。

第八，新华社“俄罗斯学”研究的最大优势是国内和国外及时互动、密切结合。

总社编辑部和莫斯科分社随时保持畅通联系，前后方业务联系密切，并且通过分社与俄罗斯各有关部门和主要研究机构保持着工作关系。新华社并未与俄罗斯研究机构建立固定联系，但是，新华社和塔斯社一直保持着良好的工作联系，从 1983 年起，两社建立了每年派代表团互访的制度。在新中国成立之前，新华社就已与塔斯社建立了良好的工作关系。例如，在 20 世纪 30~40 年代，苏联向延安派出的共产国际联络员就是以塔斯社记者名义派出的，新华社派专人协助他工作。这名联络员与毛泽东等中央领导人互动频繁，他就是后来写回忆录大骂毛泽东不听共产国际指示的那个符拉基米尔洛夫。

新华社俄罗斯研究部门与国内相关部门一直保持着十分密切的关系，联系最多的是与外交部的苏欧司（现为欧亚司）和社会科学院的相关研究所。分管这一地区的外交部副部长戴秉国、张德广、程国平、乐玉成和部长助理张汉晖以及李凤林大使等，他们都曾应邀来新华社做报告，介绍苏联和俄罗斯情况。与社科院俄罗斯东欧中亚研究所的历任所长刘克明、李静杰、吴恩远、李永全、孙壮志及有关研究人员都保持友好交往，经常出席彼此举办的研讨会，坦诚地交流有关俄罗斯的情况和看法。

二　新华社“俄罗斯学”研究的杰出人物

1. 瞿秋白——中国研究“俄罗斯学”的先驱

曾任党的主要负责人和新华社前身红中社社长的瞿秋白，是中国最早研究俄罗斯和在中国传播马列主义的学者之一。1917 年，他考入国民政府外交部俄文专修馆学习俄语，1920 年 8 月至 1921 年初，他以北京《晨报》和上海《时事新报》记者的身份到苏联采访和考察，写出了《饿乡汉程》和《赤都心路》两本书，成为五四运动时期极有影响力的优秀散文集，这也是当时研究苏俄国内情况最为珍贵的考察报告。1921 年 7 月 6 日和 1921 年 11 月 7 日，瞿秋白在莫斯科两次见到了列宁，并与之交谈。瞿秋白在中国传播马列主义方面做出了重大贡献，他还亲自翻译了列宁的一些著作。

2. 李何——为新中国研究苏联提供大量现场材料

瞿秋白的女婿、新华社莫斯科分社的创建者和首任首席记者李何对苏联的研究做出过开创性的贡献。他携妻瞿独伊在 1942 年从苏联经新疆回延安的途中被把持新疆的盛世才投入监狱，坐牢 4 年有余。1946 年获释后，他被分配到新华社工作，1950 年，李何被派往莫斯科创建新华社莫斯科分社记者站并任首席记者。他除了大量报道苏联建设成就外，还报回了大量研究性文章，很受有关部门重视。1953 年 9 月，李楠接替李何出任莫斯科分社首席记者，李何被调任《人民日报》去创建该报首个国外记者站，后回国任《人民日报》国际部副主任。他撰写的《莫斯科通讯》和《乌拉尔纪行》等集子，为当时和后来研究苏联提供了宝贵的现场材料。

3. 李楠——新中国第一个考察和研究北极的人

新华社驻莫斯科分社首席记者李楠和记者李克亲自报道了毛泽东 1957 年在莫斯科大学会见中国留学生时的动人情景和毛主席激励青年人的著名演讲：世界是你们的，也是我们的，归根结底是属于你们的，你们是早晨八九点钟的太阳。李楠除在苏联首都采访和调研外，还经常深入苏联各地进行考察。

1958 年 11 月 18 日，李楠从北极圈内的伊加尔发回长篇通讯《北极圈内红旗飘飘》，具有极为重要的价值，次日被《人民日报》全文刊登，在国内引起很大反响。接着，他又采写了 5 篇通讯，于 1961 年汇集成《北极游记》，开创了新中国考察和调研北极的先河。他是新中国第一个到达北极的人，也是第一个到北极进行考察和调研的中国记者。

4. 谢文清——勇于说真话报实情的楷模

新华社驻波兰首席记者和驻莫斯科分社首席记者谢文清在对苏联内外政策的观察和研究方面做出突出贡献。在当年以友好为主轴的中苏关系大背景下，他敢于发表和报回与权威部门和权威人士不同的意见，说真话、报真实情况，受到党中央和毛泽东的首肯，并采纳了他关于“波兹南事件”不同于“匈牙利事件”、不能动用武力来平息的看法和建议。

1956年“匈牙利事件”爆发后不久，在波兰又发生了波兹兰工人大罢工事件，当时苏联把“波兹南事件”视为“匈牙利事件”的扩散，决定采取武力镇压，并已派重兵入波，苏联领导人也亲自赴波兰施压。当时，中国驻波兰大使馆的同志与苏联的看法基本一致，但谢文清在使馆的内部讨论中和向总社报回的书面报告中反映了真实情况，并如实提出了自己的看法，他依据大量事实做出结论，即“波兹南事件”有别于“匈牙利事件”，不能由苏联出兵弹压。他的这一观点受到中央重视，中央决定不支持苏联用兵波兰的主张，从而避免了一场不幸的流血事件。

1957年1月，周恩来总理访问波兰时，专门找谢文清，请他当面汇报波兰的最新情况和他的看法。鉴于“波兹南事件”是国际共运史上的重大事件，谢文清应约撰写的回忆文章——《亲历报道华沙事件真相》发表在《中共党史资料》杂志2007年第3期。

谢文清同志在《中共党史资料》上发表的回忆文章中说，他之所以与使馆同志做出不同估计，是因为调研范围大小不同。他说：“回想起来，我认为这一年多来，我开展社会采访活动，同中下层人士交谈，使我掌握了一些真实材料，了解到一些真实情况。这十分有助于我的分析和判断。我想，使馆的同志们为何总是偏向苏联方面的观点，而我的意见却总是偏向波兰方面？想了很久，只想到一点，那就是，使馆外交官的活动范围是否太狭窄了。据我所见，他们接触最多的是波兰的外交官和东欧各国的驻波外交官，他们较少接触波兰中下层人士，而外交官对外交官向来是不多说话，更不多说真话，大都是外交辞令，打官腔。所以他们难以了解真实情况。而我却接触了许多波兰中下层人士，听到了他们一些声音，因而受他们的影响较深。在这里我想起了毛泽东在《实践论》中说过的一段话。他说：人们对客观事物的认识分为感性和理性两个阶段。没有感性阶段的调查研究，就上升不到理性阶段的分析和判断。这两个阶段不能分离，只有互相结合，在实践中把二者统一起来，才能得出正确的判断。这就是古人所谓的‘兼听则明、偏听则暗’的道理吧！我听波兰人的意见多，而使馆的同志听苏联人的话较多。但听过后还应上升到理性认识，我还想在这里加上一句：在理论认识阶段还必须解决一个敢不敢说真话的问题。‘说真话’包括两层意思，第一层是全面、确切地报道客观事物，不容许丝毫夸张和缩小；第二层是说出自己对事物的判断与认识，即自己的观点。二者缺一都不是说真话。在某种程度上讲，前者，即客观地报道事物的本来面貌更为重要，否则就会在上升到理性认识时使人产生错觉。”

谢文清的报告让周恩来总理印象深刻。1957 年 1 月，周恩来总理率领中国党政代表团到波兰做正式访问。这是中国领导人到第一线观察和探讨波兰政局的动向。周总理首先听了使馆同志关于波兰局势的汇报，随后同新当选的波兰统一工人党中央第一书记哥穆尔卡、波兰部长会议主席西伦凯维兹等会谈，接着就去波兰西部工业城市伏罗茨瓦夫和文化古城克拉科夫等地访问，在去伏罗茨瓦夫的火车上，周总理特地挤出时间听取谢文清对波兰情况的看法。

周总理经过数天的观察，认定哥穆尔卡的政治方针是正确的，他并不反苏，只是要求苏联对波兰平等相待，苏波关系需要调整。哥穆尔卡执行的是正确的路线，应予以支持。周总理在告别宴会上讲话时，公开表示了对波兰党和政府的支持，这样苏联方面也放心了，驻波苏军也回到了军营，避免了一场国际危机，避免了第二个“匈牙利事件”。

谢文清同志另一次对重大事件的成功研判也令人称道。这就是 1964 年 10 月 15 日赫鲁晓夫被勃列日涅夫等人以宫廷政变的方式赶下台。当时中央主要领导同志趋向于认为苏联新领导将调整对华政策，会在某种程度上恢复中苏友好关系，但时任新华社莫斯科分社首席记者的谢文清同志则认为，勃列日涅夫取代赫鲁晓夫是苏联领导层内部分歧所致，是“换汤不换药”，不会朝好的方向调整对华政策。后来，周恩来总理率团前往莫斯科出席十月革命 47 周年庆祝活动，借机考察，在和苏联领导人会谈中，苏方明确表示，在中苏关系问题上，他们与赫鲁晓夫没有丝毫差别。周总理在与苏方接触后做出了与谢文清相同的结论。事态的发展也证实了这一结论是客观的、正确的。

三 本人多次准确预判苏俄时局的发展趋势

本人与俄罗斯结缘一生，读高小时就被学校吸纳为首批中苏友协会员；20世纪50年代中期我的老家重庆忠县的初级中学没有开设外语课，高中时我被安排学俄语，1960年我考入四川外语学院（今四川外国语大学），自然也就学习俄语了。1964年毕业时中苏关系已严重恶化，用俄语工作的机会变得很少，大多数同学被迫改了行。幸运的是，新华社选用了我，我一直从事关于苏联和俄罗斯的报道与研究工作，持续50余年。翻译、编辑、记者和研究员工作，都必须大量阅读俄文原版材料，在这方面新华社始终为我们提供良好的条件，莫斯科出版的俄文报纸、杂志总是能及时地送到办公室。为了节约纸张，我们写稿、翻译用的稿纸都是塔斯社提供的俄文版内部参考文章的背面（当年新华社与塔斯社有资料交流）。中苏关系开始改善之后，我又被派往莫斯科工作多年，与俄罗斯从上到下的各阶层人员交往频繁，与他们的交流补充了我阅读文字的不足，使我对俄罗斯各领域的情况加深了解和理解，也帮助我对俄罗斯各个时期重要局势的发展及其趋势有较为客观、符合事态发展的认识和判断，发回总社的各类稿件经常受到总社领导、相关部门和中央领导的充分肯定。

前言中已提到，鉴于新华社的工作性质和新华人不宣传自己的传统，包括笔者在内的许多人的研究成果尽管受到中央领导人甚至党和国家主要领导人的批示和肯定，也不为社会所知，乃至新华社内都少有人知。中央领导人每年对新华社内部报文的批示数以千计，受到批示和表扬早就是常态。大家都认为这是应尽之责，无须也不必张扬。本人也一样。但决定借此机会举几个成功预判重大事件的例子，都以当时发表的公开或内部书面材料一字不改地转载于后。为什么决定这么做呢？因为中央近年来强调发挥高端智库的作用，新华社也被列入国家高端智库之内。但国内外都盛行一个论调，说什么“中国‘有库无智’”，研究人员只唯上，不能独立思考，没有真知灼见，等等，好像智库的同事们一直都只在花纳税人的钱，没做过有用的事。事实上远不是这样。由于工作关系，多年来笔者几乎与所有高端智库的同事都有接触，给我的深刻印象是，无论在哪个年代，中国智库的大多数同事都是刻苦钻研，独立思考，对重大问题都有自己的看法，并且提出符合时代要求和人民利益的工作建议，许多建议被党和政府所采纳，作为制定政策的依据。当然，也有失误，这也不奇怪。40 年改革开放中国取得全世界公认的巨大成就，中国智库对此也做出过自己的积极贡献。本人对俄罗斯时局和政策的几次准确预判也可说明这一点。

1. 1979 年准确预测苏联不会采取军事行动牵制我对越自卫反击战

20 世纪 70 年代，苏联在东南亚大肆扩张，1978 年 11 月与越南签订了军事同盟性质的友好合作条约。1978 年 12 月 25 日，越南在苏联支持下发动了对邻国柬埔寨的战争，并支持越南反华。1979 年 2 月 17 日，我对越发起自卫反击战。在这种情况下，当时从中央领导到广大民众最关心的问题是，苏联会对此做出什么反应，尤其是苏联会否从北面用军事行动牵制我国。当时，中央倾向认为苏联可能采取大规模的、中等程度的或小规模的军事行动从北面牵制我国，最可能的是小规模行动。但本人根据研究认为，苏联连小规模的军事行动也不会采取，我可放手进行对越自卫反击战。本人撰写的 5 篇分析文章较准确地预判了苏联不会采取军事行动援越的立场。5 篇文章均收入在万成才文集《苏联末日观察》一书中（中央编译出版社，2011，第 243 – 255 页）。

2. 提前一年半判定戈尔巴乔夫“新思维”改革将失败

戈尔巴乔夫 1985 年 3 月当选苏共中央总书记，推行以所谓“新思维”为指导思想的全面改革。起初，绝大多数苏联人对戈尔巴乔夫寄予厚望，从内心支持他搞改革。但是，他的“新思维”改革进行两年之后就把国家和党搞乱了，苏联国内各种矛盾急剧上升。而当时国际上包括我国在内，主流思潮是对戈氏改革大加赞扬。但从戈尔巴乔夫式的改革一开始，本人就持十分谨慎的态度，严格按新华社“客观、低调、适度”的报道精神进行研究和报道。没有因为我国搞改革而对戈氏改革大加褒扬，最初是客观报道戈氏改革的主张和进程，后加以剖析，详细分析和比较我国改革与戈氏改革的不同，并且于 1991 年春夏应国务院机关管理局、电子工业部、中国海关总署、北方工业总公司等单位之邀做了有关戈尔巴乔夫“新思维”改革与中国邓小平改革开放异同的专题报告，反响热烈。

笔者 1982 年秋被派到莫斯科分社工作，亲历了戈尔巴乔夫的“新思维”

改革，1986 年 12 月任期届满回国，次年 1 月，新华社主管国际调研和报道的副社长和社内各部门相关负责人和研究人员开会，听取本人回国述职汇报，主要汇报对戈尔巴乔夫“新思维”改革的看法。我强调，他的“新思维”没有新思想，是西欧社会民主党早就有的一些主张，加上美国提供给他的一些所谓民主、自由思想的混合物或大杂烩，实质上是要摧毁苏共原有的一切……我这一基调与当时国内多数人包括一些领导人的看法不同。主持会议的副社长倒也保持清醒头脑，没有对我的汇报内容发表异议，只照本宣科地传达了时任总书记赵紫阳同志对戈尔巴乔夫“新思维”改革的一些肯定看法。传达后也未让大家讨论。但我内心仍坚持自己的看法，在其后主持国际部苏欧编辑室报道和研究工作的四年里，我共撰写签发了几十万字的参考报道和公开报道，其内容都经住了时间和实践的检验，其中之一是对 1990 年 7 月 2 日至 13 日召开的苏共 28 大（最后一次党代会）通过的文件（纲领性声明、新党章）和改组苏共领导这一重大事件的分析报告。在该报告中我十分有根据地得出结论：戈氏改革必将失败。会议结束后立即撰写了研究报告，题为《苏共 28 大后的苏联政局：“人道、民主的社会主义”是个大问号》，报告中开门见山地指出：“戈尔巴乔夫正式抛弃此前建成的苏联式社会主义，试图驾驶苏联这艘沉重的大船在政治风暴的海洋中驶向‘人道、民主的社会主义’彼岸。他能否如愿以偿，是个大问号。”虽然这里说的是大问号，实际上是判定戈氏这一“新思维”改革将彻底失败。报告特别强调以下几点：其一，苏共将进一步朝社会民主党方向演进；其二，苏共将从集中统一的党向分散的联邦党过渡；其三，苏共在苏联社会上的影响力将进一步下降，不排除有朝一日大权旁落的可能；其四，苏共领导的政府有可能向各个党派组成的联合政府过渡；其五，苏共退出军队、公安政法部门和企业的趋势难挡；其六，以戈氏为首的所谓主流派仍面临和传统派、激进派两线作战的局面。报告还特别指出：“戈尔巴乔夫的威信还会继续下降，戈氏建立的是一个散班子和软班子，新班子暂时可以驾驭，但随时有分化的可能。被戈氏这次赶下台的领导人绝大多数是其执政后新提上来的，但在新班子中传统派仍不乏其人，并且有相当大的影响。”

3. *准确判定叶利钦将崛起，并提前一年多预测他将提前交权给可信赖者*

苏共中央总书记戈尔巴乔夫和主持组织干部工作的中央书记利加乔夫共同

提携了叶利钦，将其从斯维尔德洛夫州委书记一职调到莫斯科任第一书记和苏共中央政治局候补委员。可是，叶利钦一到任就与他们，尤其是与被视为保守派代表的利加乔夫唱反调，成为苏共反对派中的头号代表人物。在他放弃国家建设委员会第一副主席（部长）职务，于1989年3月26日当选为首届苏联人民代表后，引起苏联国内外的广泛关注。本人从叶利钦公开与苏共中央唱反调起，就密切关注当时被称为“叶利钦现象”的走向，认为这可能对苏联政局产生重大影响。鉴于当时我国内环境不宜报道国外反对派的活动，因此，莫斯科分社未公开报回当时世界都关注的叶利钦当选人民代表的消息。此时本人在国际部主持苏欧地区的研究和报道，认为这么重要的新现象应让广大读者了解，因此，根据塔斯社公布的材料自编了“叶利钦不当部长当选人民代表”的消息。次日，《人民日报》等大报都在国际版的重要位置上予以刊载。《羊城晚报》等地方报纸专门约请我就此消息写专稿。这可能引起时任中宣部新闻局局长王微同志的重视。他认为不应该报道叶利钦当选人民代表之事，并且专门书面报告给中央书记处，当时主持新闻工作的中央书记芮新文同志没有支持王微的意见，只是批示“请穆青同志阅”。时任新华社社长穆青同志十分理解芮新文同志的意思，于是照批示给时任新华社国际部主任“请杨起同志阅”。杨起主任立即照穆青社长的批示办，把本人叫到办公室说：“王微同志就叶利钦当选苏联人民代表的报道报告给中央，芮新文同志叫穆青同志阅，穆青同志叫我阅，我现在叫你来阅。”本人接过报告和批文，阅后更加坚信，中央和社领导实际上都支持我的做法。此后，我不仅继续认真研究、客观分析苏联改革的方方面面，而且如实、全面、客观地向中央反映真实情况，并尽可能向广大读者报道改革的进程。客观报道叶利钦当选为苏联人民代表，具有指标性意义。1989年3月30日《羊城晚报》发表本人撰写的新华社专稿《叶利钦现象引人注目》一文，其中强调：“叶利钦今后如何同利加乔夫和戈尔巴乔夫相处，将是国际舆论密切关注的问题。”后来事态的发展证实了这一看法。

叶利钦1996年连任俄罗斯总统后，由于寡头篡权，俄政局更加混乱，叶利钦威望下降到5%左右，成为众矢之的，俄罗斯国内外普遍认为叶利钦将被推翻。但笔者经过认真研判，于1998年10月初认定，叶利钦不会被推翻，而会主动提出辞职，为此我撰写了题为《叶利钦政权能维持多久?》的报告，强调：“叶利钦具有丰富的掌权经验，能在各种情况下，尤其危机形势下从容处事，渡过难关。如果他真的无法支撑到任期届满的2000年，他也会物色一个自己可以依赖的人做克宫主人。”① 本人还撰写了介绍叶利钦其人的文章。②

4. 提前10年预测普京将执政到2024年

2008年3月俄罗斯举行换届选举，按宪法，已任两届总统的普京不能再竞选总统。按他事先安排，推荐时任第一副总理梅德韦杰夫竞选总统，梅获胜后任命普京为总理。3月2日，梅德韦杰夫以获69.69%的选票当选总统，5月7日他就任总统当天就提名普京为总理。鉴于这一安排，笔者根据普京2000年上台之初就下定要振兴俄罗斯的决心和俄罗斯局势的发展态势做出结论，普京将重返克里姆林宫执政到2020年以后。在当年3月3日应邀在新华网做的专题访谈中我明确提出并阐述了这一观点。③

随着俄罗斯局势的发展，我更加深信普京将执政到2024年，早在2009年5月13日，在新华社世界问题研究中心举行的研讨会上，本人做的专题发言中强调普京将执政到2024年，俄罗斯局势不会出现西方所希望的大乱，相反将长期稳定，并从五个方面予以论述：一是梅普组合执政有默契，运作正常，不会出现大动荡；二是普京权力基础牢固，梅德韦杰夫无力撼动；三是多数民众认同梅普联合执政，反对派难成气候；四是俄罗斯当局巧用媒体，在“可控民主”的方针下既给媒体一定自由，又把媒体控制在一定范围，使之不能为社会动乱煽风点火；五是普京可能重返克里姆林宫，以实现他振兴俄罗斯的

---

① 见新华社《世界形势研究》1998年第98期（10月15日）。果然，1999年12月31日叶利钦提前（本应任职到2000年6月）把权力交给了了普京，自己体面退休，但最初几年还能通过与普京定期相会问政。

② 叶利钦总统1992年12月访华，笔者撰文向读者介绍叶利钦其人。此文已编入2010年新华出版社出版的文集《新俄罗斯观察》中。叶利钦的个性和政治风格特别，是众多俄罗斯人尊敬的政治家。他也是中国人民的亲密朋友，在任时4次访华，早在1996年就同中国领导人一起建立了面向21世纪的中俄战略协作伙伴关系，为中俄关系长期稳定健康发展奠定了法律基础。他2007年4月23日逝世，作者4月25日凌晨前往停放在莫斯科圣母大教堂的遗体前默哀致意。

③ 详见《万成才谈2008年俄罗斯总统选举》，《新俄罗斯观察》，新华出版社，2010，第102~104页。

承诺。[①]

5. 及时、准确为中央澄清普京的友华政策

2014年5月，普京总统访华，中俄签订了价值4000亿美元的对华石油供应的合同，中俄在能源领域加强大规模的合作引起美国的不爽，把矛头直指普京，散布“中国威胁论”和“中国危险论”。6月28日，我接到时任新华社世界问题研究中心常务副主任何君臣打来的电话，他说中央领导要求对“美国之音”电台网发表的那篇文章提出看法。此时本人正在北戴河休假，在手头没有相关资料的情况下，凭记忆和平时的研究及时撰写了《略论俄罗斯对华政策的主音和杂音——兼评〈美国之音〉渲染俄反对派质疑普京对华政策》的研究报告，及时发回总社，时任新华社副社长周树春同志给予好评，审阅后于7月1日专呈中央主要领导。周树春副社长批示：“及时完成任务，对万成才同志表示感谢。”

此外，我就重大问题提出的工作建议多次被中央采纳。

新华社作为新闻战线的智库，在“俄罗斯学”研究与发展方面发挥了独特的甚至不可替代的作用，受到国内外的高度重视和评价。

① 万成才：《俄罗斯政局可望长期稳定》，《新俄罗斯观察》，新华出版社，2010，第107~110页。

中国国际广播电台俄语部的沿革

盛晶晶

中国国际广播电台（CRI，以下简称国际台）[①] 俄语部创建于 1954 年 12 月 24 日，是国际台最早开办的外语语言部之一。

国际台俄语部在其走过的 64 年的历史进程中通过短波、中波、调频、网络以及新媒体终端向世界发出中国的声音，为中国革命、建设和改革开放，为中华民族的伟大复兴创造了良好的国际舆论环境，为推动中苏友谊、中国与俄罗斯及其他俄语国家友好关系的发展发挥了积极的作用，被广大听众朋友们赞誉为架设友谊桥梁的使者。

从 20 世纪 50 年代开始至今，一代又一代的俄语部同人为更好地完成对外广播的使命不断探索和深入研究俄罗斯（苏联）的国情、传播制度和受众心理，翻译、编写了内容丰富且颇具实用价值的专著和论文，为中国的“俄罗斯学”研究以及对外宣传政策的制定提供了宝贵的资料。

---

① 中国国际广播电台创办于 1941 年 12 月 3 日（起源于延安新华广播电台的日语广播。延安新华广播电台即今中央人民广播电台），是中国唯一向全世界广播的国家广播电台。目前国际台使用 65 种语言全天候向世界传播，是全球使用语种最多的国际传播机构。其宗旨是“向世界介绍中国，向中国介绍世界，向世界报道世界，增进中国人民与世界人民之间的了解和友谊”。2018 年 3 月，根据《深化党和国家机构改革方案》组建中央广播电视总台，撤销中央电视台（中国国际电视台）、中央人民广播电台、中国国际广播电台建制。2018 年 4 月 19 日，中央广播电视总台正式揭牌。原中国国际广播电台挂牌为中央广播电视总台鲁谷办公区。

一　发展历程

（一）成立背景

1949 年，中华人民共和国宣告成立后不久，苏联和东欧人民民主国家的广播机构便与我中央广播事业局建立了联系。20 世纪 50 年代初期，中国相继与苏联等国家签订了文化合作协定（其中含广播合作条款），互换广播节目、人员交流及互访是其中的主要内容。一开始，中方只向苏方提供录制好的单篇稿件。遇到重大事件和节日，便彼此互约稿件。后来开始互相交换唱片、录音带及其他资料。据统计，1952 年至 1953 年间中方寄给苏联广播总管理局共计唱片 126 张，各种录音带 29 盘。

为了适应中苏两国友好关系的发展，在党中央、国务院直接领导下，“中苏广播合作协定”于 1954 年 8 月 21 日在莫斯科签订。当年率领中国广播代表团赴莫斯科签订此协定的原中央广播事业局副局长温济泽先生回忆说，出国前他曾向周恩来总理请示，周总理说：“我国广播电台与莫斯科广播电台交换播出节目是可以的，但是他们播出些什么内容必须事先得到中方同意，不能由对方单独确定。”周总理还特别指出：“这是一个涉及国家主权的问题。”温济泽副局长就是以此为指导思想前往苏联的。可以说中苏广播合作协定的签署对日后中国国际广播的发展，特别是俄语广播的产生和发展起到了决定性的作用。

按照协定的内容，我方寄送的俄语节目于 1954 年 12 月 24 日开始试播。这一天后来就被定为俄语部诞生的日子。1955 年 1 月寄送节目正式在莫斯科电台（俄罗斯之声电台①前身）播出。当时节目的主要内容是介绍中国社会主义各条战线取得的成绩、涌现出来的新人新事以及两国人民之间的友谊。

50 年代末 60 年代初，随着中苏分歧的公开化，两国关系骤然紧张，北京电台（国际台前身）寄送的节目在宣传内容上遇到了很多新问题。1960 年底，

---

① 俄罗斯之声电台创建于 1929 年 12 月 29 日，是俄罗斯开办最早的广播媒体。其定位是俄罗斯国家级对外广播电台，曾经使用 44 种语言向全世界传播，听众遍布 160 个国家。2013 年 12 月 9 日普京签署总统令，撤销俄罗斯新闻社与俄罗斯之声广播电台，将这两家新闻单位重组成立“今日俄罗斯”国际新闻通讯社。2014 年 4 月 1 日，俄罗斯之声停止短波广播。2014 年 11 月 10 日，俄罗斯之声被“今日俄罗斯”旗下卫星通讯社的广播电台取代。

中央广播事业局党组给中央打报告，拟于 1961 年开办俄语等 6 种外语节目。当时兼任中央外办主任的陈毅副总理批示道：“都可以搞。”1961 年随着中苏之间的争论再次爆发，北京电台决定年底开办寄送节目之外的俄语直播（直接播送）节目，并拟出节目方针上报中央，得到批准。1962 年 1 月 2 日，中宣部和中央外办向中央转报广播局党组提出的对苏俄语直播节目的意见。经刘少奇、周恩来、邓小平、陈毅同志的批准，俄语直播节目于 1962 年 2 月 25 日正式开播。这在当时引起了国际上的广泛关注。据老一辈人的回忆，当年为了确定开播日期，中央领导着实动了一番脑筋，由于当时形势非常紧迫，但又要找一个“由头”，最后决定选择一个节日，而 2 月 25 日正好是苏联军队建军节，所以开播日期就定在了这一天。

1962 年 8 月 14 日，中央广播事业局局长梅益传达说：“周总理指示说：第一，送去的俄语节目他们不播，我们也不用，并尽可能停下来；第二，千方百计加强对苏直播的频率和时间；第三，要了解对苏斗争是长期的、复杂的。中央认为，扩大对苏联东欧的影响只有靠广播。”事实上，俄语节目开播后不久果然收到了苏联听众的来信，这引起了包括毛泽东主席在内的中央领导同志的注意。

开办对苏俄语直播节目是中央的一项重要决策，为此中宣部、中组部还专门印发了红头文件让有关单位大力支持。当时“全国一盘棋”的思想深入人心，再加上中苏关系恶化，苏联专家被撤回国，有的单位俄语干部面临“失业”，所以在短期内，各地的俄语干部便纷纷到位支援国际台俄语部。当时就有包括从《人民日报》、新华社、俄文《友好报》、中央各部以及哈尔滨等单位和地方调来的俄语干部，他们是杜波、卢竞如、庄方、陈春、佟轲、任凯原、金铁侠、范特、安成、牛中岱、赵永穆、臧乐安、汪本静等同志，可以说是人才济济。

（二）机构沿革

1952 年，对苏不定期寄送节目归中央广播事业局国际联络部负责。

1954 年底，对苏组正式组建，归属对外部。设组长 1 人，组内有 5 名工作人员。

1956 年 4 月，对外部调整机构，对苏组更名为对苏联和人民民主国家广播部，俄语组工作人员增至 14 人。

1957 年 8 月，对外部筹建对伊朗、土耳其广播，由于翻译要借助于俄语，新成立的伊土组也挂靠与对苏联和人民民主国家广播部。先后有 8 名俄语干部、1 名中文干部派往该组工作。

1959 年，对苏联和人民民主国家广播部改名为对社会主义国家广播部，人员增至 28 人。同年组建捷克语组，负责向捷提供寄送节目稿件。

1961 年底，对社会主义国家广播部改名为苏联东欧部。下设对苏组、阿尔巴尼亚语组、世界语组、塞尔维亚语组、蒙语组。对苏组下设编辑组、翻译组、听众来信组。编辑组最兴旺时有 17 人，一部分人负责寄送节目的组稿及播出，另一部分人承担俄语广播节目的编辑及采访任务。

20 世纪 60 年代初，国际形势要求开办对东欧地区及世界语广播，这项任务也由俄语工作人员负责。先后组建波兰语、罗马尼亚语等语言组。

1966~1973 年，由军管小组及工宣队领导。苏东部只设一个由 3 人组成的宣传小组负责日常各语言组节目播出。“文化大革命”开始后，编辑组被解散，人员流散四面八方。此时，俄语部有将近 20 名业务骨干被下放“五七”干校，还有几名工作人员受迫害，有的被隔离审查，有的在干校被监督劳动。

1973 年 1 月 2 日，结束军管。被解散的编辑组也于 1974 年初重新组建。1976 年 10 月，“四人帮”被打倒，国际台调整机构。

1980 年，苏东部划分俄语部、东欧一部、东欧二部。俄语部设编辑组、翻译组和播音组。

1983 年，俄语广播开辟了许多专栏节目，国内报道量增加，为此由翻译组中调出一部分人建立了专稿翻译组，与此同时，撤销播音组的建制，把播音员归口到翻译组（负责每天新闻、评论播音任务）和专稿组（负责专栏节目的播音，兼做少量翻译）。除翻译组和专稿组外，还设有来信组和资料组。

1996 年 9 月，国际台升格为副部级，下设 14 个中心机构，俄语部属俄东中心建制。

2008 年，“国际在线”乌克兰文网正式对外发布，乌克兰语部成立，自成立之日起，一直在俄语部内部运行，俄语部领导兼任乌克兰语部领导。

2009 年，“国际在线”白俄罗斯文网正式对外发布，该网站的建设和维护工作，由俄语部负责。

至 2018 年 7 月，俄语部下设有新闻组、专题组和新媒体组。设主任 1 人，副主任 3 人。全部工作人员共计 60 人，其中编内 32 人，编外 17 人，返聘 1 人，外籍（来自俄罗斯、乌克兰和白俄罗斯）员工 10 人。

二　主要发展阶段

俄语部 64 年的历史，如果从广播产品和媒体内容的传播渠道来看，可以大致分为四个发展阶段：寄送广播节目阶段、短波广播节目阶段、互联网+落地广播+短波广播阶段以及融媒体+落地广播+短波广播阶段。

（一）寄送广播节目阶段（1954~1962 年）

上文中已经说过，根据中苏两国在 1954 年 8 月签订的“中苏广播合作协定”，当年年底国际台与莫斯科电台开始相互寄送 30 分钟时长的广播节目，在对方电台播出。1956 年 3 月，俄语寄送节目每周增至两次，1957 年 6 月又增至每周三次。俄语部寄送的节目是杂志式的广播节目，因受时间制约（每次邮寄在途时间约需半个月）一般不采用时效性强的新闻。绝大部分稿件均由俄语部自己编辑采访制作。

双方寄送节目最频繁的阶段是 50 年代中期到 1960 年。我方寄送的俄语节目内容充实，形式多样，得到了当时中国一些国家领导人和社会知名人士的支持。寄送的俄语节目经莫斯科电台播出后，在苏联听众中引起了巨大的反响。听众来信逐年上升。据统计，1959 年来信总数达到了 1.3 万封。

毫无疑问，寄送节目的方式在增进中苏两国人民的相互了解和发展友好关系方面发挥了积极的作用。后来因为中苏关系恶化，中方的节目由最初被苏方删减，到最后停止播出。

（二）短波广播节目阶段（1962~1999 年）

20 世纪 50 年代末 60 年代初，中苏关系紧张，中央决定开办除了寄送节目之外的俄语直播节目。1962 年 2 月 25 日，通过无线短波频率直接向苏联地区播送的俄语节目正式开播，并且一直延续到今天。根据初期的决定，俄语节目每次 30 分钟，每天播出 9 次。节目内容包括新闻、国际评论、专题和音乐。

1962年10月，一套30分钟的节目改为一套一小时的节目。1964年4月起，增加为两套一小时节目。

20世纪80年代在清除了“文革”的影响之后，俄语部重新制定了广播方针，摒弃了“强加于人”等“左”的思想。苏联解体后，俄语部在继续贯彻原有方针的同时，在对独联体局势的报道方面遵循“谨慎、客观、低调、适度”的方针，重视对俄罗斯及其独联体国家的广播，向听众介绍中国改革开放和建设有中国特色社会主义的成就，介绍中国独立自主的和平外交政策，宣传中国与俄罗斯以及其他独联体国家人民之间的传统友谊。

从1962年直播节目开播到20世纪90年代初，俄语部在提高节目质量、活跃节目面貌方面下了很多的功夫，前后设置或变更了30多个栏目。1993年俄语广播办有两套各一小时的综合性节目，每天播出10小时。1998年7月进行了一次全面改版。节目内容由新闻、时事和专题几大板块构成，传播和收听方式仍为短波。

（三）互联网+落地广播+短波广播阶段（1999~2017年）

新旧世纪之交，互联网技术得到了普及。网络作为一种信息传播媒介可以克服广播线性传播、转瞬即逝、选择性差等弱点，因此广播与互联网联手可以说是如虎添翼。这一时期国际台俄语部除了发展短波广播的主业之外，还抓住历史机遇，在网络传播领域占据自己的位置。

1999年12月，国际台主办的政府重点新闻网站“国际在线”俄文网（http：//russian. cri. cn/）正式开通，标志着中国的俄语广播迈入了新的历史时期，之后还相继推出了网络电台和网络视频。国际在线俄文网成立至今，历经多次改版：时间分别在2001年、2005年、2008年、2011年和最近一次的2017年。如今的俄语部网站紧跟时代发展潮流，页面设计简洁明了，精美图片、在线收听、互动栏目是用户点击率较高的栏目。

由于传播技术和各国政策的限制，直到20世纪90年代，短波广播仍旧是我国对外广播的主要手段之一。进入21世纪，为了增强在俄语国家地区的传播力，提高节目的收听质量，国际台俄语广播节目实现了在海外的落地（通过当地的中波或调频频率收听国际台节目）。

2000年，俄语广播节目通过英国世界广播网在俄罗斯圣彼得堡的AM684

千赫中波电台播出。后来俄语节目的落地范围由俄罗斯圣彼得堡扩展至莫斯科（AM738）以及摩尔多瓦（1413KHz）、立陶宛（1557KHz）和蒙古国（FM103.7）。2011 年 4 月，俄语部在亚美尼亚首都埃里温开设了俄语广播首个海外整频率电台（FM106.5）。2012 年 5 月，在吉尔吉斯斯坦的纳伦市开通了国际台俄语节目的整频率电台（FM105.5）。

需要指出的是，俄语广播在世纪之交曾经开办过国内调频节目。1999 年 3 月，俄语广播增开了对北京地区的中俄双语调频广播（FM88.7），播出时段为每天 22：00~23：00。节目内容包括新闻、时事，访谈、音乐等专题。这档中俄双语节目在当时受到了一大批国内听众的喜爱。2003 年 4 月，该频率全面改版后逐步转型为欧美流行音乐频道，俄语等其他常用外语节目逐渐停播。

为了不断适应广播行业的新发展，俄语部进入 21 世纪的十几年间，先后多次对传统短波节目、中波和调频节目进行大规模调整，对原有的栏目进行较大幅度优化。俄语部曾一度每天面向俄罗斯等俄语国家播出共计 40 小时的广播节目。近几年，由于频率租用期的结束或是海外合作对象的调整，俄语部在俄罗斯、波罗的海三国、蒙古国、亚美尼亚和吉尔吉斯斯坦等地的落地节目先后停播。但是俄语的传统短波节目仍然持续每天累计播出 20 小时。

2016 年 5 月底，俄语部制作的时长为 30 分钟的广播节目在俄罗斯西伯利亚广播电台[①]的调频频率（托姆斯克 FM104.6，鄂木斯克 FM103.9，赤塔 FM102.6/VHF69.9，乌兰乌德 FM106.5，科迈罗沃 FM105.8，戈尔诺—阿尔泰斯克 FM105.5，下瓦尔托夫斯克 FM87.8，新库兹涅茨克 FM98.7）和该台网站上正式同步亮相。这是建台 75 年以来国际台在俄罗斯境内（覆盖西伯利亚 8 个城市及周边地区）实现的第一个调频落地项目，具有里程碑式的意义。自此，国际台俄语广播节目又增添了一个有效的对象国播出平台。为了使节目更能为俄罗斯本土听众所接受，俄语部编播人员根据调频广播的特点对节目内容和形式进行了精心的策划和设计，使之与传统的对外广播有了本质性的区别。节目内容以软性题材为主，如经济、旅游、时尚、文化、体育、双边关

① 开设于 1992 年 1 月 7 日的西伯利亚广播电台是俄罗斯托姆斯克市第一家非国有新闻音乐台。2014 年被俄罗斯国家间发展公司收购。

系、流行音乐等。

（四）融媒体+落地广播+短波广播阶段（2017年至今）

国际台是国内最早提出传统媒体与新兴媒体优势互补、相互融合而形成全新媒体形态这一理念的主流媒体之一。俄语部也是国际台最早实践这一理念的语言部门。

2016年6月，中国国际广播电台和“今日俄罗斯”国际新闻通讯社在中俄两国元首的见证下签署了共建中俄移动融媒体平台的协议。国际台俄语部牵头打造的“中俄头条”客户端正是这一开放式融媒体平台的核心产品。

2017年7月，“中俄头条”客户端iOS版和安卓版在中俄两国同步上线。“中俄头条”的上线展现了中俄两国调频广播等传统媒体与APP等新媒体的互补性优势。这一融媒体平台以中俄双语呈现，内容涵盖了图文资讯、移动电台、视频直播、在线翻译、跨境电商等多种形式，为移动用户提供丰富的内容体验，满足不同用户的个性需求。据统计，“中俄头条”运行一年以来，其下载量已突破420万。

截至2018年7月，国际台俄语广播通过西伯利亚广播电台播出的调频节目为每天半小时，通过传统短波播出的节目量为每天20小时。

三　主要学者介绍及科研成果

（一）主要学者

崔永昌，1930年7月生于北京，1949年3月参加革命，1950年进入北京俄语专科学校学习。1952年被派往苏联列宁格勒大学语文系学习新闻专业。1957年毕业后，被分配到《人民日报》国际部工作。1958～1960年在《人民日报》莫斯科记者站工作。在此期间曾兼任新华社记者。1962年调到中央广播事业局对外部（中国国际广播电台前身），参加俄语直播节目的筹办和开播工作。1978～1980年曾在中国驻苏联大使馆工作，从事文化和广播电视方面的调研，撰写过一系列有分量的调查报告，其中《西方电台对苏广播的一些作法》曾受到中央领导同志的好评，被认为对我国对外宣传事业的改革有参考价值。1980年回国后，继续从事俄语广播工作，同时开始研究国际广播的历史和理论问题，撰写了一系列学术论文。自 1991 年开始享受国务院特殊津贴。1994 年离休后，致力于国际台史志的编写工作。

主要译作有《震撼世界的十天》《冬宫秘史》《新的任命》《石棺》等。

范冰冰，1948 年生于哈尔滨，自幼学习俄语。20 世纪 70 年代中期被分配到国际台工作，从事翻译、播音、记者等工作。退休前曾任中国国际广播电台俄罗斯与东欧地区广播中心副主任、俄语广播部主任、全国翻译专业资格（水平）考试俄语专家委员会委员、中俄友好协会理事、中国广播电视协会播音主持委员会副会长，第十一届全国政协委员。长期从事对外广播事业，在听众中有较高知名度，2007 年被聘为国际台俄语首席播音员，曾获中国播音主持“金话筒奖”和全国优秀新闻工作者奖。2006～2007 年作为主要策划人之一，全程参与了中国新闻史上首次多媒体跨境联合采访——“中俄友谊之旅・俄罗斯行”与“中俄友谊之旅・中国行”活动，退休前又连续策划参与了多项中俄媒体间的重大活动，受到了社会各界的高度重视和广泛关注，并得到了中央领导的充分肯定和赞扬。

主要作品有《国际传播与国家形象》《汉乌俄新闻词汇》《形势与对策——从传播环境的新变化论我国对俄罗斯-东欧传播的战略策略调整》等。

（二）著作论文

著作论文及简介

（1）范冰冰：《国际传播与国家形象》（人民文学出版社，2008）。

诚然，国家形象的改善，需要以国家实际状况的改善为基础。但良好的国家形象塑造，同样离不开成功的对外宣传和国际传播。这也正是本书所试图阐明的一个主要问题。由于笔者个人经历和知识面的限制，无法对全国整个对外宣传和国际传播的现状进行分析和展望，主要结合对俄国际传播的历史和现状，谈一谈对塑造我国国家形象的一些理解和建议。

（2）李岳、刘岩、苑听雷：《梅德韦杰夫：克里姆林宫的新主人》（世界知识出版社，2008）。

“梅德韦杰夫在西方不仅作为一名政治家，而且作为经济领域的专家和俄罗斯天然气工业股份公司的领导而闻名。西方认为，梅德韦杰夫将能继续加强政治与经济之间的联系，而这一点对俄罗斯今后的发展尤为重要。”“梅德韦杰夫是完全不一样的一代人……他拥有不一样的成长背景和经历，这一改变将成为日益走向现代化的俄罗斯最重要也是唯一的助推器。”本书以零距离接近的方式将友好邻邦俄罗斯的新任总统梅德韦杰夫的生平事迹做了全面的介绍。

（3）范冰冰主编《汉乌俄新闻词汇》（外文出版社，2010）。

本书收集了适用于新闻传播领域的基本词汇条目，涵盖常用的单词、词组、缩略词及专业词等。本书旨在给从事汉、乌、俄三种语言的翻译工作者提供帮助。编者从中文大量的新闻词语中，遴选出近两万个词条，将其译成乌克兰文和俄文并编纂成册，具有较强的实用性和参考性，适用于汉、乌、俄语言翻译和国际传播的从业者和爱好者。

（4）刘岩、李岳编著《中俄关系的大情小事》（世界知识出版社，2010）。

中国古语云：“亲仁善邻，国之宝也。”中国与近邻俄罗斯既是好邻居，也是好伙伴。两国关系60年来历经风雨，起起落落，在当代国际关系中可谓典型。“历史是一面镜子。”回顾刚刚过去的60年，对于我们认识当前乃至未来的世界发展趋势，应有所裨益，这也是笔者的写作初衷。笔者长期从事中国对俄罗斯广播工作，多年来工作在采访第一线，对俄罗斯的历史发展、时事动态颇为关注。在中俄建交60周年之际，笔者将多年来对中俄关系的认知、所思、所想结集成书，希望能与各位读者一起分享。

（5）林少文、范冰冰等：《形势与对策——从传播环境的新变化论我国对俄罗斯-东欧传播的战略策略调整》（中国国际广播出版社，2011）。

本书在总结国际台加强对俄东地区传播的必要性与迫切性的基础上，重点调查和研究了俄东地区媒体市场特别是广播、互联网的发展现状、BBC（英国广播公司）等世界主要国际广播电台在该地区的传播情况、国际台对该地区的传播现状以及存在的主要问题，并就国际台进行战略策略调整，加强对俄东地区的传播效果提出可资参考的建议。鉴于我国对俄东地区传播的专项研究相对空白，本书所做的研究具有重要的理论和应用价值。

（6）《大数据——图说中俄百万青年网上交流》（世界知识出版社/维切出版社〔俄〕，2015）。

“中俄青年友好交流年”期间举办了中俄百万青年网上交流活动。100期“大数据”中俄双语产品，在微博、微信和VK等中俄媒体和社交媒体平台发布后，立刻吸引了中俄两国大量网友的关注、参与和评论。无论是“大数据”本身，还是两国青年网友在互联网上的观点碰撞，对于中俄双边关系的未来而言都有一定的价值。为了更好地展现“中俄百万青年网上交流”活动的数据与交流成果，本书编者在对本次活动所获取的第一手资料进行总结和分析的基础上，将这些数据产品和互动话题背后的故事集结成册，希望此书能够有助于加强中俄两国年轻人之间的相互认知和了解，并为研究两国关系和青年问题的专家学者提供一定的理论和数据支撑。

（7）李支援主编《俄罗斯媒体格局与融合发展：以“今日俄罗斯”为例》（世界知识出版社，2016）。

本书是中国国际广播电台俄语传播从业者研究俄罗斯媒体发展的最新学术成果，是中俄媒体加强相互理解、交流与合作的体现，是双方媒体聚力共促双边关系发展之愿望的实践。

该书从媒体格局与现状、媒体市场、媒体特点与发展趋势等方面，详细介绍了20世纪90年代以来俄罗斯媒体的发展路径，概括和总结了俄媒体发展特点，展望了俄媒体发展趋势。

（8）《国际广播事业的新发展》（中国国际广播出版社，2006）。

该书收录王向东的一篇论文：《对俄东地区的海外落地节目：稳扎稳打注重实效》。

（9）《国外广播影视体制比较研究》（中国国际广播出版社，2007）。

该书第八章《俄罗斯广播电视体制研究》的作者是马骏、王向东。作者从八个方面介绍了苏联解体之前和解体之后俄罗斯广电领域的改革和现状：一是苏联时期的广播电视业；二是广播电视体制的转型过程；三是俄罗斯广播电视立法及相关的法律法规；四是政府监管与公司治理并举；五是建立市场准入制度，明确政府监督角色；六是无线广播体制的转型；七是电视体制的转型；八是广告市场及其监管体制。

（10）《新媒体时代对俄罗斯东欧传播研究》（辽宁人民出版社，2008）。

该书收录范冰冰、苑听雷的论文《浅析“多点联动”式直播报道在网络视频中的应用》，刘岩、范冰冰的论文《从VOR（俄罗斯之声电台）与CRI看中俄国际广播业的发展变化》。

翻译作品：

《冬宫秘史》（崔永昌等译，世界知识出版社，1987）；

《石棺》（刊登于 1988 年第 1 期的《当代外国文学》，崔永昌译）；

《新的任命》（崔永昌等译，外国文学出版社，1989）；

《世界文学经典名著——屠格涅夫作品集》（臧乐安等译，江西教育出版社，2016）；

《三人书简——高尔基与罗曼·罗兰、茨威格通信集》（臧乐安等编译，语文出版社，2018）。

四　主要合作伙伴及其他情况

（一）合作伙伴与合作协议

1. 俄罗斯之声电台

该台是国际台俄语部与其合作时间最早、历史最长的俄方媒体。1954 年 12 月 24 日，俄语部寄送的节目正是在俄罗斯之声电台的前身莫斯科电台首次播出的，同时也揭开了国际台俄语部历史发展的序幕。

1968 年中方正式停止向苏联寄送广播节目之后直至今日，国际台俄语部与俄罗斯之声电台一直保持着密切的合作关系。几十年间双方签订了多个合作协议，内容包括重大节日的节目内容互换和共享、共同策划和组织媒体活动、记者代表团互访、定期互派进修和实习人员等。

2. “今日俄罗斯” 国际新闻通讯社

2014 年 10 月在莫斯科，中国国际广播电台台长王庚年与“今日俄罗斯”国际新闻通讯社总裁基谢廖夫在中俄总理共同见证下签署了合作协议。根据合作协议，双方将延续与俄罗斯之声电台曾经开展的主要工作，包括：（1）互换文字、音频、图片和视频材料，以及中俄文化交流类广播节目；（2）互换网站链接；（3）互派人员交流进修。双方新增加的合作包括：（1）双方建立重大事件合作报道机制。双方就丝绸之路经济带建设、反法西斯战争胜利 70 周年等重大活动以及中俄双边重大事件和纪念活动组建联合报道团队，以多媒体形式开展报道活动；（2）在中俄政府级重大活动框架下，双方相互提供支持，联合设定报道和节目制作方案，并利用己方资源保证对方媒体产品的推广和落地播出；（3）在“中俄青年友好交流年”期间，双方将开展合作，促进中方主导的《你好，中国》大型多媒体文化项目及俄方主导的文化项目在对方的播出及推广。

2015 年 6 月，在中宣部部长刘奇葆和俄罗斯总统办公厅第一副主任格罗莫夫的共同见证下，中国国际广播电台台长王庚年与“今日俄罗斯”国际新闻通讯社总裁基谢廖夫在圣彼得堡签署合作协议补充协议，双方将务实合作推向新高度。

2016 年 6 月，在中俄两国元首的见证下，中国国际广播电台台长王庚年与“今日俄罗斯”国际新闻通讯社第一副总编奥西波夫在北京签署双方在新媒体领域的合作协议。根据协议约定，双方将携手共建中俄移动融媒体平台。

3. 全俄国家广播电视总公司旗下国家电视台

2010 年中俄“语言年”期间，在为期 20 周的时间里，国际台俄语部策划制作的《你好，中国》第一季围绕 100 个代表中国传统文化精髓的汉语词组，制作出四种不同媒体形态的产品，以全媒体形态强势登陆俄罗斯国家级电视台（“文化”电视频道）。据俄罗斯国家广播电视总公司的收视调查数据显示，通过“文化”电视频道收看《你好，中国》节目的俄罗斯电视观众达 5200 万人次。

2013 年俄罗斯“中国旅游年”期间推出了《你好，中国》第二季。第二季围绕着 100 个中国旅游景点，制作了 100 集、每集 10 分钟的电视专题片，在俄罗斯国家级电视频道“我的星球”播出，向俄民众推广中国旅游资源，吸引了 5000 多万俄罗斯人观看。

4.“今日俄罗斯”电视台

2014~2015 年“中俄青年友好交流年”期间，国际台俄语部策划推出《你好，中国》第三季。作为该项目最主要的俄罗斯合作媒体，“今日俄罗斯”电视台通过旗下网站和社交媒体等新媒体平台对上述项目进行了全面播出和推广。

2016~2017 年“中俄媒体交流年”期间，双方继续合作，围绕“一带一路”和“中俄红色旅游合作”主题推出《你好，中国》第四季系列视频专题片，并在“今日俄罗斯”电视台网络及新媒体平台播出。

5.《俄罗斯报》

自2012年1月起，国际台俄语部创办的《中国风》俄文杂志开始与俄罗斯最大、最权威的平面媒体《俄罗斯报》合作，以该报特刊的形式捆绑发行。《中国风》是目前俄罗斯唯一一份由中俄两国国家级媒体联合出版的介绍中国的平面媒体。《中国风》最初为季刊，现为双月刊。目前全年发行量为36万册，覆盖俄罗斯莫斯科、圣彼得堡、叶卡捷琳堡、伊尔库茨克、布拉戈维申斯克和符拉迪沃斯托克6座城市。

2015年5月8日，在习近平主席和普京总统的共同见证下，中国国际广播电台台长王庚年与《俄罗斯报》社长涅戈伊察在克里姆林宫签署了《中国国际广播电台与俄罗斯报社合作协议》。双方签署合作的协议旨在通过长期互利合作巩固和深化中俄两国媒体间的相互协作。根据该协议，国际台与俄罗斯报社将在节目素材互换和推介、人员培训及交流、新媒体互动、建立丝绸之路经济带长效报道机制、联合策划推出专项媒体活动等方面深入开展合作。

6. 西伯利亚广播电台

2015年12月，在中国国务院总理李克强和俄罗斯联邦政府总理梅德韦杰夫的共同见证下，中国国际广播电台台长王庚年与俄罗斯国家间发展公司董事会主席波利亚科夫签署了《中国国际广播电台与西伯利亚广播电台合作协议》。根据协议，国际台与西伯利亚广播电台将在节目互换和推介，加强人员交流，建立重大事件报道合作机制等方面开展合作。

基于这一协议，2016年5月底，俄语部制作的广播专题节目在西伯利亚调频广播电台正式播出，周一至周日，每天播出30分钟。

7. 塔斯社

国际台与塔斯社一直保持着良好的传统合作关系。双方曾于2006~2007中俄“国家年”期间成功策划实施了“中俄友谊之旅”大型跨境采访活动。

2014年5月，在塔斯社的邀请下，国际台与世界俄文媒体联合会及塔斯社在上海成功举办了第十六届“世界俄文媒体大会”。大会的一项重要成果是国际台成为世界俄文媒体联合会成员，并与联合会及俄通社-塔斯社签署了合作备忘录，此举为国际台开辟了新的合作交流平台，有助于与全球俄语媒体开展广泛合作。

8. 哈萨克斯坦《实业报》

2017 年 6 月，作为习近平主席访问哈萨克斯坦的重要配合活动，由中国国际广播电台与哈萨克斯坦《实业报》及《俄罗斯报》联合制作发行的俄文杂志《中国风·哈萨克斯坦特刊》首发式在哈萨克斯坦首都阿斯塔纳举行。

《中国风·哈萨克斯坦特刊》与哈萨克斯坦读者的正式见面标志着该杂志首次在中亚国家发行，其传播力和影响力将向“一带一路”沿线其他俄语国家扩展。在此之后，国际台与《实业报》建立了良好的合作关系，在重大宣传报道期间，《实业报》在其官网积极转载刊发国际台发布的重要稿件。

2018 年 6 月，上海合作组织首届媒体峰会在北京召开。会议期间，在中共中央政治局委员、中宣部部长黄坤明同志见证下，中国国际广播电台胡邦胜同志与哈萨克斯坦《实业报》总编辑谢里克·科尔茹姆巴耶夫签署了《中国国际广播电台与哈萨克斯坦〈实业报〉新媒体合作传播协议》。

（二）发起并组织的媒体活动

最近十几年来，国际台俄语部在做好重大宣传报道活动的同时，还不断发挥自身优势，积极主动策划并组织了一系列特色鲜明、务实有效的媒体活动，为增进中国与俄罗斯等国人民之间的相互了解做出了重大贡献。

2006~2007 年中俄互办“国家年”期间，中国国际广播电台分别举办了“中俄友谊之旅·俄罗斯行”和“中俄友谊之旅·中国行”大型多媒体跨境联合采访活动，总行程逾 2.5 万公里，历时近 80 天，参与此行的中俄主流媒体近 30 家，实地走访了中俄 40 多个城市，创造了中外媒体合作和中俄新闻交往的新纪录。2007 年夏季，胡锦涛主席与时任俄罗斯总统普京在出席德国“8+5”领导人峰会期间会晤时，都对“中俄友谊之旅”活动给予充分肯定。

2009 年中国“俄语年”期间，国际台策划并联合多家中国广电媒体举行了“情动俄罗斯”中国人唱俄语歌大型选拔活动。此次活动历时半年，横跨八大分选区，吸引了 12000 多名选手报名参加。整个活动从 2009 年初发起全国性宣传攻势，5 月中旬全面启动，7 月实施全国海选，8 月举行俄罗斯采风之旅，9 月举办全国总决赛，在全国掀起了一股“学唱俄语歌、传唱俄语歌”的热潮。2009 年 10 月 13 日，中国国务院总理温家宝与俄罗斯总理普京专门接见了本次活动的前三名选手，并为他们颁奖。

2010年俄罗斯“汉语年”期间，由国家广电总局主办，中国国际广播电台策划实施，俄多家国家级主流媒体联合参与的大型多媒体文化项目“你好，中国”第一季在俄罗斯取得巨大成功。该项目选取了100个代表中国传统文化精髓的汉语词，针对每一个词进行解读，制作出了100集电视系列片、100集广播教学节目、100篇课文组成的纸质教材，集中在2010年6月至11月，在俄罗斯“文化”电视频道、《俄罗斯报》、俄罗斯之声广播电台刊发或播出。根据俄方提供的收视调查显示，仅《你好，中国》的电视观众数量就高达5200万人次，包括中共中央政治局常委李长春、中宣部部长刘云山、国务委员刘延东，俄国家杜马主席米罗诺夫、俄罗斯副总理茹科夫在内的两国各界人士对该项目都给予了高度评价。

2012年为配合中国“俄罗斯旅游年”，“你好，俄罗斯”大型多媒体活动向中国民众推介了近30座俄罗斯旅游城市，在中国掀起了“俄罗斯旅游热”，受到俄罗斯政府高层和媒体的关注。2013年俄罗斯“中国旅游年”期间，国际台推出了“你好，中国”文化传播项目第二季。该季围绕着100个中国旅游景点，制作了100集、每集10分钟的电视专题片，在俄罗斯国家级电视频道“我的星球”频道、《俄罗斯报》、俄罗斯之声广播电台、俄通社—塔斯社这四家主流媒体同步播出与刊发，向俄民众推广中国旅游资源。

2014~2015年“中俄青年友好交流年”期间，国际台策划推出“你好，中国”第三季，通过拍摄50集系列微电影向俄民众展示中国年轻人多彩的“中国梦”。据俄方提供的统计数据，“你好，中国”第三季受众总人数累计超过2.3亿人次。此外，由中俄双方策划联合拍摄的《你好，中国》第三季之《中国创客》一集在“今日俄罗斯”电视台纪录片频道播出后，创下单集收看人数过亿的佳绩，受到俄民众青睐。2015年12月17日，李克强总理在中俄青年友好交流年闭幕式暨中俄媒体交流年开幕式上高度评价了《你好，中国》第三季项目。他在致辞中表示，在促进两国人民相互理解的过程中，媒体已经在发挥着重要作用。李克强总理特别提到了微电影《你好，中国》之《中国创客》。他说，中方拍摄的多集微电影《你好，中国》之《中国创客》一集，在俄罗斯受到广泛好评，收看人数超过1亿人次之多，充分反映出两国人民渴望交流沟通、分享各自经验的共同心愿。

2016~2017 年“中俄媒体交流年”期间，国际台俄语部组织实施了“丝路中俄”全媒体采访中国行；推出“中俄头条”双语移动融媒体客户端；摄制及播出以“丝路中俄”为主题的《你好，中国》第四季系列纪录片，在俄语地区收看人数突破 1.6 亿人次；两年举办三次中俄友好、和平与发展委员会媒体理事会圆桌会议等。

2018 年 5 月，为迎接于 6 月上旬在青岛召开的上海合作组织成员国元首理事会第十八次会议，俄语部通过“中俄头条”客户端发起并组织“点赞上合”大型线上互动活动。这项活动以“全民参与，跨国互动”的特点，通过征集互动手语短视频的形式，普及和传递“互利、平等、共同、发展”的“上海精神”核心内涵，旨在扩大上合组织的民间影响力，同时促进上合组织各国民间互动，增进彼此友谊。截至 5 月底，点阅互动量突破 1 亿次，点赞量突破 150 万次，征集点赞视频超过 1200 条，吸引了来自上合组织国家的近 80 位政界人士、明星大咖参与，覆盖 18 个国家。

苏联教育对中国教育的影响

顾明远

今年是我国改革开放40周年。中国教育最大的变化就是引进了世界发达国家的教育思想和教育改革的经验，使我国教育理念多元化、教育改革多样化、教育科学由一枝独秀（苏联教育学）到百花齐放。改革开放以前中国教育基本上以苏联教育为蓝本。虽然在20世纪50年代中苏关系恶化以后，中国教育界曾批判苏联教育学，但并没有摆脱苏联教育学的理论体系，而且至今我国教育中仍有苏联教育的影子。当然，我们应采取百家之长，客观地讲，苏联教育也并非一无是处，也有它的特点，也应该借鉴。今天我们不妨回顾一下苏联教育对中国教育的影响。

俄国教育思想传入中国，可以追溯到五四运动之前。但苏联教育思想在中国的大量传播是在解放战争的后期，首先是在东北新解放区开始的。

1948年秋季，东北和华北大部分地区获得解放，全国解放指日可待。1948年9月，东北行政委员会召开第四次教育会议，明确提出了学习苏联教育经验的口号。1949年12月5日，时任东北人民政府教育部副部长的董纯才在《东北教育》上发表文章——《学习苏联，改造我们的教育》。在董纯才的直接领导下，东北教育社翻译出版了苏联教育理论书籍，包括岗察洛夫的《教育原理》、凯洛夫的《教育学》，以及《五级分和它的用法》等；以苏联十年制中学的自然科学各科教科书为蓝本，编写中学教科书。与此同时，培养了学习苏联教育经验的先进典型，并组织这些典型到各地传播经验。①

中华人民共和国成立以后，确立了"一面倒"向苏联学习的方针。1949年10月5日，刘少奇在中苏友好协会成立大会上的讲话指出："我们要建国，同样也必须'以俄为师'，学习苏联人民的建国经验……苏联有许多世界上所没有的完全新的科学知识，我们只有从苏联才能学到这些科学知识。例如：经济学、银行学、财政学、商业学、教育学等等。"② 1949年12月23~31日，第一次全国教育工作会议在北京召开。会议提出："建设新教育要以老解放区新教育经验为基础，吸收旧教育某些有用的经验，特别要借助苏联教育建设的先进经验。"③ 从而掀起了学习苏联教育经验的高潮。

当时"一面倒"向苏联学习，也有当时的历史原因。首先，苏联是世界上取得社会主义革命胜利的唯一的国家。中国的新民主主义革命就是在十月革命的影响下展开的，并取得了胜利，走苏联的道路，无疑是中国的选择。其次，苏联进行社会主义建设已经有30多年的历史，取得了巨大的成就，积累了丰富的经验。特别是苏联战胜了强大的德国法西斯，取得了伟大的卫国战争的胜利，受到世界的瞩目。苏联所走过的社会主义道路和模式，自然成了中国新民主主义建设的榜样。最后，当时美国等西方帝国主义国家不承认中华人民共和国，并实行对我国的封锁。迫使中国只能"一面倒"，在政治上和苏联结成联盟，在经济建设、文化教育建设方面当然也会更多依靠苏联的帮助。

一　向苏联教育学习的主要方式

第一，翻译了大量苏联教育的理论著作和教材。1949年11月14日，《人民日报》发表了节译的凯洛夫主编的《教育学》部分章节。1951年2月，由沈颖、南致善等翻译的凯洛夫主编的《教育学》由新华书店出版，1951年12月，又由南致善、陈侠共同修订，并由人民教育出版社再版发行。其发行量之大是空前的，几乎教师人手一册。以后又陆续翻译出版了冈察洛夫著《教育

① 本文由顾明远著《中国教育的文化基础》一书第九章改编而成。参见《董老对东北人民教育事业的卓越贡献》，《董纯才纪念集》，教育科学出版社，1992，第170页。

② 《中华人民共和国教育大事记（1949~1982）》，教育科学出版社，1984，第4页。

③ 《中华人民共和国教育大事记（1949~1982）》，教育科学出版社，1984，第8页。

学原理》，叶希波夫、冈察洛夫编《教育学》，斯米尔诺夫著《教育学初级读本》，申比廖夫、奥哥洛德尼柯夫著《教育学》，凯洛夫任总主编的《教育学》，达尼洛夫、叶希波夫编著《教学论》等。同时引进了加里宁、克鲁普斯卡娅、马卡连科等的著作。此外，人民教育出版社还办了一份刊物《教育译报》，专门翻译介绍苏联教育理论和经验。

第二，邀请苏联专家担任教育部顾问、学校的顾问和讲师。中华人民共和国成立不久，1949 年 10 月，以法捷耶夫为团长的苏联文化艺术科学工作者代表团访问我国，代表团成员、俄罗斯联邦共和国人民教育部副部长杜伯洛维娜在北京、上海等地向我国教育工作者介绍苏联教育工作经验。以后许多大学聘请苏联专家来校讲课。1950 年至 1952 年末，教育部先后聘请苏联专家阿尔辛节夫、福民、达拉巴金、顾思明、戈林娜五人担任教育部顾问。另有在北京师范大学的苏联专家二人兼任教育部普通教育与幼儿教育的顾问。专家的主要工作是：参加部务会议、部工作会议和专业会议，介绍情况，提供意见，解答问题；开各种讲座，给训练班讲课，到各地视察，帮助各级教育干部和学校教师提高业务水平等。① 全国主要高等学校也纷纷聘请苏联专家任教。以北京师范大学为例，该校从 1950 年开始就请苏联专家来校长期讲学，至 1958 年，先后请了十几位苏联专家到各系讲学，其中教育学、心理学专家就有 8 位。他们基本上是把苏联的课程搬过来。他们的讲义不仅是学生的教科书，也是后来老师编写教材的依据。为了把苏联专家讲的课学到手，每位专家都配备了年青的骨干教师作为他的助手，教研室的老师都要跟班听课。为了扩大影响，苏联专家讲学期间，办起了大学教师进修班和研究班。五六十年代我国一批教育理论工作者，几乎都在这些进修班或研究班学习过。自 1949 年直至 1960 年中苏关系恶化、苏联专家撤走，我国教育部门和高等学校先后共聘请苏联专家 861 人，担任顾问或从事教学、科研工作。②

第三，按照苏联的教育模式建立新型学校。当时主要有两所，一所是中国人民大学，另一所是哈尔滨工业大学。1949 年 12 月 16 日，政务院第十一次

---

① 转引自《中华人民国教育大事记（1949～1982）》，教育科学出版社，1984，第 71 页。
② 转引自《中华人民国教育大事记（1949～1982）》，教育科学出版社，1984，第 279 页。

政务会议决定，为了适应国家建设的需要，成立一所新型的大学——中国人民大学。中国人民大学以老解放区华北大学为基础，“接受苏联先进的建设经验，并聘请苏联教授，有计划、有步骤地培养新国家的各种建设干部”。该校的教育方针是：“教学与实际联系，苏联经验与中国情况相结合。”① 第一任校长是吴玉章。吴玉章校长在开学典礼的讲话中说：中央交给中国人民大学的任务：其一，为国家培养建设骨干；其二，改革旧的高等教育，树立一个新型大学的典型。学校聘请了36名苏联专家。他们的任务是：帮助培养教师，先由苏联专家给教师讲课，再由教师向学生授课；培养研究生，给研究生讲课；指导教师编写讲义和教材，自1950年至1957年，由苏联专家直接编写的和在苏联专家指导下编写的讲义、教材共达101种；帮助建立一套高等教育制度和教学方法。②

1950年4月29日，教育部按照中华人民共和国副主席刘少奇的指示精神，出台了《哈尔滨工业大学改进计划》，该计划提出：哈尔滨工业大学应仿效苏联工业大学的办法，培养重工业部门的工程师和国内大学的理工科师资，以代替派大批学生去苏联留学；每年抽调各大学理工学院讲师、助教和教授150名，入该校参加教学研究班，在苏联教授帮助下，研究深造，以提高国内大学的理工科师资水平。③ 哈尔滨工业大学前身是中俄工业学校，由中、苏两国共管。1950年根据中央的《哈尔滨工业大学改进计划》，按照苏联多科性工科院校的模式对学校进行改造，增设了许多专业，先后自苏联26所高等学校聘请了67位专家来校讲学，引进苏联高等工业学校的教学制度、教学计划、教学大纲和教材，建立五年制本科专业及二年制研究生部。

中国人民大学和哈尔滨工业大学成为我国最早学习苏联教育经验的样板，从而影响到其他大学的建设。

第四，派遣留学生到苏联学习。1951年8月19日，首批派往苏联的375名留学生启程。学习的领域包括理工、农医、财经、外交、师范等各个方面。首批留学生主要分布在莫斯科、列宁格勒、基辅等几个大城市著名的大学和学

① 转引自《中华人民国教育大事记（1949~1982）》，教育科学出版社，1984，第7页。

② 参见郝维谦、龙正中主编《高等教育史》，海南出版社，2000。

③ 转引自《中华人民国教育大事记（1949~1982）》，教育科学出版社，1984，第16页。

院。自这年开始，我国每年都选派留学生到苏联学习，每年少则200多人，最多的一年达2000多人。除留学生外，国内许多企业部门还派遣了大量实习生，到苏联的企业实习。这批留学生回国以后都成为中国建设中的骨干。他们不仅带回了专业知识，也带回了苏联的某些文化。

二　苏联教育理论的特点及其对中国教育理论界的影响

苏联教育理论虽然反映在多种著作中，但中国教育界学习的主要是凯洛夫主编的1948年版的《教育学》。中国教育工作者，包括师范院校的学生，几乎人手一册，逐章逐节地进行学习，因此形成了所谓“凯洛夫教育理论体系”。这个理论体系影响我国教育理论达半个世纪之久，而且至今仍有它的影子。因此，我们不能不对它做一点简要的剖析。

凯洛夫教育理论力图以马克思列宁主义的方法论来分析人类教育的本质和它的功能及作用。其中有几个要点常常被中国理论界所认同。

（1）教育是上层建筑，是经济基础的反映，阶级社会的教育具有历史性、阶级性；苏维埃教育要为无产阶级的事业、苏维埃的建设服务。凯洛夫在《教育学》的第一章第一节，论述了各个社会形态的教育以后指出：“教育总是和政治相联系着的。无产阶级社会主义革命必然要消灭阻碍社会向前发展的资产阶级的阶级教育，而以共产主义教育来代替它。”① 中国教育理论工作者也是坚信不疑地认为教育学要为党的路线和政策服务。

（2）教育主要是在教学的基础上实现的。凯洛夫说：“祇有在掌握科学原理底基础上，才可能建立学生底共产主义世界观。祇有在教学过程中，才能成为具有共产主义教育的人，同时也才成为受有高度教养的人。”② 又说：“教学，是教育底基本途径。”③ 这一条后来在“文革”中被批判为“智育第一”，是凯洛夫教育学修正主义的铁证。

（3）强调系统知识的传授。凯洛夫教育学以及整个苏联教育，特别强调给学生传授系统的知识。他们批判杜威实用主义教育，认为实用主义教育不能给

① 〔苏〕凯洛夫：《教育学》（上册），沈颖、南致善等译，人民教育出版社，1953，第10页。
② 〔苏〕凯洛夫：《教育学》（上册），沈颖、南致善等译，人民教育出版社，1953，第15页。
③ 〔苏〕凯洛夫：《教育学》（上册），沈颖、南致善等译，人民教育出版社，1953，第56页。

学生以系统的知识。十月革命以后，苏联在 20 年代的教育改革中，一方面强调学校以生产劳动为基础；另一方面盲目学习西方的教育经验，采用综合教学大纲、设计教学法等做法，严重地影响了学生的文化学习，学生不能学到系统的科学文化知识，毕业生不能满足高等学校培养干部的要求。于是，30 年代开始进行全面的改革和调整。联共（布）中央做出了一系列决定来纠正 20 年代的错误。其中最有名的，也是常常被中国教育理论界所引用的是：联共（布）中央 1931 年 9 月 5 日《关于小学和中学的决定》、1932 年 8 月 25 日《关于中小学教学大纲和作息制度的决定》、1936 年 7 月 4 日《关于教育人民委员部系统中的儿童学曲解的决定》。第一个文件严厉批评苏联的学校没有给予学生充分的普通教育知识，没有培养通晓文字、掌握科学基础的能力，批判了“学校消亡论”和“设计教学法”。第二个文件是建议教育人民委员部改订中小学的教学大纲，以保证儿童能真正掌握牢固的有系统的各种学科的基本知识、关于事实的知识以及正确说话、作文、演算数学习题的技能；同时确定中小学校中教学工作组织的基本形式是分班上课，有严格规定的日程表，教师必须负责地、有系统地、连贯地讲述他所教的科目。第三个文件是批判儿童学的宿命论，把儿童天赋归结于生理上和社会上（家庭）的因素，从而把大多数工农子女列为“落后的”“有缺陷的”一类儿童，并将其送入特殊学校，使他们得不到正常的教育。以上三个文件从不同的角度强调学生掌握系统知识的重要性。在他们的教育实践中强调要让儿童尽早学习分科知识。苏联小学阶段学习年限只有四年，五年级进入初中阶段，就开始分科学习。这种教育思想对我国教育影响非常深刻。新中国成立以来也是一直强调要以系统的知识传授给学生，强调学生要掌握基础知识和基本技能。

（4）强调教师的主导作用。凯洛夫认为：“教师本身是决定教学底培养效果之最重要的、有决定作用的因素。”虽然他也主张“学习是学生自觉地与积极地掌握知识的过程”，但是他又认为：“教学底内容、方法、组织之实施，除了经过教师，别无他法。”① 因而确定了教师在教学中的权威性、主导性。这一条被我国教育工作者牢牢地掌握，因为它与中国传统教育中的师道尊严是

① 〔英〕凯洛夫：《教育学》（上册），沈颖、南致善等译，人民教育出版社，1953，第 58～60 页。

相一致的。

（5）接受了凯洛夫教育学的整个理论体系。凯洛夫教育学的结构分四大部分：一是总论，说明教育的本质、学校的目的和任务、儿童成长和发展的基本阶段及教育、国民教育体系；二是教学论，即教学过程、教学内容、教学原则、教学方法等；三是教育理论，包括德育、体育和美育的任务、内容、方法和组织，儿童集体、课外和校外活动，学校与家庭的合作组织问题；四是学校行政和领导。我国几十年来编写的大部分《教育学》都没有摆脱这四大板块的体系。

从总体来讲，以凯洛夫教育学为代表的苏联教育学，力图以马克思主义的唯物辩证法作为教育学的哲学基础，批判地吸引了历史上哲学家、思想家和教育家的各种教育思想，形成了自己的所谓“苏维埃教育学”的理论体系。但从根本上来讲，这个体系实际上没有摆脱德国赫尔巴特理论的影响。它强调的是学科中心、课堂中心、教师中心，与杜威的实用主义教育思想是相对立的。苏维埃教育学的发展也是在20世纪30年代批判实用主义教育思想中建立起来的。在苏联教育学的影响下，我国也开始批判杜威的实用主义教育学。后来又发展到对陶行知“生活教育”、陈鹤琴“活教育”的批判。改革开放以后，中国教育界重新审视了杜威的教育思想，肯定了他对儿童的重视，并重新评价陶行知“生活教育”、陈鹤琴“活教育”的重要意义和历史作用。

三　苏联教育对我国教育实践的影响

新中国成立以后至改革开放以前，不仅苏联凯洛夫教育理论统治着我国教育理论界，由于苏联专家的实地指导，苏联教育经验的广泛传播，在学校教育实线中，包括教育工作者的教育观念、教育制度、教学内容和教学方法都按照苏联教育的模式加以改造。这种改造，不仅是学习苏联，也是我国当时计划经济集中统一所需要的。我们扼其要者进行一些分析。

（一）仿效苏联的教育制度

1951年10月1日，政务院公布施行《关于改革学制的决定》。新学制原定小学为五年一贯制，入学年龄以七足岁为标准。这就是受苏联学制的影响。新中国成立前我国的小学是六年制，分初小、高小两段，入学年龄为六岁。小学分段，不利于工农子女接受完全的初等教育，所以改为五年一贯制，但因为农村条件不成熟，五年一贯制未能实行。后来随着国家经济、文化建设的发展，小学就实行了六年一贯制。新学制中强调工人和农民的干部学校、各种补习学校和训练班在学校系统中的地位。这既是继承了老解放区教育的传统，也是借鉴了苏联的经验。1950 年 4 月 3 日，在北京成立第一所工农速成中学，至 6 月初，全国开办了 12 所。这种类型的学校就是仿照苏联高等学校中附设的工人系、农民系的做法而建成的。主要为了培养失学的工农干部，帮助他们补习科学文化知识，然后进入高等学校学习。随着教育的普及、工农子女入学人数的增加，1958 年，工农速成中学也随之撤销。

高等学校的院系调整是我国高等教育制度的大改革，也是在苏联高等教育体制影响下进行的。当然，院系调整不单是为了学习苏联，而是为了改变高等教育不适应新中国建设需要的状况，但调整的方向和调整的结果是苏联高等教育模式在中国的形成。这次调整的目的主要是加强工科院校的建设，培养社会主义建设中需要的工程技术人员；改变大学都在沿海地区的不合理布局；同时为了普及教育，加强师范教育。调整以后高等学校的类型，基本上仿效苏联高等学校的类型，分为综合大学（只设文、理两类学科）及专门学院（按工、农、医、师范、财经、政法、艺术、语言、体育等学科分别设置）。

高等学校的领导管理体制也参照苏联的模式进行改革。一是中央高等教育部对全国高等学校（军事学校除外）实行统一的领导。凡中央高等教育部所颁布的有关全国高等教育的建设计划、财务计划、财务制度、教学计划、教学大纲、生产实习规程以及其他重要法规、指示或命令，全国高等学校均应执行。二是高等学校的直接管理工作，由中央教育部和中央有关业务部门分别负责：综合大学、多科性工业学校，由高等教育部直接管理；单科性高等学校由中央有关业务部门管理；有些学校委托所在地的人区行政委员会或省、市、自治区人民政府管理。[①]

院系调整和仿效苏联教育模式的改革，使我国很快地改造了旧教育，建立起全新的教育制度；提高了高等教育的质量，为新中国的社会主义建设培养了

① 参见郝维谦、龙正中主编《高等教育史》，海南出版社，2000。

大批专业人才。特别是一批专门的高等工业学校的成立，如地质学院、石油学院、矿业学院、钢铁学院、航空学院、邮电学院等的建立，填补了我国高等工业教育的空白，为我国工业化建设培养了大批专家；高等师范院校独立设置，保证了我国基础教育的发展，其历史功绩是不可抹灭的。但是，这次改革也带来许多后遗症。

第一，从高等教育的培养目标来说，苏联高等教育是培养高级专家，强调高等教育是专门教育。我国高等教育仿效苏联的模式，也强调培养专才，因而批判通才教育。把通才教育说成是资产阶级的，是理论脱离实际的教育。在高等教育的专业设置上求专求细，使得我国高等学校的毕业生知识面过窄，不能适应新科技发展的形势。

第二，造成高等学校分工过细，理工分家的局面。综合大学变成文理大学，失去了综合的优势；单科学院学科太单一，特别是一些工科院校，缺乏基础理科的支撑，不利于发展新兴学科和交叉学科，更缺乏人文精神的熏陶。这些缺点自 20 世纪 80 年代以来暴露得越来越明显。

第三，强调高度的集中统一，人才培养只有一种模式，过于呆板划一。全国实行统一的专业设置、统一的教学计划、统一的教学大纲、统一的教材、统一的教学管理，不照顾地方特点，学校办学没有主动权。这种“大一统”的培养模式，使得学术思想僵化，不利教师发挥自己的专业特长，妨碍了学生的自主性和创造性的发挥，不利于优秀人才的培养。

第四，通过院系调整，清华大学变成了理工大学、几所知名综合大学变成了文理大学，它们的许多优势学科和优秀师资都被调整到新建的专门学院，分散了学术力量和教师队伍，为我国创办世界一流大学造成了困难。

第五，全国对高等学校没有统一的管理领导。高教部只管理少数部属院校，大多数学校由中央各部委管理，形成条块分割的局面。这种情况到 1999 年以后实行高等教育的体制改革才得以改变。

（二）采用苏联的教学模式和教学方法

新中国成立初期的我国教育不仅仿效苏联的教育制度，而且学习和采用苏联的教材、教学模式和教学方法。1952 年 11 月 12 日，教育部发出指示，要求各高等学校制订编译苏联教材的计划。指示要求首先翻译苏联高等学校一、二年级基础课的教材及某些必要并有条件解决的专业课教材，而后再逐步翻译其他各种课的教材。为组织全国各高等学校及有关人力，有步骤有计划地进行这一工作，教育部于同年 11 月 27 日又发出《关于翻译苏联高等学校教材的暂行规定》，规定各校的翻译计划。译稿经教材编审委员会审查批准后，以“教育部推荐高等学校教材试用本”的名义出版。[①] 可见，新中国成立初期，我国高等学校使用的教材基本上是苏联的。

高等学校建立教研室、中小学成立教研组制度也是来自苏联，这是学校的教学基层单位。高等学校的教研室以专业为单位，所有教师都按照自己的专业被分配到相应的教研室，他们共同备课，讨论本专业的学术问题，编写教材。中小学教研组以学科为单位，教师以所授学科为依据，分别列入相应的教研组，共同备课，互相听课，集体参加学校的各种活动。这种组织，有利于发挥教师的集体作用，保证教学质量，特别是能发挥老教师指导帮助青年教师的作用。但也有一些消极的作用，即助长有些教师的依赖心理，同时有时会抑制教师的创造性。这种教学组织形式，至今还在我国各级各类学校中采用。

课堂教学除教师讲课外，引进了习明纳尔的制度。习明纳尔（seminar），又译课堂讨论，其实并非苏联高等学校独有的教学形式，在西方大学中早被应用，即小组讨论的方式，至今在西方大学中仍很流行。但新中国成立初期作为苏联的教学经验被引进我国高等学校。习明纳尔是师生互动、同学交流、共同讨论、互相启发的一种教学形式。但是，这种教学方法在我国进行一段时间以后并未被普及和坚持。我国大学生不习惯习明纳尔这种学习方式，叫喊负担过重，不久习明纳尔的教学方式就在中国的高等学校中消失了。究其原因，不能不说与我国的传统教育有关。中国的传统教育就是教师“传道、授业、解惑”，教师是中心，教学以教师讲演为主，在教学过程中没有学生的地位，学习只是接受现存的经典，无须讨论。因此，即使是全心全意向苏联学习，但与中国传统教育有抵触的还是被排斥了。

学年制、“三层楼”的课程结构、毕业论文、毕业设计也是从苏联引进的教学方式。苏联对高等教育的定位是培养高级专门人才，反对通才教育。因此

① 《中华人民共和国教育大事记（1949~1982）》，教育科学出版社，1984，第 68 页。

高等教育的学制较长，一般都需要修业五年，工科院校五年半至六年。课程设置分基础课、专业基础课、专业课三个层次，所以我国俗称它为“三层楼”。所有课程都是必修课，不设选修课，实行学年制。毕业要求也较高，文理科须做毕业论文，工科须完成毕业设计，并通过国家考试合格，方能毕业。平时文理科须写学年论文，工科则做课程设计，教学要求极为严格。本科毕业生不设学位，只有专业人员的称谓。这种制度，在我国学位制度建立之前，也一直沿用着。

中小学学习苏联的教学经验更为彻底。根据苏联的经验，中小学实行统一的教学计划、统一的教学大纲、统一的教材。这些都作为国家的文件，学校和教师无权更改。这种统一集中的领导，不仅完全不考虑我国各地教育发展水平不均衡的事实，而且使学校建设成为千人一面，办不出特色，学生的个性也得不到发展。

在教学方法上，不仅引进了凯洛夫主编的《教育学》中五段教学法，而且由苏联专家亲自指导如何上好一堂课。其中最有名的就是所谓“红领巾”教学法。1953 年，北京师范大学中文系学生到北京女六中进行教育实习，讲授“红领巾”一课。苏联专家普希金听了这堂课以后进行评议，提出上好一堂课的要求。《人民教育》为此发表短评，认为普希金在评议会上的总结发言是“给我们指出了一个改进语文教学的方向”。从此“红领巾”教学法传遍全国，对我国中小学教学，不仅是语文教学，产生了深远的影响。这种教学法规范了课堂教学的要求，有利于学生掌握系统的基础知识和基本技能。但也产生了一些消极影响，即把课堂教学程式化、僵化，不利于教师发挥创造性、学生发挥主动性。

* * *

苏联教育的影响在我国是十分深远的。20 世纪 50 年代末 60 年代初中苏关系恶化，中国内部开始批判苏联修正主义，教育界也不例外。1958 年开始对凯洛夫教育学进行内部批判，批判它不要教育与生产劳动相结合，不要教育为无产阶级政治服务，不要党的领导，还批判它是书本中心、课堂中心、教师中心等。到60年代中期，这批判开始半公开化。例如《人民教育》在1964年第6期上发表了《社会主义教育学中的一个重要问题》《资产阶级教育观点必须批判》等文章；1965年第2期上刊登了《冒牌的马克思主义教学论》，第3期上刊登了《“智育第一”的思想必须批判》等文章。[①] 认为凯洛夫教育学是修正主义的，集中到一点，就是凯洛夫主张“智育第一”，政治思想教育也是通过教学来进行。这种批判一直延续到“文革”结束。

对苏联教育的批判是猛烈的，但并未切中要害，因此也是无力的。苏联教育的基本观念、教育制度、教学模式以至教学方法已经被全盘接过来，而且有所发展，并未因对苏联教育的批判而有所改变。相反，把全盘接受过来的东西当作自己的传统，完成了苏联教育经验的本土化。这似乎是矛盾的，很奇怪的现象。但是如果仔细分析，这种现象并不奇怪。

第一，意识形态是一致的。虽然我们认为苏联是修正主义国家，但从意识形态来讲，苏联奉行的也是马克思列宁主义、社会主义。就拿高等学校的政治理论课来讲，不论是中国还是苏联，都把它放在重要的位置。这两个国家都强调党对学校的领导。

第二，两国都是国家统一领导教育事业，强调集中统一。全国统一的专业，一套教学计划、一套教学大纲、一套教材，被认为是理所当然的事。教研室（组）的组织，也便于把教师组织起来，便于集体学习、备课和管理。

第三，当时都是计划经济。我国教育体制是长期计划经济体制下学习苏联教育经验而形成的。50年代的院系调整，狭窄的专业设置，千校一面、万人一面都是计划经济的产物。所以苏联一套计划经济的教育体制我们很快就能接受和适应。

第四，苏联教育理论并非是苏联独创的。前面我们已经讲到，凯洛夫教育理论体系实际上是赫尔巴特教育理论的翻版。中国自接受西方教育思想以后，一直受到赫尔巴特教育思想的影响。所以学习苏联教育理论，在刚开始的时候，一部分知识分子尚有抵触，后来一看，和原来的一套也没有什么两样，因此很容易就接受下来。

---

① 瞿葆奎：《中国教育学百年》，《元教育学研究》，浙江教育出版社，1999，第396页。

第五，苏联的教育经验与我们的文化传统有相似之处。例如，我国传统的经典文化和科举制度重视集中统一，重视书本知识，重视基本知识，接受学习，这和苏联教育强调系统知识、基本知识、基本技能极相似。又如，苏联强调的教师主导作用和我国的师道尊严可说是一脉相通。所以苏联教育经验很容易就融合于我国的教育传统之中。这里也正好说明一点，即凡是与我国传统文化相接近的，我们就容易吸收和融合，凡是与我国传统文化差异较大的，就难以吸引，例如习明纳尔（课堂讨论）的制度，本来是西方大学惯用的，能够启发学生独立思考、师生互相讨论的教学形式，但在我国就行不通。

因此，今天我国的教育，虽然在改革开放以后进行了多次改革，但苏联教育的影子仍然随处可见，就不足为奇了。

我与北大“俄罗斯学” 的开拓

李明滨

我从 1957 年毕业留校任教，迄今已逾半个世纪。70 岁退休之后，仍承担国家社科基金学术研究项目，退而不休。如果加上在校读大学 4 年，那么在北大的学习与教学也有 65 年了。

回想自己的学术生涯，从教学工作起步，见证了北大俄语系由俄文和俄国文学至俄罗斯学研究逐步拓宽的过程，并且参与其中，做了本身应该做的事，心里颇感欣慰，毕竟没有枉度年华。

一　打好宽广基础，突出文学重点

先师曹靖华教授 1951 年创系时，颇费周折。他起初是婉拒系主任一职的，只愿从事教学。后来教育部钱俊瑞副部长说：“如果曹靖华同志不当系主任，那就别设这个系了。”此话一出，设系成为定局。从此北大有了“俄罗斯语言文学系”，在全国高校俄语界唯有北大如此命名，以突出文学方向为特色。新中国伊始，延揽人才，新建许多学科，大体按两种办法：一是“设庙请神”；二是“因神设庙”。我们系曹靖华先生属于后者。译介苏联革命文学作品为他所开创，在 1949 年第一届全国“文代会”时他已被誉为“译界旗帜”。

我们入学时，也就是 20 世纪 50 年代，北大有俄、西、东三大外语系，分别以曹靖华、冯至、季羡林三位名师领衔系主任而享誉国内外。历来以出文学翻译家为自豪。

当年，前辈学者郭沫若先生提倡：做外文翻译要多学几门外语，才能广阔通达。曹先生讲课却说：“郭老是才子，学多少种外文，在他当然多多益善。一般的人做不到，泛而不精，两把钝刀不如一把快刀。不好的翻译很难读，像钝刀子割肉，半天割不下一块，出一身汗还不知所云。”所以他主张少而精。精语文、通国情。翻译选材还要细心，先通读有了研究，才定选，目的明确，外为中用。此外，他每年或每学期都有治学方法的公开讲座——“谈谈文学翻译问题”。我和同辈学生都被培养得具备“三基”：基础知识、基本理论、基本技能，可以兼事教学与研究。人称综合大学型的北大人才工作有发展“后劲”，同外语专科的学习不一样，不是专注于口语能力和快速翻译。

我们北大的一代人破除了“外文学习止于翻译”这个久已存在的观念，开新时代风气。当翻译并非唯一的目的，也不是外文学习的最高境界。80 年代开始评定职称，提升教授程序，造成“轻译作、重论著”的习气至今还有流毒。资深翻译家都得兼备学术论著，或语言或文学，或语言对象国国情研究。

俄语系正是教学与科研并举，文学翻译注重研究。至 80 年代初恢复招收研究生时，我作为业务主管，整理了可以开设的课程，列表包括必修和选修，课目齐全形成体系，共有 15 门：包括俄苏文学通史，小说史、诗歌史、艺术史、民间文学史等类别史和文学名著原文选读计 8 门，普希金、果戈理、屠格涅夫、托尔斯泰、陀思妥耶夫斯基、高尔基、肖洛霍夫等大作家分别研究的专题课 7 门。有一课程“苏联当代文学”更是热门，吸引了来自全国高校的青年教师，在 1983 年和 1984 年分别举办教师进修班，两期进修班共计 129 人。在改革开放后，北大再次成为我国俄罗斯文学教育中心。呼应学员们的热烈要求，曹先生在 1984 年 4 月，出面会见全国来校进修青年同行，合影留念。当然，那些课程的主讲人已经是曹靖华的弟子和再传弟子了。人们赞叹北大能有如此一支师资队伍。我也得以作文郑重宣称“曹靖华是俄苏文学学科的创建者”（刊于《世界文学》2007 年 7 月号）。为曹先生 30 多年来建设学科的功劳做个归结。

二　适应新形势，转换工作方向

本系俄文教学工作发生过两次大转折。第一次转折是在 20 世纪 70 年代末，1977年恢复高考招生，引起教育改革，高校外语教育形势呈现新局面，英语上升为第一外语，做必修课，俄语则改为选修课，下降为“小语种”行列。50年代以来，储备的大量俄语教师面临转行，就像新中国成立之初，出于俄文大普及的需要，不少英文语教师改行教俄文一样，如今“30年河东”，不少俄文人才又改行去教英文了。不过，原有的教学人员毕竟很多，我系教师最多时达到150多人，许多人转走之后，尚有近百人，其中2/3的老师是教大学俄文的。后来，无俄文课可教了，不少人便转向文学翻译。1980年，系里在文学教研室之外又建立了“俄罗斯苏联文学研究室”，共11人，主要从事苏联当代文学资料的收集和翻译。例如，起初编出两期《俄罗斯文学研究资料》，是打字油印作内部交流用，我当时是研究室主任，后又当了副系主任，主管科研业务，为形势所逼，系里自然有责任为本专业的发展找出路。

其实，当年何止北大，国内高校同行都发生过“找出路”的问题，纷纷由俄文教学改向文学翻译和文学资料的翻译，编成杂志或丛书，单位自愿自费印刷，作为内部交流或者公开出版。还记得当年，同我校系建有交流关系的有北京师范大学的《苏联文学》（刘宁任主编），北京外国语大学的《苏联当代文学》（邓蜀平任主编），武汉大学的《俄苏文学》（娄力任主编），山东大学丛刊《俄苏文学》（胡德麟），东北师大丛刊《苏联问题研究》（刘庆宁），南京大学期刊《当代外国文学》（应天士），华中师范大学的《外国文学研究》（周乐群）等。

改革开始后的新时期面临新问题，俄罗斯古典文学已到了无书可译的地步。正如人民文学出版社资深编辑、老翻译家蒋路所说：“将近一个世纪以前，我国开始引进的俄罗斯古典文学，经过几代译者和编辑的努力，这项工程已基本完成。有关的重要论著亦相继翻译出版。”[①] 至于苏联现当代文学，则有待于调查整理，重新研究和评论。为此我们系正在进行一项“拾遗补阙”工程。

不过，新时期带来新思潮，启发新思维，打开人的眼界。中文系乐黛云教授引领潮流发起建立比较文学中心，邀集外语系三大同好。我始终参加学术活

① 蒋路：《俄罗斯文史漫笔》，东方出版社，1997。

动，直到写出第一本书《中国文学在俄苏》（1990）和建立中俄比较文学研究会。我本来是想为文学研究找出路，解决学科发展方向的问题。结果走了新路：从两国文学交流入手，进而注意“交流桥”的两端：俄罗斯学和汉学。

三　拓宽学科，发展“俄罗斯学”

北大俄文教学工作发生的第二次转折始于80年代后期，属于拓宽学科的性质，即由文学拓展至文化，从俄国文学跨向“俄罗斯学”，以建立俄罗斯学研究所为标志。

在中国，“俄罗斯学”从80年代引起重视。这是一门学科发展成熟并得到承认的标志。此前这个名称并未流传开来，不像在俄国，研究中国的专业人才，可称为“汉学家”。在中国则不习惯于“俄罗斯学家”这种称呼。研究俄国的学者，顶多被称为“俄国通”（或者以前称谓的“苏联通”），用的是大白话，并未把“俄罗斯学”提到学科的高度来认识。为了推动学科建设，理应建立专门的研究所。我们便率先行动起来。

北京大学俄语系于1988年申报，经丁石孙校长主持校长办公会议通过，同意设立俄罗斯学研究所（原名苏联学研究所，1991年12月苏联解体后改为现名）。编制为系所合一，系主任兼所长。我提出了工作计划。确定了以下两个研究重点。

一为研究对方即俄罗斯的文化国情。俄罗斯是个大国，若泛称俄罗斯研究所恐涉及面太广而为研究力所不及，故加以“学”字，意在从总体上关注国情。内容再加限制，为“文化国情”，重在精神文化，便于实际操作。也可免得和广泛存在的“俄罗斯文化研究”之名雷同，没有特色。此外，也是为了要在本系固有的“文学”特点之上，再跨出一步，拓宽至文化，力求有所创新，使学科得以扩展。

二为综览我方即中国对俄罗斯研究的状况，包括历史与现状的梳理，以便吸取历史经验，展望未来。这在国内可谓别出心裁。没想竟受到友邦关注，头10年间每年都有俄方学者来访，或我方派员外出交流经验，为北大俄语系走向国际交往创新了局面。

俄罗斯学研究所开局良好，与学校领导的重视和支持有关。成立的前一年，即1987年9月，丁石孙校长亲率的北大三人代表团（另二位为教务部社科处长吴同瑞和俄语系系主任李明滨）访问莫斯科大学，商定恢复在50年代马寅初校长与彼得罗夫斯基任校长时签订而后来中断了20年的两校交流协议，以便发展合作事宜。

俄罗斯学研究所在学科建设和梳理学科历史两个方面做了试验。

我凭借全系的实力，调配师资即刻实行，重点在学科建设上开设两论三史课程。即依据成立时设定的文化国情学方向，在俄语系传统的语言、文学两个方向之外，增加了一个新的方向。早期的工作是面向研究生开设五门课：“俄罗斯学”导论，俄罗斯文化史，中俄文化交流史，俄罗斯国情研究（讨论），以及后来开的“俄罗斯学”史略。分别开课的有李明滨、郑惠康、查晓燕、陈松岩。尔后加开宗教、民族、国际关系、媒体宣传、翻译理论与实践等专题课，供研究生选修。

俄罗斯学研究所从1994年开始招收文化国情方向（“俄罗斯学”）的研究生。苏联解体后，根据新形势，适时编出基本教材《独联体国家文化国情》（李明滨主编）（30万字），经校研究生院立项作为重点书于2004年8月出版。在绪论中，我概括了民间对俄人“形象”认识所经历的四个历史阶段：“老毛子”“老大哥”“老修”，如今是“老伙伴”了。

“俄罗斯国情研究”（讨论）这一门课是多人合讲的。我同副所长郑惠康（兼任系副书记）二人在筹划总体课程时，除定有本系教师李明滨、郑惠康、林明虎、孙静云、陆嘉玉、张冰6人参与讲课外，还特别借助北大文科齐全的优势，广邀经、史、哲、政等系的校内、外同行专家（多数为留苏学人）为兼任教授来讲这门课，讲授他们各自对俄罗斯学科的研究成果、经验和当前热点。如经济系张康琴、张德修、智孝和、王跃生，法律系王哲，国政系黄宗良、刘金质、叶自强，历史系刘祖熙、鲍良骏，哲学系易杰雄。校外专家前来讲课的有中国社会科学院外国文学研究所戈宝权和叶水夫、中国社会科学院苏东所刘克明、世界历史研究所马龙闪，人民文学出版社资深翻译家孙绳武、人民文学出版社资深翻译家蒋路先生，中国人民大学苏东所周新城、刘献洲，中国农业科学院历为民，国防大学李钢林，军事科学院彭训厚等学者。其中，社科院的刘克明和叶水夫两位先生由学校专门聘请为兼职教授连续多年来北大讲课。

与此同时，提倡对外交流以增进学科建设。

北京大学同莫斯科大学结有姊妹学校关系，交往自然最为密集。80 年代起至 1995 年，本系教师 50 多人到莫斯科大学高访一年或半年，每人轮流一遍，满足了 50 年代以来毕生教俄语而未曾目睹俄罗斯的教师们之夙愿。这对于他们热爱专业、忠诚“俄罗斯学”教育是极大的激励。

北京大学同著名的圣彼得堡大学和乌克兰基辅大学，还有俄罗斯的喀山大学也建立定期互访和参会关系。个别老师曾经在伊尔库茨克大学讲过学。

俄罗斯科学院汉学研究的三大研究所：远东研究所、东方学所、东方文献研究所，连同莫大的亚非学院、彼得堡大学的东方学系俗称俄罗斯“汉学五强”，90 年代起，北京大学与“汉学五强”实施强强合作，开展密切交流与互鉴。我方有“俄罗斯学研究所”的名义，尤其吸引俄罗斯汉学机构的注意力，双向交流便趋向热络。

我总的设想是依托文学基础，权衡自身力量，汇集校内外同人能力，向文化各领域开拓，并且找准学术空缺，予以突破，争取获得填补空白的创新成果。由于系、所合力，共同推进，学科建设上的研究成果逐渐显现出来了。

在文学方向，曹靖华主编、集体合著的《俄国文学史》(1989) 和《俄苏文学史》(三卷本，1992) 在曹先生身后不久便顺利完成，被审定通过为全国通用教材。《俄国文学史》荣获国务院颁“国家级优秀教材特等奖”，《俄苏文学史》获“全国高校外国文学优秀科研著作奖”。

此外，还有俄苏文学领域的一大项目成果：“拾遗补阙”。拾因“反修”形势而遗漏的苏联文坛新资讯，补两国中断 20 年交往而缺失的史料。当代文学研究室 11 人通力合作，10 年间编成“俄罗斯苏联文学研究资料丛书”《解冻文学及其思潮》等 9 册和集体编写的《苏联当代文学概观》(李明滨、李毓榛主编，1988) 这一教材。

属于改革以后新时期国内创风气之先的著作可分为三类，列述如下。

一为文学史新本选译两种：诺维科夫的《现阶段的苏联文学》(展凡、李明滨等译，1980)、维霍采夫的《五十—六十年代的苏联文学》(魏荒弩、冯加、杜奉真、李毓榛等译，1981)。

二为文学思潮资料三种：《关于〈解冻〉及其思潮》（林明虎、冯加编选，1982）、爱伦堡《必要的解释》（特请社科院外文所前辈陈冰夷编选，1987）、《西方论苏联当代文学》（顾稚英编选，1983）

三是作家研究三种：《叶赛宁译介及诗选》（顾蕴璞编选，1983）、《叶赛宁研究论文集》（岳凤麟、顾蕴璞编选，1987）、《马雅可夫斯基评论集萃》（岳凤麟编选，1989）。

《苏联当代文学概观》这一教材出版两年后，由于得到广泛使用，解决了教学之急需，连续获得北京大学和北京市级优秀科研成果奖。

多年后又编出《俄罗斯20世纪非主潮文学》（李明滨主编，1998）一书也属填补空白之作，补了苏联文学史此前只写主流文学（故被称为“半部文学史”）之不足。

开拓文化研究，是研究所的重点工作，收获也最大。建所以来，除组织人力收集独联体文化国情资料外，就是为俄罗斯文化史、为我国俄罗斯学人词典准备史料，包括汇集前辈名家张西曼、刘泽荣、曹靖华、戈宝权、孙绳武、蒋路、穆木天、彭慧、姜椿芳、魏荒弩等人15篇文章。

集中的大项目有三项。

一是“俄罗斯文化名人庄园丛书”，筹划10卷，已出版8卷：《托尔斯泰与雅斯纳亚·波良纳庄园》（李明滨）、《列宾与拜纳忒庄园》（张福生）、《柴可夫斯基与克林庄园》（张海燕）、《莱蒙托夫与塔尔罕内庄园》（郭利）、《列宁与高尔克庄园》（王仲宣）、《高尔基与卡希林庄园》（高敏）、《屠格涅夫与斯巴斯科耶·卢托维诺沃庄园》（温哲仙）、《契诃夫与美里霍沃庄园》（路雪莹）。丛书除主编李明滨做总序外，特请俄罗斯科学院齐赫文斯基院士做题为“致中国读者”的序，俄罗斯驻华使馆时任大使罗高寿题词：“灿烂的俄罗斯文化，恒久的俄中人民友谊”（山东友谊出版社，2007，目前尚缺普希金和阿克萨科夫两位作家的庄园集未出）。

二是翻译《世界神话百科全书》（苏联科学院高尔基世界文学研究所编），约400万字，系所合作，已交稿付梓。

三是“俄罗斯汉学文库”，计划编纂30卷，包括：汉学家个人文集15卷（院士6人，教授9人，每人一卷）；名著10卷（孔、孟、老子6种和《三国演义》等4种，每种一卷)；研究资料史料工具书5卷（如《敦煌文献在俄国》《俄罗斯汉学家名典》等)。首期书8卷已出。

30多年来，在开拓文化研究方面，我已推出《中国与俄苏文化交流志》(1998)、《俄罗斯汉学史》(2008) 和《俄罗斯文化史》(2013) 等6部著作。涉及中俄两国文化交流的桥梁以及两端的桥头堡。这也算是个人在拓宽学科上的实践。

四 探索新方法，走比较研究之路

在学术研究的方法上，同样也需要寻找新路。开放初期，大量涌进西方学术思潮，俄苏文学的学术方法立刻被边缘化了，叙写俄罗斯文学批评的文章，动辄得咎，马上被指责为“教条主义”或“庸俗社会学”(因为它按例偏重作品的思想性和社会、历史意义)。我努力参与比较文学，尤其中俄比较文学的学术活动，正是出于为学术方法探寻出路。

经过多年的实践和思考，我发现中俄比较文学的方法不同于学界常说的两大学派，既不是法国学派的“影响研究”，也不是美国学派的“平行研究”，而是始终在“交流研究”上做文章，是故，为结合讲课，我所写的文、著，重点就在交流史，或文学交流史，或文化交流史。

不过，交流好比一座桥，桥的两端应各有桥头堡，这端是“俄罗斯学”(含文学)，那端当然是俄罗斯汉学了。这样我近40年来竟找到了新路：“一桥两堡”，“两学”兼顾。从整体到局部，随处做比较：我和本系、所的成果自然就涉及面越来越广，质量也得到了提高。

令我感到荣幸的是，我在俄罗斯汉学研究上也得到肯定，由此而获奖。以专著《中国文学在俄苏》(1990)、《中国文化在俄罗斯》(1993)、《中国与俄苏文化交流志》(1998)、《俄罗斯汉学史》(2008)、《中国文学俄罗斯传播史》(2011) 等著作，我于2016年6月23日被授予“国际中国文化研究终身成就奖”，奖词中提到：“北京大学教授、中俄比较文学研究会会长李明滨先生，在中苏解冻之后，连推五部俄苏汉学著作，勾勒清楚，内容翔实，成为该领域必读之作。他勤于笔耕，著译双丰，提携后学，热心助人，崇尚学问，……成为新时期俄苏汉学与中俄文化交流研究的开拓者与奠基人。”

五　梳理“俄罗斯学”学科史

探索梳理本学科史，摸清发展脉络和进展的大致状况。在国内属于首次，意义重大。这也是研究所成立以来的重大收获。

依据史实，我国“俄罗斯学”起源自教育，从培养人才的学校开始。其大致过程如下。

20世纪20年代，实现从俄文教育到“俄罗斯学”教育的提升。“俄罗斯学”教育史可溯源至1919年北大正式设立的“俄文学系”（《北京大学日刊》1920年12月17日第2版）。在蔡元培校长任内，有“废门立系”之举，1919年宣告设立英、德、法、日、俄五个外文学系，并任命各系系主任。俄文系1920年秋季开始招生，预科和本科共录取七八十人。聘请苏籍教员任教。从1708年中国第一所俄文学校，即康熙皇帝下旨创立的“俄罗斯文馆”，到如今的俄文学系，时间经历了210年俄文教育的漫长过程（那个阶段也可称为“俄罗斯学”教育的前史），完成了从俄文教学到“俄罗斯学”教育的提升，业已发生了质的飞跃。从此，这门学科立足高校，有了两大保障：一是培养的人才属于高层次，能从事学术研究，不再是仅以外文为工具当翻译；二是此专业将会人才辈出，薪火相传，学科后续有望。

1919年设系的课目，已具备配套成型的“学系”，除有主课俄文，还加以文法、散文及会话、地理、俄国文学史、俄国历史五门课。在北大图书馆任职的张西曼，同时在校外兼教北京俄文专修馆，张西曼的著作和翻译有《俄共党纲》《俄国史》《中俄交涉史》和俄文系实用教材、俄文文法及基础读本等9种。邵筠农（北京俄文专修馆学监，即校长）为张西曼所著《中等俄文典》一书作序，概括当年的办学风气“治俄文，穷俄事”更成了俄文界办教育长远的方针。

这样，教授、教材和教育方针三者齐备，可以说这门学科业已形成，张西曼、邵筠农教授当可称作中国“俄罗斯学”教育的前驱。

或许历史起源应推得更早：张百熙校长任内（时称管理大学堂事务大臣，1902~1904年在任），即1903年的京师大学堂“译学馆”。理由在于我国第一所俄文学校与后续者之间是有传承关系的。其大致的路程是：1708年康熙皇帝首创的俄罗斯文馆至1864年并入京师同文馆，再于1901年并入京师大学堂。两年后于1903年更名为京师大学堂译学馆（1911年辛亥革命后，大学堂便顺理成章地改名为北京大学了）。可惜“俄文学”尚未单立出来，仅融合在“译学”这个总体学科中。是故，可否算作“俄罗斯学”教育的起源尚待斟酌。

50年代，中苏友好和“全面学习苏联”的形势，促成了俄文大普及的热潮。大学普遍将俄语设为第一外语必修课，中学有条件的也开俄文课。至少在高中，尤其是“三北”地区（东北、华北、西北）。社会各界也有中苏友协举办的俄文夜校或业余学习班，马寅初校长亲自挂帅，担任北大专业俄文阅读速成委员会主任，率领全校老少教职员都来上俄文夜校，那座50年代初命名的“俄文楼”，每晚灯火通明，一派热闹的景象。它迄今仍是全国甚至全世界唯一冠名俄文的教学楼。大好形势有助于我们考察这段历史，以确定俄文教育的宏大规模，界定“俄罗斯学”的范围。

在普及俄文教育的大潮中，明显地分出高校有俄文专业和专业俄文两股巨流。

其一，俄文专业。哈尔滨俄专、北京俄专、上海俄专等校大量招生，肩负了紧急培养大批翻译的重任，以应外交和各项建设事业需要。俄专学制三年或两年，课程精简、目标明确。同时，综合大学和师范大学系统的高校开办俄语系，培养目标比俄专略为宽泛，旨在日后养成师资和研究人才。50年代末，苏联专家全部撤走之后，由苏联专家在华培养的中国研究生已独立成才，中国人独力全盘撑起了俄文教学的局面。俄文大普及时期产生了一批名家，代表人物刘泽荣（1892~1972）和曹靖华（1897~1987）成为俄文学界的泰斗。

其二，专业俄文。50~60年代全国高校各系除俄文专业外，均开设“大学俄文”课，学习两年。一般设大一为基础俄文，大二结合专业（分别文、理、工、医科各专业）的俄文，培养阅读能力。

大二的俄文课本，选材细化到各专业的俄文，旨在培养阅读专业（科技）材料的能力，以北大为例，分成文科通用和数、理、化、生、地六种，每种都各配有字典性质的《俄汉对照专业常用词汇编》（经由商务印书馆正式出版），以帮助学生读懂普通字词在该专业中之词义。

综合上述，可以界定，“俄罗斯学”学科包括两大领域：俄罗斯语文研究和俄罗斯国情研究。后者比前者宽，包含前者。

20世纪80年代，学科教育定型化，新时期，经过调整，一方面公共俄语（大学俄文）萎缩，俄语降入小语种行列；另一方面俄语专业教育得到加强，学科走向完备和定型。师资队伍人才辈出，灿若星辰，学科内各个分支科目都有名家领衔。1980年，国家教育部决定的“俄罗斯学”首次统编教材列入13门课，15种教材全国通用。已制定全国统一的低年级教学大纲。配套的国情、文化知识和理论课各有选项，基本上达到“三基”完备的局面。培养人才也有统一设置，300年来终于实现有本科、硕士至博士的完善制度。

俄罗斯学的两大支脉，即俄罗斯语文研究和包含人文及社会科学各领域的俄国国情研究人才均须在俄语本系的学科教育内得到安排。这就是80年代末90年代出现的俄语本科两种办学方式：一种是实行“一个半专业”的方式培养学生，一个专业是俄语，加半个专业为其他专业任选一种，或在本系里增开课程，或到外系选修某些课程；另一种是实行“打宽基础，专业分流”，即学生在本科阶段把基础学好（因为大学四年要达到语文水平全面过关，已属不易，再无余力旁顾），待到研究生阶段，才分流出去报考俄语系以外各类专业。北大实行的是后一种。

显示“半个专业”倾向的学校，其选向大致分成四类：史地、文化、政经、科技。有的已编教材出版或印刷试用。

回顾历史，“俄罗斯学”教育起源在北大，20世纪前、中、后三个时期，分别得到三位名师校长——蔡元培、马寅初和丁石孙教授的领导和直接支持，很值得庆幸。

根据史实，可以断定：中国“俄罗斯学”的发祥地，以及起点和高点在北京大学，完备点则分向全国高校。经过10余年的梳理史料，我于1998~2000年写出了一份史略。将学科史粗略分成四个阶段：酝酿、形成、缓慢进展、快速进展至完备。进程如下：

> 自1708年起经200年的酝酿，到20世纪初，学科初步形成；在1949年之前进展较为缓慢，50年代进入快速发展，到80年代臻于完备。中国组成一支庞大的“俄罗斯学”学者队伍，在促进翻译、研究和教学工作中发挥了极大的作用。

两部词典的背后

——写于《词典的历程》出版之际

叶其松

《词典的历程——〈俄汉详解大词典〉和〈新时代俄汉详解大词典〉的编纂始末》一书正式与读者见面了。作为这部文集的编者之一，每次读到其中的文字，内心的情绪都十分复杂，总觉得有些话“不吐不快”。借着文集出版的机会把它们写出来，总算了却一桩心事。

呈现给读者的文集有一个略显复杂的副标题——《俄汉详解大词典》和《新时代俄汉详解大词典》的编纂始末，从中不难看出本文标题的两部词典所指为何，那就是《俄汉详解大词典》和《新时代俄汉详解大词典》。我们不妨就从这里说起。

《俄汉详解大词典》的编纂工作始于1985年，50多位俄语专家参与编写。该项目被国家哲学社会科学规划领导小组确定为“七五”规划重点项目，1987年被中苏两国政府列入中苏文化合作交流计划，1989年被列入《中苏教育科学合作计划》，1995年入选国家“九五”出版规划重点图书，1997年被列为黑龙江省重点工程图书。《俄汉详解大词典》1998年由黑龙江人民出版社出版。该词典由四卷本组成，收词24.6万条，总字数2300万字，主编是赵洵、李锡胤和潘国民。《俄汉详解大词典》编写完成后，辞书研究所的老师陆续退休，他们预感到未来参与编纂大型俄汉词典的机会不多了。但俄汉词典事业还需要传承下去，面对面地亲授或许不能如愿，为后人留下一份可供参考的资料总是必要的。于是，在词典工作完成之后，潘国民先生把词典编纂前前后后相关的文章、文件、资料收集整理后，汇编成一本小册子——《〈俄汉详解大词典〉是怎样编成的?》。书稿经由潘国民、潘红梅排版和校对后，并未交任何出版机构，而是潘国民先生自费印刷了几百本。无论之前参与，还是后来加入俄汉词典工作的人，大多获赠一本。这本小册子甚至成为年轻编者上岗培训的必读内容之一。因而随着时间的推移，最初印刷的几百本已所剩无几。

机缘巧合的是，2005 年商务印书馆提出修订《俄汉详解大词典》。潘国民、陈叔琪等 10 余位年逾七旬的资深编者历时 10 年完成修订。2014 年，《新时代俄汉详解大词典》由商务印书馆出版，词典收词 30 万条，总字数 2700 万字。词典出版后，受到社会各界的关注，获得“词林丰碑”的美誉，在出版界、学术界的多次评奖中屡获殊荣。在此之前一直默默无闻的大词典编写团队也被推到社会公众面前，该团队入选“2016‘感动龙江’年度人物（群体）”。在一次接受媒体采访中，大词典编者之一陈叔琪先生提出一个想法：能否把《〈俄汉详解大词典〉是怎样编成的?》一书正式出版，在场的原编者潘国民先生也未表示反对。后来，编辑工作也就顺乎自然地由辞书研究所承担下来，在工作推进过程中，又陆续补充了一些与《新时代俄汉详解大词典》编写工作相关的材料。这样一来，两部大词典的材料汇集到了一起，沿用原先的书名已不合适，经过几番商讨，最终定名为《词典的历程——〈俄汉详解大词典〉和〈新时代俄汉详解大词典〉的编纂始末》。

潘国民先生编写《〈俄汉详解大词典〉是怎样编成的?》时，所有材料是按照时间先后顺序排列的。这样的编排无疑有助于了解词典编纂的心路历程，但给人以碎片化的感觉。在编写文集时，我们把所有材料按照内容重新归类，划分出三个部分。第一部分是与《俄汉详解大词典》有关的材料。按照主题将其又划分为“探讨”“专论”“立项文件”“编纂细则”“点滴”“往事”等单元。第二部分是与《新时代俄汉详解大词典》有关的材料。第三是附录。这样一来，看似“横看成岭侧成峰”，但就内容而言，各部分的差异并没有那么大。孰优孰劣，就交由读者去评断吧。

概括地说，文集中的材料又大体上可以分成两类：一类是带有理论性质的，另一类是与词典编纂实践相关的。这恰恰应和词典学作为应用语言学分支学科的特点。

《语言学名词》（2011）对“词典学”的释义是：

> 研究词典等工具书的设计、编纂、使用、评论和历史等的学科。具体内容有词典编纂理论和词典编纂实践……①

在西方，学术界对于 lexicography 大体上有两种看法。一种是以英美学者为代表，他们将 lexicography 视为一门“技艺”（art），而非理论；换句话说，lexicography 只能算作“器”，而并非真正意义上的“道”。法国、俄罗斯的学者则持另一种观点，他们强调 lexicography 是在词汇学基础上发展而来的一门学科，即“词典学”。杜比钦斯基（Дубичинский В. В.）说过：“词典学是与编纂、研究、使用词典有关的科学。”② 因此，在俄罗斯词典发展史上，波铁波尼亚、斯列兹涅夫斯基、沙赫马托夫、博杜恩·德·库尔特内、福尔图纳托夫、波利万诺夫、谢尔巴、维诺格拉多夫、卡劳洛夫、阿普列相等著名语言学家参加过，甚至主持过词典工作。与之相应，达里、乌沙科夫、奥热果夫、什韦多娃等词典编纂家也是很有影响力的语言学家、词汇学家。可以说，植根于语言学这片沃土，俄罗斯词典学具有深厚的理论积淀。

在《俄汉详解大词典》《新时代俄汉详解大词典》的编者队伍中，大多数是 20 世纪 50 年代培养的俄语人才。除了少数几人外，多数编者并未真正学过词典学。但是，不少编者从工作实际需要出发，有意识地了解、研读、吸收俄罗斯词典学的理论并用它来指导词典编纂实践，偶有所得之后，写出了一些专题性的文章在杂志上发表，集中于文集“探讨”“专论”“点滴”部分的文章大多属于此类。说它们是“偶有所得”，主要是这些论文数量不多，其内容总量根本无法与两部大词典相提并论，甚至在这个文集中，它们所占的比重也不十分突出。但是，这些编者能够站在词典学的高度，不局限于“编”，还能进行“研”，这多多少少得益于俄罗斯词典学的理论优势。

---

① 语言学名词审定委员会：《语言学名词》，商务印书馆，2011，第 92 页。

② Дубичинский В. В. Лексикография русского языка（учебное пособие）. Москва：Наука · Флинта，2009，стр. 8.

辞书学界流传着一句话：“三分编写，七分组织。”这句话最早是由主持过《辞海》编写工作的巢峰先生说的。类似《俄汉详解大词典》和《新时代俄汉详解大词典》这样的大型词典，不仅对规范性的要求很高，而且编写团队人数众多，如果组织不力，进度和质量都难以保证，最后甚至“难以收摊”。古往今来的词典精品都需要高水平、肯奉献的组织者，比如《牛津英语词典》的默里，《新华字典》的魏建功，《现代汉语词典》的丁声树与吕叔湘等。编入文集的各种文件、过程性材料基本上是由词典的两位主编李锡胤、潘国民亲自撰写的。这些文件或材料是在词典编写的不同阶段完成的，它们承载的任务不同，面对的读者对象也不同，但内容与词典不无关系，大到词典编写的原则、结构等，小至一处标点、一个符号，都有明确的规范和要求。国外有人把词典编纂说成“苦役”，不知道读者将来在读到这些文字时，能否多少体会到词典编者之苦。

古往今来，词典编写的成功范例不在少数，失败的例子也屡见不鲜。多年参加《现代汉语词典》编写工作的一位先生说过：“作为一个集体，不能要求其中的每个成员都是聪明人，但起码大多数得是明白人、厚道人。如果太算计了，生怕自己吃亏，那准坏事，辞书编不成、编不好不说，彼此之间还闹一肚子意见，结下冤仇，何苦来哉！”[①] 这话说起来容易，做到很难。黑龙江大学俄汉词典事业之所以能走到今天，一部一部词典往下编，就是因为大多数编者都是明白人，更是厚道人，不仅不做争名夺利、斤斤计较的事，相互谦让、彼此成全的事倒是屡屡出现。我从旁听说和自身经历的就有好几件。1981 年，商务印书馆出版过一本译文集——《词典学论文选译》。这部译著是由辞书研究所组织翻译的，最早的提出者是李锡胤与潘安荣两位先生。但是，很多读者对此并不知情，误以为是黑大一个名叫“石肆壬”的人翻译的。殊不知，此处的“石肆壬”只是译者“14 人”的谐音。[②] 使用与任何参与者无关的这样一个署名，恰恰说明当年的译者们对署名与否的不看重，不在意。《新时代俄汉详解大词典》修订完成之后，围绕署名问题发生过一段小插曲。按照潘国

① 李志江：《学习前人经验掌握编写规律（上）——记关于辞书编写的一些经典语言》，《辞书研究》2011 年第 1 期。

② 郑述谱：《辞书情缘四十载》，《中华读书报》2016 年 4 月 6 日。

民先生的意思，《新时代俄汉详解大词典》应当继承《俄汉详解大词典》的署名，即赵洵、李锡胤、潘国民3位主编。但是出版社的意见是，赵洵先生已经辞世多年，不适合担任主编，而潘国民先生对于此次修订出力最多，贡献最大，建议主编的署名是潘国民、李锡胤。但是潘国民先生态度十分坚决，绝不同意自己署名在前。这个问题久久不能解决，最后还是由学校党委出面，说服潘国民先生接受如今大家看到的署名安排。在商业化气息越来越浓的学术界，这样的做法或许显得有些“不合时宜”，但不得不让人钦佩。再来说说这文集本身的署名，从前文的叙述中不难看出，它是以潘国民先生所编的《〈俄汉详解大词典〉是怎样编成的?》为基础做出来的，此次正式辑集出版，署潘国民先生的名字是最合乎自然的。但陈叔琪先生在一个场合提出，由于笔者做了一些组织和文字编校工作，建议文集出版时将我的名字放在潘国民先生之后。我当时婉拒了。又过了一段时间，出版社责任编辑打来电话，向我通报一个情况：在陈叔琪、潘国民两位先生商量之后，决定文集的最终署名是潘国民为主编，陈叔琪、叶其松为副主编。只有像我这样的亲历者，才能多少体会如此安排的良苦用心。我身为后学，对于前辈这样的提携之举，唯有感激之情。

黑龙江大学俄汉词典研究方向的学脉，自赵洵先生开始，从20世纪50年代传承至今，几辈学者筚路蓝缕，词典事业薪火不息。数十年间编写、翻译的词典有十几部，受众何止万千！而这些词典背后的人物和故事同样引人入胜。《词典的历程》就是展示辞书编纂中不为常人所知的另一面，个中滋味就由读者自己去品味吧。

有关《汉俄大词典》编纂

陈　洁

一　词典编写本体

上海外国语大学俄语学科编纂的《汉俄大词典》(2009，下文简称《词典》)是在1977年和1989年版《汉俄词典》基础上修订、增补而成的。1977年和1989年版的《汉俄词典》共收汉字和词语（包括单字、词、词组及成语）7万余条；1989年版《汉俄词典》是1977年版《汉俄词典》的修订、增补本，但删除了一部分政治色彩浓厚且较少使用的词句。2009年5月由上海外语教育出版社出版的《词典》共收词语12万余条，与前两版词典相比，篇幅增加了近一倍，增补新词条约占六成比例，增收了大量新词新义，充分体现了现代汉语的时代特色。《词典》一直作为上海外国语大学俄语国家重点学科、上海市重点学科和"十五"211工程建设的标志性项目。2001年12月，《词典》被列入上海市哲学社会科学中长期规划课题项目（课题批准号01AYY001)，并于2003年底结项。《词典》的编纂理念主要有以下特点。

1. 突出语言词典的特色

词典选词、立义项，主要是以中科院语言研究所编纂的新版《现代汉语词典》及其增补本为依据，所选译例皆为汉俄两种语言体系上的翻译对应，属言语上下文随机对应（окказиональное соответствие）的译例，不予收录，这明显不同于纯翻译类词典。如"粗茶淡饭"，《词典》释义为 грубая （простая，неизысканная，неприхотливая）пища（еда），［самый］простой стол，скромный обед；但在一定的上下文中可译为 простой ужин，отвратительное питание 等。

1）也许是我们整整一天都没有吃东西的缘故，晚上这顿农家的粗茶淡饭显得格外香。А может быть от того，что мы целый день ничего не ели，это простой крестьянский ужин казался нам особенно вкусным.（汉俄译例汇编，1976：373）

2）为了求学，为了学校“赐给”的两餐粗茶淡饭，他们饮泣吞声忍受了四年的奴隶生活。Чтобы не бросать учение，они четыре года，стиснув зубы，влачили рабскую полуголодную жизнь，из《милости》получая от администрации два раза в сутки отвратительное питание.（汉俄翻译词典，1995：373）

例 1）、2）这种属上下文随机翻译对应的情形，该辞书不予采用。

2. 凸显词语句法搭配特点，力求简洁

为突出重点，节省篇幅，该词典译例尽可能以词组、短句表现词语的组配特点。

如：级 разряд，ступень，一级运动员 спортсмен первого разряда，一级工程师 инженер первой степени，一级宝石 дрогоценные камни первого класса，各级党委 партийные комитеты всех ступеней，各级领导班子 руководящие группы всех инстанций，部长级代表团 делегация в ранге министра，大使级会谈 переговоры на уровне послов

增加 увеличить；повысить，增加收入 увеличить（повысить）доходы；增加体重 прибавиться в весе；增加信心 вселить веру

对不易通过单独对译表达的词语意义及用法，在搭配中予以具体化处理。

如：上（安装）ставить：上子弹 заряжать винтовку；上刺刀 примкнуть штык；上螺丝 ввинтить винт；上梁 ставить балку

3. 若汉、俄语词语的意义相当，但外延所指各异，须借助译文予以明确

毛（皮上的毛）шерсть；（绒毛）пух，ворс；（羽毛）перо；（毛发）волос；растительность

4. 若汉、俄语词语的意义相当，但内涵或用法不同，通过译文分别加以说明

敢（有勇气）сметь，не бояться；（胆敢）осмелиться，отважиться，дерзнуть

5. 若同一个汉语词语因为语境不同而改变词类属性，对译后附加含义相同而词类不同的俄语同族词

黄 жёлтый（желтизна，желтеть），黄脸 жёлтое лицо；绿里透黄 зелёный с прожелтью（с желтизной）；麦子黄了 золотится（желтеет）пшеница

6. 区分条目对译在语义或语法关系上的差别

每 каждый，любой，всякий，每次 каждый（всякий）раз；每天 каждый день；每一个人 каждый（любой，всякий）человек；每人发两本书 каждому по две книги

把（1）（量词）（用于有柄的器物），一把刀子 один нож；（2）（量词）（束）：пучок，связка，一把筷子 пучок（связка）палочек……（3）（量词）（用于抽象事物），放一把火 совершить поджог；пустить красного петуха；（4）（量词）（用于动作），扶他一把 Поддержи его под руку！

把（介词）（起宾语作用），把门关上 закрыть дверь

7. 选例注意体现俄语词前、后缀的表意特点

如煮 варить，煮土豆 варить картофель，肉还要再多煮一煮 Мясо необходимо ещё доварить. 鸡蛋煮得太老了 Яйцо переварилось. 鱼煮透了 Рыба проварилось. 小 маленький，мелкий，малый，小城市 маленький город，городок；小路 дорожка，тропинка

8. 确立条目注意借鉴分类词典语义编排“类聚性”特色

门（出入口或门前）дверь；（出入口）ход；（大门）ворота；小门 дверка，калитка；铁门 железная дверь；单扇门 одностворчатая дверь；双扇门 двухстворчатая дверь；回转门 вращающаяся дверь；升降门 подъёмная дверь；拉门 задвижная дверь；推拉门 раздвижная дверь；弹簧门 пружинная дверь；不镶玻璃的门 глухая дверь

9. 再现当今语言的时代风貌

词典收入大量“活的”语言现象，其中包括上述《现代汉语词典》及其增补本等虽然暂未录用，或是未来得及补充，但业已广为流传的表达方式。如：堰塞湖 вегетативный человек，человек-овощ（разг.），человек-растение（разг.），коматозный больной，больной в коме；脱口秀 токшоу；内存 внутренняя（оперативная）память；免税商店：магазин дьюти-фри，дьюти-фри шоп；网络警察 интернет-полиция；垃圾邮件 спам，интернетовский мусор；纳米技术 нанотехнология

10. 注重通用性

《词典》兼收并蓄多种专业常用词汇或术语性词语、常用方言词汇，以及常用成语、格言、俗语、谚语等熟语。

如炒冷饭 повторять зады；放下屠刀，立地成佛 Отбрасывая нож，мясник мгновенно становится Буддой. сложить меч и стать ангелом。

电力学方面有镇流管 барретерная（балластная）лампа，正向电流 прямой ток；物理学方面有正负电子对撞机 электронно-позитронный колайдер，直线加速器 линейный ускоритель，兆赫 мегагерц，张力（поверхностное）натяжение，сила（поверхностного）натяжения；医学方面有白血病 лейкемия（专业用语），лейкоцитемия（专业用语），белокровие，脂肪肝 сальная（жировая）печень

方言词汇振布 кухонное полотенце，тряпка；支棱 поднять что，支棱起大拇指 поднять большой палец，支棱着耳朵听 навострить（насторожить）уши

11. 适当保留、增减具有政治、经济等色彩意义的词句

词典删除了第一、二版中具有浓重政治色彩且已不再常用的词语，但对目前仍在使用的政治词汇予以保留。同时增补了目前常用的一些政治、经济等方面的词句。收词范围尽可能反映时代和社会发展的变化，以满足 21 世纪我国对外交往和宣传的需要。

如，三个代表 тройное представительство；和谐社会 гармония в обществе，科学发展观 научный взгляд на развитие；与时俱进 шагать в ногу с эпохой；香港特区政府 правительство сянганского особого района；智囊团 синклит советников（консультантов），советники，мозговой（головной）трест（центр），группа экспертов；知识产权 право на интеллектуальную собственность，интеллектуальная собственность；知识经济 интеллектуальная экономика；知识工程 разработка интеллектуального обеспечения；知识密集型产品 наукоёмкая продукция；制止乱涨价、变相涨价 Устранить произвольное взвинчивание（вздувание）цен и завуалированное повышение цен на товары. 这些国家面临新的经济震荡的威胁 Эти страны оказались перед угрозой новых экономических потрясений. 经济环境正在向宽松转化 Экономическая обстановка развивается в сторону смягчения напряжённости. 改善低收入居民的住房条件 Улучшить жилищные условия населения с низкими доходами.

12. 词典还收录了常用的英文缩写词，或带有英文缩写字母的词语及常用的文言语句

IT（industrial technology）工业技术 промышленная технология；IT产业（information technology industry）信息技术产业 информационные технологии в промышленности，IT-промышленности；CPI（comsumer price index）消费物价指数 индекс потребительских цен（ИПЦ），индекс цен на потребительские товары，индекс цен рыночной корзины（основных потребительских товаров и услуг）；PPI（price index）工业品价格指数 индекс цен производителей товаров。

13. 有关汉语表示特有事物词语的译法

《词典》采用下列两种方法。

1）音译法（附解释性翻译）或意译法。如，清明 ясные дни（5-ый из 24 сезонов лунного календаря）。

2）举例说明法。对汉语特有的表示纯语法意义的词，将汉语词含义（包括词性）略加注释，予以举例移译。

应该指出，尽管《词典》尽可能全面收集汉语中新颖的、业已稳定使用的词语、术语等，但由于语言、社会、科技是在不断发展变化的，《词典》也

留下了不无缺憾之处。有些反映当今国内外新科技成果的常用词语、术语未收录。如：绿色能源 зелёная энергетика，低碳排放 низкоуглевые выбросы，高速铁路 высокоскоростная железная дорога，动车〈铁〉моторэлектропоезд，автосекция；多核处理器〈电子〉многой ‘дерный процессор；大型集成微电路〈电子〉большая интегральная микросхема；指纹仪 дактилограф；电子标签 электронная метка，радиометка；电子防伪封签 электронная пломба безопастности；等离子电视 пламенное телевидение；高清电视 телевидение высокой чёткости. 2017 年新发现的化学元素有四个，其原子序数分别是 113，115，117 和 118，它们的汉、俄语名称依次分别是鉨（nǐ）нихоний，镆（mò）московий，鿬（tián）теннессин，鿫（ào）оганесон. 上述四个化学元素曾有俄语临时名称，依次分别是 унунтрий 或 эка-таллий，унунпентий 或 эка-висмут，унунсептий 或 эка-астат，унуноктий 或 эка-радон。上述临时名称已经被新名称取代。

还有些业已流行的词语未收入，如：生活用水 бытовая вода；生活饮用水 хозяйственно-питьевая вода；（高）科技园区 технопарк；公务车 служебный автомобиль；служебка〈口语，指公务轿车〉；（汽车等）召回制度 возвратная система；过境（列）车 транзитный поезд；大数据〈信，数〉огромные（большие，крупные）данные。

尤为遗憾的是，遗漏了极富俄罗斯民族特色的词“套娃”（матрёшка），这有待于在今后相应词典编纂中予以补充。

《词典》在理论和编纂方面的创新和突破主要体现在以下几个方面：一是词目的配例不仅考虑到汉语的特点（不是以某一单语词典为蓝本），而且考虑到汉外对译的特点，使词典更适应工作和学习的需要；二是结合汉语和俄语在词义结构和词义对应关系上的差别进行义项划分；三是配例的采用体现现代语义学、语用学的理论，考虑语境和交际参与者等语用因素，以使例句更正确地体现词语的用法，贴近实际的交际；四是针对汉语词典不给出词目的词类属性而俄语的词都有明确的词类属性的特点给汉语词目以确定的词类属性，以方便两国学生和语言工作者学习和使用；五是收词范围尽可能反映时代和社会发展的变化，以满足 21 世纪我国对外交往和宣传的需要。

二　词典编写之外

《词典》一直是上海外国语大学国家重点学科、上海市重点学科和“十五”211工程建设的标志性项目。2001年12月，《词典》被列入上海市哲学社会科学中长期规划课题项目（课题批准号01AYY001），并于2003年底结项。此项目结项鉴定共邀请了5名资深专家：上海外国语大学前任校长胡孟浩教授、上海中侨学院院长兼上海外国语大学童宪刚教授、南京国际关系学院《外语研究》前任主编徐翁宇教授、黑龙江大学俄语语言文学研究中心（教育部文科基地）前主任张家骅教授和浙江大学许高瑜教授。这些专家在俄语研究方面有深厚的造诣，对俄语词汇和词典编纂有一定的研究。

专家们普遍认为，《汉俄大词典》积编写人员多年之心血，达到了较高的学术水准，具有很高的实际应用价值，是国内同类词典中绝无仅有的鸿篇巨作，在收词数量、编写体例、语法注释、词语释义应用价值等各个方面都称得上是上乘之作。专家们一致同意通过鉴定。综合专家们的鉴定意见，此项目的学术价值、应用价值和特色表现在以下几个方面。

第一，集中反映了俄语和汉语的最新研究成果，把学术研究和实践应用紧密结合，体现了科学性、实用性、时代性的编纂理念。

第二，词典容量和词条数量比《汉俄词典》有较大幅度的增加，信息量大，时代感强，新增词条能够反映社会、时代和语言的变化，原有落伍词语予以删除。

第三，创造性地对汉语词条进行分类，以方便翻译和学习，这在同类词典中实属罕见，是对汉外词典的一大贡献。

第四，编写结构和体例新颖，字头结构与众不同，释义和翻译准确，例证丰富翔实，实用性强。

第五，在俄语释义方面体现了科学性和灵活性相结合的原则，根据不同的情况采取了直译、意译、描写性诠释和等值性诠释等各种方法，在可能的情况下提供了多种对应翻译和释义，并注明语体特点，同时词语意义的义项区分也更为细腻。

第六，整体结构和体例规范，略语、符号、代码等统一有序，方便读者使用。

俄中友好协会主席、俄罗斯著名汉学家、科学院院士季塔连科在为《词典》所做序言中指出："这部词典的问世是我们两国文化生活的一件大事，是为加强中国和俄罗斯人民的友好关系做出的巨大贡献。这部词典具有特别重要的意义，因为《汉俄大词典》的出版正值中国俄语年（2009 年）的起始。俄语年过后的 2010 年将是俄罗斯汉语年。《汉俄大词典》的编撰出版是中国俄语学者和语言学家集体取得的一项重大科研成果。"

国内词典学权威专家、黑龙江大学李锡胤教授在为《词典》所做序言中讲道："《汉俄大词典》是一部双语信息量极大、水平极高的学术精品。中国的俄语学者和俄罗斯的汉语学者可以从中获得丰富的语言知识和百科信息。《汉俄大词典》对于加强中俄两大民族之间政治、经济、科学技术、学术文化等各方面的交流和巩固两国人民之间传统友谊将起到难以估量的作用。"

《词典》出版后，苏州大学程家钧教授还撰文《辞书盛事——〈汉俄大词典〉出版》（《中华读书报》2009 年 7 月 22 日），其中写道，这部词典的前身是《汉俄词典》，在俄罗斯和独联体各国被称为"上海词典"，在俄罗斯网站 yandex. ru 键入 Шанхайский словарь（上海词典），立刻会显示网页达七八万页之多。《汉俄大词典》："这部辞书精品注重科学性、实用性、时代性，编写体例新颖，信息量大，时代感强，具有很高的学术价值和应用价值，对加强我国与俄罗斯及独联体国家的多方面交流，对推动我国俄语教学与研究和国外汉语教学与研究做出了重大的贡献。同时，该词典新的编纂理念、体例、释义和例证原则，以及词目收录范围等，对我国其他汉外词典的编写也具有重要借鉴意义。"

余传诗先生发表短文《俄总统赞颂〈汉俄大词典〉对俄中文化合作有切实贡献》，文中写道：俄罗斯总统梅德韦杰夫高度评价《汉俄大词典》，赞颂词典编写者"为促进俄语在中国以及汉语在俄罗斯的推广，为深化俄中两国人文领域的合作做出了切实的贡献"。文中还指出，这部词典历经 20 年，也是半个世纪以来，长期从事俄语教学与研究的老中青三代学者才智与学识的结晶，"堪称是目前世界上最大、最权威的汉俄双语词典。前不久纪念中俄建交 60 年时，该词典作为文化礼品赠送给俄罗斯联邦总统"（《中华读书报》2009

年 10 月 14 日）。

2010 年和 2013 年，《词典》分别获得上海市第十届哲学社会科学优秀成果著作类一等奖（沪社证 2010-073 号），以及教育部第六届高等学校科学研究优秀成果（人文社会科学）二等奖（教社科证字 2013 第 76 号）。

此外，《词典》还获得中国出版政府奖（2011 年 3 月）、第三届中华优秀出版物提名奖（2010 年 10 月）、上海图书一等奖（2010 年 3 月）。

“办一流期刊”

——《俄罗斯东欧中亚研究》永远的追求*

李中海

《俄罗斯东欧中亚研究》是中国社会科学院主管、俄罗斯东欧中亚研究所主办的一份学术理论刊物。它创刊于 1981 年，至今已走过 37 年的发展历程。截至 2018 年 8 月，已出刊 223 期。该刊从研究区域内主要国家经济、政治、外交等专题内容开始，历经苏联解体、东欧剧变这些深刻影响国际格局的重大事件，推出一系列重要研究论文，在国内具有广泛而深刻的影响力。20 世纪 90 年代之后，随着俄罗斯重返世界强国行列、欧盟-北约数次东扩、“颜色革命”爆发、中亚地区动荡等一系列重要问题出现，刊物拥有了更加广泛的研究视角，理论深度也有所增强。近年来，为了更好地服务于学科建设，该刊逐渐演变出关注区域发展、侧重学科视角、强化理论内涵等多元化目标，提倡在现实问题研究中探索具有深刻理论内涵的方法和观点。刊物一贯坚持“质量第一”的选稿原则，发表了相当多思想深邃、内容充实、论证精辟、学风严谨的优秀作品，并因其政治方向的坚定性和学术品格的纯正性而赢得了人们的认同，受到国内外学术界的广泛关注和好评。

一　历史沿革

《俄罗斯东欧中亚研究》经历了从无到有、从小到大、从稚嫩到成熟的过

* 本文根据《不平凡的历程——〈俄罗斯东欧中亚研究〉二十五年》删改补充而成。

程。大致可以划分为“两年起步”“十年跋涉”“八年跨越”“十五年辉煌”“五年转型”等各具特色的发展阶段。

（一）两年起步（1981~1982）

1. 创刊社会背景

《俄罗斯东欧中亚研究》是受命于伟大时代的召唤，在思想解放初步形成氛围的历史条件下创刊的。党的十一届三中全会确定了进行经济改革和对外开放的基本方针，由此，开创了中国历史的新篇章。改革开放事业积极向前推进，短短几年内取得了举世公认的巨大成就。中国的改革开放事业极大地丰富和发展了马克思主义理论，为学术研究提出了许多崭新的课题。特别是苏联东欧问题的研究更是方兴未艾。当时，许多专家学者围绕苏东国家的政治、经济体制和外交问题进行了可贵的探索，提出了许多有价值的新理论、新观点。苏联东欧问题的研究无论在广度上，还是在深度上都超过了历史上任何一个时期。面对这样一个新形势，苏东学界产生了一种强烈的需求，学者们需要有一个园地来发表自己的看法，以便及时向党和国家领导机关报告苏东国家的发展动向；回答实际部门提出的有关问题；交流基础研究和应用研究的成果；提供政府、企业和实际工作部门急需的信息、数据和资料，并为党和国家的某些重要决策提出宝贵建议。正是在这样的社会大背景下，《俄罗斯东欧中亚研究》应运而生。

《俄罗斯东欧中亚研究》在其发展过程中，为适应形势的需要，曾数次易名。1981 年创刊时的刊名为《苏联东欧问题》。苏联解体后，我国外交部将原来的“苏联东欧司”更名为“东欧中亚司”，为了与此相协调，刊物从 1993 年开始更名为《东欧中亚研究》。这时的“东欧中亚”是一个特定的地理概念，指的是原苏联东欧地区，包括已宣布独立的原苏联 15 个加盟共和国和东欧的 12 个国家。俄罗斯欧洲部分位于东欧平原，当时是将俄罗斯列为东欧范畴，后来发现这种划分不够准确，同时也没有体现出俄罗斯的大国地位。于是从 2003 年开始，刊物再次更名为《俄罗斯中亚东欧研究》，从 2013 年起，更名为《俄罗斯东欧中亚研究》。

创刊时为内部刊物，这是由当时苏联东欧问题的敏感性决定的。创刊初期正值我国解放思想、拨乱反正和改革开放的起步阶段。早在刊物筹备阶段，即

1980 年 4 月，中央宣传部在《关于〈文艺百家〉杂志所犯政治错误的通报》中写道："我国关于苏联社会制度的评价，是一个极其敏感的、牵动全局的、十分重大的政治问题，稍有政治常识的人都知道，对这一问题的表态应由中央决定。"当时的苏联东欧国家还都是社会主义国家，研究这些国家势必涉及马列主义的一系列根本原理，涉及国际共运的许多事件和人物，涉及社会主义的政治经济体制等。这些理论、思想、事件和人物带有鲜明的政治色彩，比较敏感，内部讨论是可以的，但是把这些讨论成果在报刊上公开发表还不合时宜。正是出于这些考虑，20 世纪 90 年代以前，中宣部曾几次下达文件，规定对出版涉及苏联、东欧国家的书刊要谨慎适度，严格审批，认真把关。所以当时只能创办一份内部刊物。到了 20 世纪 80 年代末期，为适应中国与苏联东欧各国关系发展形势的需要并满足广大读者的要求，刊物在做了一番准备工作后，决定从 1989 年第 4 期起改为国内外公开发行。后来接到上级指示，将公开发行期推迟，仍维持内部发行。

2. 推出发刊词

1981 年 8 月的创刊号上发表了时任所长、资深苏东问题专家刘克明同志撰写的《发刊词》。他在文中回顾了 20 世纪 60~70 年代国际形势发生的变化，指出为了维护世界和平，必须对苏联的霸权主义政策、理论、策略手法以及根源等问题进行研究。同时，还要研究十月革命以来苏联的历史经验和教训。列宁领导的伟大的十月革命在俄国开创了社会主义道路。斯大林继列宁之后，领导苏联党和人民，把落后的俄国建设成为强大的社会主义国家，打败了法西斯，为人类的进步事业做出了巨大贡献。与此同时，在第一个社会主义国家历史上，也存在不少值得研究与吸取的经验教训。我们反对苏联领导的霸权主义，但是我们对苏联人民，对俄国革命的光荣传统，始终抱着友好和尊重的感情。对苏联人民在各个领域所取得的成就和遇到的困难、问题，对苏联历史上正反两方面的经验，我们要按照苏联历史发展的本来面目，科学地进行研究和总结。

3. 确立办刊方针

《俄罗斯东欧中亚研究》自创刊以来，始终坚持正确的政治方向和理论方向，坚持"综合性、战略性、学术性、理论性、政治性和现实性"的办刊宗旨和方针，贯彻双百方针，提倡不同学术观点的讨论，倡导理论联系实际的学风，积极宣传党的外交政策，为繁荣社会科学服务，为我国改革开放和社会主义现代化建设服务。1993 年起，办刊方针有所调整，努力将《俄罗斯东欧中亚研究》办成侧重于基础研究的学术性刊物：一方面重点发表高层次的基础理论研究的学术论文，促进中国的俄罗斯东欧中亚学科建设；另一方面，针对改革开放和经济建设的需要，有选择地刊登一些俄罗斯东欧中亚国家政治经济体制转轨的文章，供有关机构研究和政府决策参考。

针对当时国内学术界的要求和国内形势发展的需要，刊物的目标和基本定位是：在保持刊物的高品位、高学术性的同时，使刊物充满鲜明的个性和时代感；在办刊中牢固树立政治意识、大局意识和责任意识，稳中求新，与时俱进；坚持中国的学术风格和特色，同时尽可能与国际研究和编辑出版的标准接轨。

为了实现上述办刊方针，我们始终坚持五个原则，即“严”“高”“博”“精”“新”。具言之：“严”就是严肃的办刊作风，严格的审稿工作，这是保证刊物水平的重要前提；“高”就是发表的论文都应是代表我国苏联、俄罗斯、东欧中亚研究高水平的学术成果；“博”就是刊物的题材广泛，内容丰富，信息量大；“精”就是精心选题、精心策划、精心编辑；“新”就是题材新，及时追踪和刊登学科研究领域的最新成果。

4. 细化栏目设置

刊物的栏目设置体现出时代的特色和学科的演进。栏目本身就是苏联、俄罗斯、东欧、中亚问题研究的学术纲要和学术界、企业界关注的焦点。《俄罗斯东欧中亚研究》始终注重根据苏联、俄罗斯、东欧、中亚学科建设和学科发展需要设置重点栏目，讨论、研究学术发展中的重大问题。在创刊前期凡属学术论文均以通栏编排，小栏目分为“外论摘编”“人物介绍”“书刊评介”“资料”“科研机构”等。

从 1989 年第 4 期开始，栏目进行了调整，学术论文也开始分栏编排。最初的栏目有：“政治理论研究”“政治体制改革”“经济体制改革”“国际关系及外交政策”“对外经济理论、政策述评”等，小栏目增加了“宗教”“访问记”“回忆录”等。此后，根据我国改革开放事业发展的需要，不断对栏目进行完善和更新。比如，在20世纪90年代中期增加了“历史”栏目等。

5. 组建编辑部

创刊时的编辑人员来自研究所的不同单位，此前这些同志大都从事研究和翻译工作，没有接受过编辑专业培训，没有编辑实践经验。因此，统一编辑思想、提高编辑业务的任务十分艰巨。

（1）抓政治理论学习。编辑部始终把政治思想工作放在首位，组织编辑人员进行政治学习，努力提高编辑人员的理论修养和政策修养，坚持正确的办刊方向，始终和党中央保持一致。同时，组织编辑人员学习党和国家有关编辑出版法规和宣传纪律，严格遵照执行。

（2）抓职业道德教育。道德情操是维系和调整人们相互关系的准则，这就决定了编辑人员要有默默无闻的自我牺牲精神。编辑部要求编辑人员树立爱岗敬业、甘为人梯和无私奉献的良好风尚，对待新老作者一视同仁，对待工作一丝不苟，对待学术问题虚怀若谷，只有这样才能赢得作者，也才能办出高质量的刊物来。

（3）抓编辑业务训练。从主编到每一位责任编辑，其自身素养和整体气质的提高十分重要。国际问题刊物具有综合性强的特点，刊载内容十分广泛，涉及政治、经济、外交、历史、法律等诸多方面，这就要求编辑人员不仅要当一个“杂家”，而且要精通一门或几门专业知识。在知识“爆炸”、科技日新月异的今天，更应当加强文化知识、专业知识和业务能力（选题、组稿、审稿、加工、校对）的修养，在工作实践中博学求新，使编辑的知识结构得到不断调整和更新，这样才能保证刊物不断创新，为繁荣我国的学术研究做出应有的贡献。

（4）抓自身科研提高。俗话说，“打铁先要自身硬”。刊物编辑不仅要有强烈的参与意识，更要下大力气撰写学术论文和专著，只有这样才称得上是一个合格的编辑。正因为如此，刊物要求每位编辑都要参与学术研究活动，根据自身所学专业和优势，进行深入的学术理论研究，求索创新，增长才干，从而逐步形成了一支学者型的编辑队伍。

（5）抓编辑群体团结。刊物办得好坏，固然与编辑群体素质的好坏密不可分，但在整个编辑过程中，其团结协作显得更为重要。很难设想，一个孤傲不群、专横跋扈、互相拆台、貌合神离的编辑群体，能办出好的刊物来。增强编辑部同志的政治意识、大局意识和责任意识以及集体荣誉感对办好刊物有决定性意义。

（二）十年跋涉（1983~1992）

既然有开端，便会有继续。刊物在经过近两年的试运行后，从 1983 年开始正式出版发行。此时，刊物在形式上不断臻于完善，在内容上有了更新和突破——完成了主要由情况介绍、资料汇编到以学术性文章为主、资料性文章为辅的过渡。这标志着刊物已经在学术研究的阶梯上跃上了新的平台，开始了新的跋涉。

1. 建立学术规范

学术期刊既是推动学术研究向纵深发展的动力，也是引导编辑工作逐步走向规范的调节器。编辑的工作除了对大量的来稿进行筛选、审读、编辑加工外，一个十分重要的工作就是强化学术规范。为此，刊物从创刊起一贯注意体例整齐。在每年的最后一期刊登全年总目录。1988 年开始实行责任编辑署名制，1993 年增设英文目录，1996 年增加“内容提要”“关键词”“作者简介”。刊物在 20 世纪 90 年代以后开始注意论文注释及其规范化。从 2000 年第 1 期开始，增加了英文内容提要。在规范化方面向国际标准逐渐接近。从 2001 年开始改为大 16 开本。为了与国际接轨，刊物在版式设计、开本用纸等方面进行了一系列改进，增加了对外学术、文化交流活动的彩色照片，印制精良，表现了刊物质朴、典雅、庄重的风格。

2. 开展调查研究

一个国际问题刊物编辑部在把它所承担的任务加以具体化，把它的办刊方针加以贯彻执行时，必须首先了解和研究对象国的政治、经济发展趋势，必须研究这些国家政治经济转轨所提出的迫切问题。只有这样，才能把自己的工作建立在牢固扎实的基础之上。这就要求在编辑刊物的同时，要进行认真的调查研究工作。这对于新组建的编辑部，更具有特别重要的意义。编辑部从 1984 年就开始大抓调查研究和信息工作。当年，刊物曾派专人赴湖北、湖南进行调研。这次调研的目的主要有以下几个方面。

（1）了解全国各地苏联、东欧问题研究的新形势、新任务和新要求；

(2) 调查了解各地区、各研究单位苏联、东欧问题研究的机构设置和专业研究队伍，以便建立一支具有相当专业水平的作者队伍；(3) 征求作者和读者对刊物的意见，了解他们在苏联、东欧问题研究方面的需求，提高办刊质量；(4) 宣传刊物，扩大影响和发行量。编辑人员带着这些问题走访了武汉、长沙、湘潭等5个城市，和湖北、湖南省委宣传部，省、市委党校，省、市社会科学院，武汉大学，湖南师范大学、湘潭大学等26个单位的40余人进行座谈，了解情况，听取意见，历时20多天。这次调查研究收获很大，达到了预期目的。此后，类似的调查研究一直延续下来，但主要是通过编辑人员参加各种学术会议的形式进行。

3. 不断优化选题

自创刊以来，编辑部每年在抓好调查研究的同时，还注意抓选题规划。调查研究是源，选题规划是流；调查研究是本，选题规划是木。只有把两者有机结合起来，才能制订出切实可行的选题策划方案。编辑部在进行选题策划时，力争吃透两头。一是抓上头。就是要通过学习，充分理解党的方针政策的精神实质，将方针政策作为选题策划的方向盘和指南针，紧扣时代脉搏，把探索建设有中国特色社会主义理论、研究改革开放和国家政治经济转轨中的重大理论和实践问题作为刊物组稿和编发稿件的主题。二是抓下头。充分了解学术发展的动态，加强学科建设，把专家学者的研究需要作为报道重点。根据这两个思路，制订出全年的选题计划和组稿计划，并指导和组织编辑人员实施，开辟优质稿源。本刊自创刊以来，主要的选题集中在苏联、俄罗斯、东欧和中亚各国的经济、政治、外交、法律、文化、教育、科学、历史、理论、社会学等各个领域。

20世纪80年代，刊物的主要选题有：(1) 苏联经济发展战略和经济改革；(2) 苏联计划管理体制改革；(3) 苏联价格体制改革；(4) 苏联科技政策及其管理体制改革；(5) 苏联对外贸易管理体制改革；(6) 苏联东欧国家政治经济体制改革的指导思想和原则；(7) 苏联东欧国家经济体制改革的比较；(8) 苏联的发达社会主义理论；(9) 中国和苏联、东欧国家的关系；(10) 苏联、东欧各国的相互关系及它们之间的比较研究；(11) 苏联、东欧国家的历史、文化研究；(12) 苏联、东欧各国的社会科学研究动态；

（13）世界各国学者对苏联东欧问题的研究等。

20世纪90年代以来，本刊的主要选题为：（1）邓小平论苏联社会主义模式；（2）苏联解体和东欧剧变的深层次原因研究；（3）苏俄及苏联70多年的历史述评；（4）俄罗斯、东欧、中亚国家政治体制转轨及其经验教训；（5）俄罗斯、东欧、中亚国家政治形势、特点及走势分析；（6）俄罗斯、东欧、中亚国家社会主义思潮和运动；（7）俄罗斯、东欧、中亚国家的政党发展情况研究；（8）俄罗斯、东欧、中亚国家政治经济转轨的经验教训研究；（9）俄罗斯、东欧、中亚国家不同发展模式的比较研究；（10）俄罗斯、东欧、中亚国家生产资料所有制的改革研究；（11）俄罗斯、东欧、中亚国家经济形势发展的跟踪研究；（12）冷战后的国际局势和新格局以及世界新秩序问题（包括民族矛盾、地区冲突和国际干预等）；（13）苏联解体和东欧剧变对国际形势发展的影响；（14）俄罗斯、东欧和中亚国家的对外战略理论和外交政策；（15）中国和俄罗斯、东欧、中亚国家关系的现状和发展前景；（16）苏联、俄罗斯、东欧国家和地区的热点问题；（17）独联体国家政治、经济、军事方面的一体化进程；（18）独联体国家人文领域的合作情况；（19）独联体的发展前景；（20）中苏关系历史档案研究。

4. 培育作者队伍

刊物的编辑出版是一种群体行为。如果没有一大批高水平的作者队伍，刊物就会成为无本之木。这些年来，编辑部本着“尊老”“依中”“扶青”的原则，通过各种形式与许多老年的、中年的、青年的专家学者建立了广泛的联系和友谊，在刊物周围形成了一个阵容强大的作者群。编辑部的具体做法是，将所内外学有专长的中老年作者汇聚起来，充分发挥他们的中坚作用，为刊物提供强有力的支撑。在刊物发展的各个时期，都有一批专家学者对刊物寄予很高的期望，给予多方的支持和鼓励。他们将自己潜心研究的力作惠赠给刊物。正是由于他们的辛勤培育，才使刊物呈现出一派生机勃勃、奋发向上的景象，也正是有了他们的大力支持和精心呵护，才确立了刊物在学术界的影响和地位。在处理名家稿件时，编辑部尽量做到圆满周到，与作者建立起一种友情的联系，形成结构合理、感情融洽、良性互动的作者队伍。同时把培养和扶持青年作者作为重点常抓不懈。通过召开座谈会、个别交流等方式，鼓励青年作者撰写论文，踊跃投稿，并尽可能地给他们提供发表的机会。对一些青年作者不够成熟的论文，编辑人员则不厌其烦地进行指导，提出意见，有时还和作者一起反复修改，直至达到能够发表的水平。编辑部爱护、关心投稿人，尊重、珍惜作者的辛勤劳动。委派专人将来稿认真登记，并转发有关责任编辑。对于"不对口"的稿件，编辑部在征得作者同意的情况下，帮助将这类稿件改投他刊。投稿人对此非常感动。这也是我刊稿源充足的原因之一。为了摸清作者队伍的基本情况，编辑部在20世纪80年代就开始编写作者学术档案，把全国各地从事苏联、俄罗斯、东欧中亚问题研究的学者的姓名、出生年月、职称、职务、主要研究方向、重要学术成果、通信地址等制成卡片。2002年，编辑部把这些档案卡片进一步整理，编印成《"东欧中亚研究"作者名录》小册子，为学者们进行学术交流提供了方便。

编辑部还注意研究读者的阅读规律，主动适应读者需求，扩大读者的覆盖面，竭诚为读者服务，沟通编读关系，倾听读者的意见，及时改进工作，对读者的来信，热情回复，把加强刊物与读者的联系、交流与沟通，作为编辑部的一项重要工作。

5. 评选优秀论文

编辑部于1984年10月至1985年1月开展了优秀理论文章评选活动。活动的目的主要是推动对苏联东欧的研究；希望更多的同志撰写出配合我国四化建设需要的优秀理论文章；提高刊物质量，改进办刊工作。评选的标准是：(1) 对研究社会主义现代化建设提出的现实问题有较大参考价值的文章；(2) 文章的理论和政治观点正确；(3) 理论联系实际，有一定理论深度；(4) 有较好的文风。这次评奖共评出一等奖2名，二等奖3名，三等奖5名。除向获奖者颁发奖金、纪念册和书籍外，还颁发了《优秀理论文章证书》。

（三）八年跨越（1993~2000）

20世纪80年代末90年代初，苏东国家发生了剧变，国际形势和世界力量对比也随之发生了根本性的变化，世界进入了一个新的时期。这种新的形势迫使刊物根据与时俱进的原则对报道计划、选题、研究方法等进行必要的调整。这种调整具体表现在以下了几个转变上：一是随着东欧剧变和苏联解体，刊物由原来的苏联、东欧研究转变为俄罗斯、东欧中亚研究；二是由一般评介研究转变为基础理论研究；三是由过去较多的抽象和推理方法转变为更多采用实证方法；四是由过去侧重于定量分析转变为定性分析；五是刊物由过去封闭式的内部发行转变为国内外公开发行。

1993 年刊物公开出版时，本刊顾问、原中联部负责苏东国家事务的副部长伍修权，时任中国社科院院长胡绳和本刊顾问师哲发来贺词，时任主编的徐葵为刊物公开发行撰写了发刊词。他在发刊词中指出，这本刊物是在我国学者在苏东学界研究领域长期耕耘的基础上，是在我国深化改革、扩大开放、加快经济建设步伐的新形势下，是在国际风云变幻和苏东国家发生巨大变化的新的国际条件下创办的，它的问世无疑是必要的，也是适时的。

1. 及时增容扩版

为了进一步适应中国国际问题研究的形势和需要，加强刊物的学术性、权威性和可读性，全面展示中国学者在苏联东欧研究学科取得的成就，增进国内外学术界的交流与合作，使这份刊物真正成为苏联、俄罗斯、东欧、中亚学科的前沿阵地，刊物从 1993 年开始扩版和增容，由原来的 64 页扩大为 96 页，每期由 10 万字增加到 16 万字。

2. 调整学术定位

回顾多年的办刊实践，编辑部最大的体会是，办一本刊物并不难，难就难在办出个性，办出特色。正如我国老一辈社会活动家、编辑家邹韬奋先生所说：“没有个性和特色的刊物，生存已成问题，发展更没有希望了。”在市场竞争日趋激烈的条件下，为了生存和发展，必须在形成刊物的个性和特色上下功夫。刊物的个性和特色是由它的研究对象决定的。苏东国家发生剧变以后，这本杂志的研究对象转移到了以下三个方面：一是苏东剧变的原因和教训；二是这些国家政治、经济转轨的理论和实践；三是这些国家的对外政策和与中国的外交关系。其中，对苏联兴亡的研究居于最重要的地位。这是人文科学的一个重大课题，也是一个世纪难题。历史上，巴黎公社失败后，马克思曾倾注极大心血和精力研究巴黎公社的历史经验，写下了《法兰西内战》等经典名著，对发展革命理论和推进国际无产阶级革命运动起了巨大的作用。巴黎公社仅存在了 72 天，而世界上第一个社会主义国家却生存了 74 年，走过了既有凯歌行进，又有曲折反复的历程。它所包括的历史内涵和深远影响是巴黎公社所无法比拟的。在这样重要的历史时刻，深入研究苏联兴亡史，具有不可估量的理论意义和现实意义。同时，苏联社会主义和共产党的历史不可能由资产阶级学者去撰写，中国是世界社会主义事业的继承者和开拓者，总结苏共历史的任务也责无旁贷地落到了中国学者的身上。

以上研究对象和研究领域的特殊重要性以及中央的指示精神，决定了新时期刊物的学术定位和价值取向。作为一份学术理论刊物，应该遵照中央领导的重要指示，积极引导当代社会科学家和社科工作者对苏联兴亡史展开系统、全面、深入地分析与研究，正确总结历史经验和教训，进一步把马克思主义和科学社会主义推向新境界。因此，编辑部一直把研究苏东国家剧变的原因和教训，总结这些国家几十年社会主义实践正反两方面的经验作为报道重点，推出了一批高质量、高品位的学术论文，产生了良好的社会影响。

3. 坚持正确导向

方向问题不是一句简单的政治口号，而是刊物的政治属性、思想属性，是基础和前提。政治方向就是坚持与党中央保持一致，坚持党性原则，坚定不移地贯彻执行党的方针政策，弘扬社会主义时代主旋律，为繁荣学术和两个文明建设服务。编辑部组织编辑人员认真学习中央精神，并把有关精神贯彻到编辑工作实践中去。在日常审稿中，严格进行政治把关，注意应用马克思主义的立场、观点和方法对稿件的思想内容进行评判，特别注意与中央在政治上保持高度一致，对一些敏感问题十分谨慎。1991 年苏联解体，在此期间，国内外的敌对势力，出于其反动的政治目的，总是想“西化”“分化”我们，妄图把他们那套“民主”“自由”模式强加给我们，他们还明目张胆地对我国的形势、政策进行种种污蔑和诽谤，散布各种流言蜚语。我们的刊物在涉及这些内容时，不能只是客观罗列，而必须发挥自己的净化功能和批判功能，对所编文稿进行筛选、批判、净化，严禁毒草泛滥。

4. 提高学术质量

（1）突出理论性。理论是刊物的灵魂。社会的发展，科学的进步，离不开基础理论研究和学术繁荣。基于此，编辑人员在审读文稿时，一贯强调理论创新。东欧剧变、苏联解体以后，社会主义阵营不复存在，国际共产主义运动转入低潮。历史经验证明，革命遭到挫折和处于低潮的时期，正是新的革命理论孕育和成熟的时期。20世纪90年代前期，对苏东剧变原因的研究还处于起始阶段，刊物发表的关于这一内容的稿件大多还停留在广泛收集整理资料、客观介绍情况方面。而现在刊物则强调要在“深”字上狠下功夫，要加强理论性和系统性，必须对剧变实质和转轨进程进行理论概括，对重大事件和重要人物的分析和评价要有理论深度和历史厚度，要找出一些带规律性的东西，得出科学的结论。为了达到上述要求，刊物十分重视评论工作，认为评论是刊物的灵魂。刊物之所以称其为刊物，而不是论文集，就在于它发表的学术成果要对苏联、俄罗斯、东欧中亚国家政治经济发展的新趋势、新问题和新情况做出评论和评价。随着认识的加深，刊物发表的有关苏联剧变原因和俄罗斯政治经济转轨研究的文章基本上达到了上述要求。

（2）强化前瞻性。研究和解决我国现代化建设中提出的重大理论问题和实际问题，是哲学社会科学的根本任务，是全面开创社会主义现代化新局面的需要。学术刊物在引导理论研究为社会主义现代化建设服务的工作中，负有义不容辞的责任。因此，编辑部在编辑工作的整个过程中，始终坚持与时俱进的原则，站在时代的前列，积极组织一些对促进我国政治经济体制改革具有现实指导意义的文章作为专论，予以优先发表。同时，注意有批判地吸收国外的经验和教训：一方面，对俄罗斯、东欧中亚国家政治经济转轨中的教训进行评介研究，避免重蹈覆辙；另一方面，对它们在改革中开放中的新思想、新经验进行引进研究，推动中国改革开放事业向纵深发展。

（3）激发开创性。理论研究要发扬探索精神，理论刊物要锐意创新。几年来编辑部坚持双百方针，力争把刊物办成“百花园”，而不是“一言堂”，鼓励独立思考，倡导学术争鸣，在科学研究的基础上，敢于提出与众不同的观点，敢于发表具有自己风格、具有独到见解的文章。

（4）倡导原生性。撰写论文必须利用文献资料。编辑部要求这些资料必须是最新的第一手材料，是经过考证准确无误的。苏联解体后，大量苏联时期的历史档案材料被公之于众。我国学者对这些文献资料进行了核实、考证、筛选、整理加工，将历史考察与逻辑分析结合起来，写出了一系列优秀论文。

（四）十五年辉煌（2001~2014）

2001~2014年，在编辑部全体成员的共同努力下，刊物又有了全面发展。其主要表现是，从发表文章的内容看，报道面更加广泛，并有一定理论深度；在编辑校对工作方面，由于采取种种措施，刊物的编校质量显著提高；尤其是在探讨苏联解体、东欧剧变的原因方面，学者从政治、经济、文化、军事等不同角度进行了理论剖析，为中国的改革开放和建设有中国特色的社会主义提供了直接的借鉴，为国家的长治久安提供了一定的理论支持。刊物不仅有形式上的日趋完善，而且还有了内容上的更新和突破，并形成了自己的特色和风格。

1. 加大理论深度

（1）苏东剧变研究。两次世界大战、十月革命和东欧剧变、苏联解体被我国学术界公认为20世纪三大国际政治事件。而其中，20世纪80年代末90年代初发生的东欧剧变、苏联解体又被视为最令人震撼的重大历史事件。东欧剧变、苏联解体不仅影响了人类的发展进程，而且改变了世界政治地图和国际战略格局；同时，苏东模式曾给我国几代人的世界观和人生道路留下了深深的印记。研究苏联解体、东欧剧变问题，对于认识马列主义发展前景和认识人类历史发展进程以及推动有中国特色社会主义事业顺利前进具有理论意义和现实意义。有鉴于此，自20世纪90年代以来，编辑部一直把科学总结苏联解体、东欧剧变的原因、教训作为自己的主要任务。进入21世纪，我刊不断发表有关文章，对苏联解体、东欧剧变问题进行更加深入的研究探讨。

（2）体制转轨研究。自20世纪90年代初期以来，原苏联东欧地区的国家体制转轨研究一直是我刊报道的主题之一。所谓体制转轨是指这些国家政治、经济体制的转变，即政治体制由原来苏联式的以一党执政、党政不分、议行合一为主要特征的“一党垄断的集权制”向西方式的以多党政治、议会民主、三权分立为主要特征的“多党议会民主制”转变；经济体制则是由中央计划向市场经济体制转变。

（3）国家模式解读。苏联及原苏东地区国家，是指苏联以及苏联解体、东欧剧变后在后苏联空间新独立的国家和中东欧国家。对这些国家的模式研究也是我刊报道的主要任务之一。

（4）经济问题探析。俄罗斯东欧中亚国家的经济形势、经济转轨、经济一体化、对外贸易以及俄罗斯等独联体国家加入世界贸易组织等问题一向是我刊关注的重点。

（5）国际关系阐释。2001 年“9·11”事件使世界格局受到强烈的冲击和震撼，给本就错综复杂的国际关系又带来了许多不确定因素。俄罗斯等独联体国家从自身利益需要出发，开始调整其对外政策，积极支持和配合美国的反恐行动。在这种新的国际形势下，我国有关专家学者专心研究俄罗斯东欧中亚国家的对外政策变化以及这些国家的对外关系，其中包括它们同美国等西方国家的关系问题。

（6）政治历史社会透视。俄罗斯东欧中亚国家的政治、历史和社会问题是我刊一向十分关注的重要领域。

3. 拓展报道领域

（1）“三股势力”论析。2001 年“9·11”事件后，国际社会积极开展“反恐”斗争。我国学术界对原苏联地区，特别是中亚和高加索地区的“三股势力”——民族分离主义、宗教极端主义和国际恐怖主义进行研究、探讨。

（2）“颜色革命”研究。2003 年 11 月、2004 年 12 月和 2005 年 3 月，格鲁吉亚、乌克兰和吉尔吉斯斯坦的反对派利用本国总统或议会选举之机，借口“选举舞弊”“选举不公”，煽动部分民众将国家原领导人赶下台，开始掌权执政。国内外一些新闻媒体将这种情况称为“颜色革命”。刊物对此予以足够重视，并进行了充分报道。

4. 狠抓编校质量

编辑部一贯重视刊物编校质量。编辑部提出，我刊要把国际理论和国际战略放在头等重要的位置，在继续抓好对现实问题进行宏观性、战略性、前瞻性研究的同时，把重点转向基础研究，加强学科建设，全面实施精品战略，力争每期都有几篇言之有物、论之有据、充满改革创新精神的重头文章，不断提高刊物的学术质量。

（1）加强编辑队伍建设。

刊物是人编辑的，要想创办一流刊物必须拥有比较精干的编辑人员。长期以来，编辑部一直注重编辑队伍的建设问题。为提高编辑人员的工作能力和业务水平，编辑部不断邀请造诣高深的编辑专家给大家讲课并解疑释惑。

（2）打造一流刊物。

要打造一流刊物，必须严把政治、学术质量关。在政治方面，编辑部一直把党的方针政策作为衡量稿件能否发表的标准。对于涉及俄罗斯、中亚等周边国家的稿件更加谨慎，在政治方面，要看它是否符合党的方针政策。在学术方面，要看来稿是不是俄罗斯、中亚和东欧领域的最新研究成果，有无一定理论深度，是否达到编辑部提出的“选题新颖、内容充实、论证严谨、层次清楚、阐述明晰和文字简练”的要求。

（3）加强岗位责任制。

一是仔细做好前期准备工作。一本刊物的质量如何，最终取决于编辑的加工水平。因此，编辑部要求每个编辑人员对拟发表的稿件，进行认真、细致的加工，力求使每一篇文稿都能真正反映《俄罗斯东欧中亚研究》的独特风格和水平，坚持做到在推敲观点上，慎之又慎；在调整结构上，突出主题，层次分明，条理清晰；在增删材料上，细致考证，认真核对，删繁就简，毫不马虎；在锤炼语言上，精心修饰润色，使语法、逻辑、修辞合乎规范，达到正式出版标准，然后填写稿签，并认真负责地写出推荐发表意见。

二是认真校对清样。为了保证刊物的出版质量，编辑部采用个人校对与相互校对相结合、人工校对与技术校对相结合以及编辑校对与专家审读相结合的办法，反复校对，力求使差错率不超过国家新闻出版广电总局规定的万分之一。具体地说，就是建立岗位责任制，每个编辑人员对于自己负责编辑的稿子至少校对两次。到第三校清样出来，两人一组互校对方的清样。第四校清样出来后。由专人负责进行电脑“黑马”校对。第五校清样出来后，请1~2位资深专家审读全部清样，再次从政治和学术上审查、把关。第六校清样出来后，由专人负责校对，并同印刷厂打字员合作，逐一修改为数不多的几个错误。至此，定稿发排。这些编辑工作制度、精细的行政管理手段还只能管出条理和秩序，而不能管出生机与活力。起统摄作用的是思想，是刊物的编辑思想。可以这样说，稿件是硬件，而编辑思想是软件。软件才是一种规范，一种秩序，一种机制，才能借以把全体编辑和整个刊物组成一个有机的整体，释放出无限的生机与活力，从而把刊物提高到一个新的水平。

三是编纂《编辑技术规格》，使编辑工作长期有所遵循。根据国家和有关部门关于图书、报刊编辑、校对和出版工作的法规以及长期的工作实践，2004年1月，编辑部编印了《编辑技术规格》的小册子。这本小册子共分20部分。其中包括对稿签的基本要求，对文稿编辑的要求，标题的拟定要题文相符，文稿中的术语前后必须统一，关于缩略语、表格、注释、引文、标点符号、复合量词、计量单位、数字用法，以及编辑校对符号及其用法，等等。这本小册子内容丰富，文例结合，通俗易懂，对于规范编辑工作和培养编辑人员都有实用价值。这本小册子曾受到中国社会科学院科研局的肯定和表扬。遵照该局领导的指示，加印了100册，由院科研局推荐给全院其他编辑部参考、使用。

（4）进一步改版和增容。

进入21世纪后，随着我国俄罗斯、东欧、中亚学科建设的发展、科研队伍的壮大、学术论文的增加，刊物原先的容量已经远远不能满足学术界的需要；同时，全国学术期刊的版面形式也发生了深刻的变化，刊物原来的版式也与国家级学术大刊的地位越来越不相称。鉴于这种情况，刊物从2001年起再次增容并改版，由原先的16开本改为大16开本，字数由原来的16万字增加到18万字。同时，对刊物的印刷和装帧进行多方面改进，使版面的设计更加美观，封面由过去的普通版变成157g铜版；内文由过去的国产胶版变成70g胶版。过去封面色彩单调，没有图案；改版后的封面呈浅蓝色，封面正中间有中国社会科学院俄罗斯东欧中亚研究所办公大楼的图案：一栋古朴典雅，又颇具西方韵味的二层楼房，两株银装素裹的青松分立大门两旁，给人以庄重严肃、静谧清幽的感觉。仅封面设计编辑部的同志就数十次往返于设计师与编辑部之间，反复推敲，征求意见，直到满意。由著名书法家陈伯希先生题写的刊名“俄罗斯东欧中亚研究”遒劲有力，洒脱美观，为刊物增色许多。为使国外读者阅读方便和了解刊物内容，从2000年起，刊物每期都增加了英文目录以及重要论文和文章的英文提要。从学术界的反馈情况看，刊物的改版和增容非常及时，取得了巨大成功。

5. 编辑工作自动化

随着现代计算机技术的发展，编辑部把办公自动化建设提上了议事日程。编辑部拨出一定资金为每名工作人员配备了电脑等自动化设备，派人到院里计算机培训班学习。现在编辑部基本采用Email方式传递稿件、登记稿件、编辑加工稿件，既快捷又方便，大大提高了编辑工作效率。从2002年起，编辑部又引进了“黑马”电脑校对技术，作为人工校对的辅助手段，提高了校对速度，降低了差错率。

6. 扩大国际影响

我国“入世”后学术期刊向国际化发展已是大势所趋。为适应这种新形势，编辑部要求全体编辑人员树立全球视野和开放意识，直面俄罗斯、东欧中亚学术研究领域最重大、最前沿的课题，反映这些国家和地区的重要理论和实际问题。现代国际性学术期刊的结构性配置是多向的。其中有纵横交错的网络式结构，也有线性垂直的纵向结构。从刊物的结构性来说，《俄罗斯东欧中亚研究》基本上是属于前者。在横向方面，该刊的内容涉及苏联、俄罗斯、东欧、中亚国家和地区；从学科看，该刊包括经济、政治、外交、理论、文化、军事、民族、宗教等各个领域的研究成果。在纵向方面，本刊开设有历史、人物志等栏目，其研究对象涉及上述有关国家的断代史、地区史、国别史和专题史。同国际斯拉夫研究方面的权威性杂志相比，本刊的栏目设置远远超过它们，其总体结构也较为复杂。

为提高刊物在国际上的学术地位，有利于对外学术交流，扩大研究成果的国际影响，刊物比较注意与国际惯例接轨。比如，在维护知识产权方面，坚决拒绝已在其他刊物发表的稿件，作者的论文在刊物一经发表，版权即归我刊所有。编辑部的同志积极利用出访的机会宣传刊物，让更多的国外学者知道这份刊物。刊物还同俄罗斯、日本、乌兹别克斯坦、哈萨克斯坦等国家的学术机构建立了学术交换关系，国际影响日益扩大。

编辑部要求全体编辑人员要站在21世纪的发展高度，积极推动中国学术研究走向世界。为此，我们重点抓了两方面的工作。一是在反映中国的东欧中亚问题研究状况时，努力做到把高、精、尖的“产品”推向世界，让世界学术界了解中国。编辑部经常组织一些重大学术、理论问题的讨论，组织撰写一些具有创新性、科学性的学术论文，把讨论纪要和论文在刊物上发表。二是积极介绍和引进国际上对东欧和中亚问题研究的最新成果，让中国学术界了解世界。刊物发表和移植了一些国外政要、专家学者撰写的文章，介绍各种思想理论和学术观点。

编辑部的同志和其他一些研究人员出访俄罗斯、东欧、中亚国家，同这些国家的知名人士座谈，回国后，把这些座谈内容整理成文章在刊物上发表，做到“知己知彼”“洋为中用”，使刊物成为中外学术交流的桥梁。学术期刊国际化还要求编辑人员具备和提高适应国际交往和竞争需要的能力和素质，包括外语应用能力、跨文化沟通能力、信息处理能力、创新能力、继续学习能力和良好的心理素质。

7. 这一时期的工作重点

（1）实施精品战略。随着全社会刊物质量的普遍提高，刊物之间的竞争日趋激烈，编辑部提出了“办一流刊物，出时代精品”的口号，强化了精品意识和竞争意识，为刊物在已取得成绩的基础上跃上新台阶指明了方向。由于指导思想明确，为刊物日后的健康发展和腾飞奠定了坚实的基础。

（2）进一步明确刊物定位。在保持高品位、高技术的基础上，有计划、有步骤地推出研究所科研骨干的力作或重大课题的浓缩篇，为研究工作者提供一个展示才能的舞台，使刊物充满鲜明的个性和时代特征，真正成为“国内一流、国际上有影响”的精品刊物。

（3）充实稳定编辑队伍。办一流刊物，一定要有一流的编辑队伍。一支责任心强、甘于奉献的学者型编辑队伍，才能真正担负起“认识世界、传承文明、创新理论、咨政育人、服务社会”的历史使命。随着时间的推移，编辑队伍人员老化的现象比较突出；随着课题制的实施，编辑人员待遇偏低的现象日益明显；随着研究的不断深入，编辑人员知识结构不合理的现象相当普遍。为了彻底改变这种状况，编辑部做了以下几个方面的工作：一是通过各种途径和形式不断提高编辑人员素质；二是尽可能地提高编辑人员待遇，稳定编辑队伍；三是调整编辑人员年龄结构，挑选一批中青年同志充实到编辑队伍中来，逐步形成了一支政治强、业务精、纪律严、作风正的编辑队伍。通过抓刊物的社会定位，办刊方向进一步明确，刊物质量明显提高，社会效益显著。通过抓队伍建设，编辑队伍更加巩固，人员结构趋于合理。

二 刊物获奖和社会评价

经过编辑部几代人的努力，以反映俄罗斯东欧中亚最新研究成果为主要任务的《俄罗斯东欧中亚研究》已成为这一研究领域最有影响、最具权威性的国际问题刊物之一。世纪之交，刊物连续三届荣获中国社会科学院期刊一等奖，是中国社会科学院国际类期刊中唯一连续获此殊荣的刊物。1999 年，刊物在中国社会科学院首届优秀期刊评奖活动中荣获优秀期刊奖（首届未设一等奖）。2001 年，刊物被国家新闻出版总署确认为“双效期刊”，入选中国优秀期刊方阵（为中国社科院入选的 4 种“双效期刊”之一）。2002 年，刊物在社科院第二届优秀期刊评奖活动中获一等奖。2005 年，刊物在社科院第三届优秀期刊评奖活动中再次获一等奖。2005 年，刊物获国家百种重点期刊奖。

由于刊物内容丰厚，论述精辟，学风严谨，受到国内外学术界的广泛关注和好评，刊物发表的文章或被国内外学术期刊大量转载，或为国内外学者广泛引用。人民大学书报资料中心、《中国社会科学文摘》等杂志转发了刊物的大量文章，刊物的权威性获得了学术界的广泛认同。清华大学中国学术期刊（光盘版）电子杂志社、清华同方知网、南京大学中国社会科学研究评估中心、中国核心期刊数据库（万方）均把《俄罗斯东欧中亚研究》作为中文社会科学引文索引来源期刊。在日常编辑工作中，编辑部经常收到全国各地读者的来信，这些来信既有鼓励、鞭策和支持，也有批评、建议与指导。这些来信是一笔宝贵的精神财富，激励编辑部把刊物办得更好。

三 五年转型

近年来，地区国别类国际政治期刊的办刊环境和作者队伍发生了巨大变化。随着互联网和移动客户端的普及，纸版杂志的生存面临危机，作者队伍正在经历新老交替，这为期刊发展提出了新的要求和新的挑战。编辑部为应对新形势新挑战，进行了艰苦的探索和调整。

（一）调整期刊定位，提出俄罗斯东欧中亚研究要向精深发展的目标

2016 年，在《俄罗斯东欧中亚研究》创刊 35 周年之际，在主编“卷首语”中明确提出，俄罗斯东欧中亚研究要向精深发展的大目标。这既是对历

史的继承，也是对新的开拓的自勉。1981 年，在杂志前身——《苏联东欧问题》问世之际，时任主编刘克明曾提出，我们出版这样一个刊物，是为了推动我国学术界开展对苏联东欧问题的研究，交流研究成果，加深我们对苏联东欧问题的认识和了解。当时期刊的要求是建立园地，发表成果。1993 年，在刊物更名为《东欧中亚研究》并正式公开发行之际，时任主编徐葵提出，我们希望这个刊物，对繁荣和发展我国学术界对俄罗斯东欧中亚地区的科学研究，推动内外学术交流，增强国家间的了解、友谊与合作，促进我国的改革、开放和现代化建设事业产生积极作用。当时的要求是要发展和繁荣俄罗斯东欧中亚研究。2000 年，在 21 世纪来临之际，时任主编李静杰提出，20 世纪影响人类社会发展的最重大事件大都发生在俄罗斯东欧中亚地区，展望 21 世纪，国际关系和人类命运在很大程度上仍将取决于这一地区势态的发展；在 21 世纪，俄罗斯东欧中亚研究不仅不能削弱，而且应该加强，应该有一个大发展。当时的要求是要大力发展俄罗斯东欧中亚研究。当前世界正在发生深刻变化，俄罗斯东欧中亚地区局势更加错综复杂，这为科研工作和期刊发展提出了新的更高的要求，编辑部认为，俄罗斯东欧中亚研究不但要有一个大发展，而且更要向精深发展。所谓精深，就不是浮光掠影，不是低水平重复，而是突出强调科学意识、问题意识和质量意识，以科学谨严的治学态度，提出并牢牢抓住亟待研究和解决的关键问题，通过深入的研究和深刻的理性思辨，推出经得起时间检验的高质量科研成果。

（二）适应新时代要求，确立综合发展的办刊格局

近年来，随着互联网尤其是移动互联网的发展，纸版杂志的需求严重下降，读者一般选择从互联网尤其是移动互联网获取学术信息，为应对这种局面，编辑部开始尝试“刊网融合”发展的新格局。从 2015 年起，《俄罗斯东欧中亚研究》基本形成了“一刊、一网、一个微号、一个论坛”的框架。所谓一刊，就是纸版杂志。2016 年对杂志版式进行了调整，从大 16 开本调整为流行的小 16 开。杂志装帧在继承的基础上，进行了部分调整。所谓一网，就是《俄罗斯东欧中亚研究》杂志网（http：//www.oyyj-oys.org）。这是在杂志采编平台基础上扩充而成的紧凑型网站，初步实现了杂志在互联网上安家的目标。一个微号，就是“俄罗斯东欧中亚研究”微信公众号。一个论坛，就是

“俄罗斯东欧中亚研究前沿论坛”。从 2015 年起，编辑部连续举办三届“俄罗斯东欧中亚前沿论坛”，这一论坛坚持征稿形式和以文参会原则，并对来稿进行严格评审；弘扬学术批评精神，邀请点评专家对入围论文提出修改完善意见。目前这一论坛正在成为发现学术新秀的平台。

（三）强化办刊的科学意识、选题的问题意识和文章的质量意识

随着互联技术的大发展尤其是新媒体、自媒体的普及，对研究对象进行简单梳理已不能满足读者的需要。地区国别类学术期刊要增强社会科学意识，与新闻评论和资料汇集区别开来，为此，编辑部提出，要强化科学意识，认为这是科研工作的基础。秉持科学精神，强调科学意识，就是要坚持“不唯上，不唯书，只唯实”的治学精神，用科学理论和方法分析和研究问题。对地区和国别研究来说，更为重要的是，要深入了解研究对象的历史特性、民族特性和国家特性，避免陷入理论和现有结论的教条中，要科学地、动态地、辩证地理解和解释所研究的问题。问题意识就是顺应时代要求，坚持问题导向，以科学的态度持之以恒地钻研下去，力争取得科研工作的新成就。质量意识就是要以科学意识和问题意识为导向，面向国家和社会需求选择选题。为此，编辑部从 2016 年起开始实行全面匿名审稿制度，并尝试开展“评文评刊”等活动。

我们深知，办好一个面向未来、心向学术、走向世界的国内高水平期刊，仅仅依靠编辑部努力是不够的，更需要拥有一批理论素养好、政策水平高、文字功底深的作者，以严谨的学风、流畅的文风、扎实的作风共同推动俄罗斯东欧中亚研究向更高水平迈进。作为国内研究俄罗斯东欧中亚问题的权威学术期刊，我们将一如既往为广大学人服务，与学界同人共同成长。我们将一如既往地承担起期刊的学术责任，即学术交流的责任、学术批评的责任、学术引导的责任，搭建好具有公信力的学术成果展示平台，倡导健康的学术争鸣，成为编者、作者和读者之间顺畅交流的桥梁，把握学术的前沿方向，不断推出高质量的研究成果。我们虽然力有不逮，但是乐于承担起这样的责任，并为此付出辛劳。

“办一流期刊”——《俄罗斯东欧中亚研究》永远的追求！

《俄罗斯学刊》：欧亚重大问题研究的中国学者视角

靳会新

《俄罗斯学刊》自 2011 年开始出版，到 2017 年 12 月 10 日刊发 42 期。学刊的办刊宗旨为：反映俄罗斯政治、经济、外交、历史、文化、法律等领域问题的研究成果，中俄关系全局性及区域性合作问题的研究成果。在办刊过程中，我们突出全局性、战略性、前瞻性问题，同时关注应用性问题的研究，突出鲜明的地方特色。此外《俄罗斯学刊》还围绕一段时间内中俄关系中的热点问题、俄罗斯重点问题设计和策划一些有前沿性的、有原创意义的、有战略意义的重要选题开展专题讨论。创刊 7 年来，共刊登文章 500 余篇，涵盖近几年俄罗斯的重大问题、中俄合作的热点问题。

一　俄罗斯政治、经济及中俄关系

俄罗斯独立后经历了政治经济转型，《俄罗斯学刊》把对俄罗斯政治方面的研究重点放在了俄罗斯的总统体制、政党体制、联邦制度、总统与其他权力机制的关系和政党在国家政治生活中的作用上，希望从俄罗斯政治制度 20 多年的变迁中折射出一个国家政治转型的规律以及制度性安排与“非正式制度”的关系。俄罗斯在历史上进行了一次又一次的现代化努力。赶超西方，实现国家的现代化，使俄罗斯立于世界先进民族之林——这是贯穿俄罗斯历史的一条红线。而俄罗斯现代化的努力成功与否，在很大程度上取决于俄罗斯领导人和精英们怎样掌握这门政治艺术。以叶利钦时代“国家性”观念的内涵及影响为视角解读俄罗斯的政治转型得出如下结论：叶利钦时代俄罗斯政治转型的历史进程促成了“国家性”观念的缘起。“国家性”的内在含义经历了如下演变：国家主权独立、国家机构的重新建立、巩固国家机构以及构建新俄罗斯的国家观念。在叶利钦时代的不同时期，“国家性”观念的政治影响分别体现在提出了巩固国家的执政理念和建立全民族国家思想意识形态的表述上。① 苏联解体后俄罗斯政党制度的发展大体经历了两个主要阶段：在叶利钦时期，俄罗斯多党政治尽管不成熟，但多党制获得了宪法基础，多党政治从无序走向有序，多党政治格局得以奠定；普京执政以后，加快了政党制度改革步伐，政党对国家的政治生活和政治格局产生现实影响，这是俄罗斯政党制度改革、多党制趋于形成阶段。在俄罗斯政党制度建立与发展的过程中，《俄联邦政党法》在其中所起到的重要作用是不容忽视的。② 2016 年俄罗斯举行第 7 届杜马选举，在俄罗斯国内爱国主义与民族主义高涨的背景下，统一俄罗斯党取得大胜，反对党遭遇重挫。反映在俄罗斯的政治生态谱系中，中派力量大为扩张，左翼大幅下滑，右翼持续萎靡。选举后，俄罗斯政权体系更加稳固，但一党巨大的优势对政治生态平衡的破坏也开始显现。③ 随着计算机、手机等现代通信工具的普及应用，俄罗斯网民群体规模迅速扩大。网络公共领域似乎成为俄罗斯现行政治体制下最适宜孕育公民社会的土壤，对原有的权力结构造成了巨大冲击。2011～2012 年，“为了诚实的选举”运动在很大程度上是通过网络公共领域酝酿、动员和实践的。在这次运动后，随着网络管控措施的出台，国家权力进入互联网领域，以实现网络公共领域的国家在场，使网络公共领域成为国家权力和社会力量、政权党和反对派博弈的空间。④

俄罗斯经济发展与经济转型是国际学术界关注的热点。仅就经济发展而

① 庞大鹏：《叶利钦时代的政治转型——以“国家性”观念为视角》，《俄罗斯学刊》2011 年第 2 期。

② 徐向梅：《俄罗斯政党制度发展与法律规制建设》，《俄罗斯学刊》2013 年第 4 期。

③ 郝赫：《从第 7 届杜马选举看俄罗斯的政治生态》，《俄罗斯学刊》2016 年第 6 期。

④ 马强：《新网络公共领域的社交媒体——以 2011～2012 年“为了诚实的选举”运动为例》，《俄罗斯学刊》2016 年第 1 期。

言，苏联解体后，俄罗斯经济经历了两次金融危机的冲击，呈现出两个明显的波峰浪谷。李新研究员发表在《俄罗斯学刊》的《对俄罗斯经济两次转型的认识》通过研究得出结论：苏联解体后俄罗斯经济经历了两次转型，即20世纪90年代从计划经济向市场经济的制度转型和目前正在进行的从资源依赖型向创新发展的经济增长方式的转型。第一次转型采用“休克疗法”，使俄罗斯经济陷入无政府状态和灾难性境地。2000~2007年，俄罗斯经济强劲复苏，有着制度性基础，但不可否认国际能源价格高企在其中的作用。然而，这种经济增长方式已经走到尽头。2008年普京为俄罗斯的长期发展制订了“普京计划”，即2020年前发展战略，其实质在于转变经济增长方式，从原料能源依赖型转向创新发展道路，开启了俄罗斯经济的第二次转型。但是这一宏大转型将是长期和缓慢的，且遭遇了全球经济危机和所谓的“页岩气革命”。目前俄经济增长放缓，缺乏动力，对第二次转型形成巨大挑战。迄今为止，俄罗斯的市场化经济转型在制度建设方面取得的成就还没有转化为经济效率方面的成果，经济产出效率、制造业效率和技术创新问题仍然是困扰俄罗斯经济与社会进一步转型的主要障碍。隐藏在背后的生产性服务业发展滞后是一个不容忽视的问题，这也是观察俄罗斯经济转型的独特视角。韩爽、徐坡岭、刘琳研究了二者的关系，认为前者不但总量发展落后，而且在诸如金融服务、物流服务、信息服务、交通运输和技术开发与研究等具体行业的发展质量和水平上也与发达国家有较大的差距。生产性服务业发展滞后对俄罗斯的重新工业化和后工业化转型无疑产生了重要的消极影响。2014年卢布大幅贬值，程亦军研究员认为，美元走强、油价下跌、西方制裁是其中的主要原因，但根本原因还在于俄经济形势欠佳，经济发展处于停滞状态，民众对其前景缺乏信心。卢布暴跌对俄社会造成了严重的负面影响。

在中俄战略协作伙伴关系建立以来的绝大部分时期，外交策应是双方战略协作的主要领域。主要表现在两个方面：共同维护良好的周边和国际安全环境，致力于建立国际政治经济新秩序；支持对方维护国家主权与领土完整的努力。以2014年中俄两国启动天然气战略合作、扩大经济和军技合作以及随后推动的共建丝绸之路经济带合作为标志，中俄战略协作伙伴关系进入共同发展时期。共同发展的基本内涵在于：在保持既有的高水平外交策应的基础上，中俄两国将各自经济社会发展战略和区域一体化战略进行对接合作，充分发掘双方合作潜力，以实现共同发展目标。[①] 关于中俄经贸合作，郭晓琼在《中俄经贸合作新进展及未来发展趋势》中分析道：由于俄罗斯经济逐步陷入深度衰退，中俄双边贸易也受到严重的冲击，贸易额大幅下降。然而，贸易额的萎缩并不代表中俄经贸合作水平的下降。中俄两国在能源、金融与投资、高科技与装备制造、电子商务等领域的合作均取得了显著成果。从长期看，中俄两国将开启全方位能源合作时代，传统的劳动密集型产品对俄出口将呈下降趋势，大项目投资在经贸合作中将发挥引擎作用，产能和装备制造业合作将成为新的增长点，成功推动丝绸之路经济带与欧亚经济联盟对接也会为中俄经贸合作深化发展提供新的动力。中俄在军事领域已形成了军事政治、军事技术和军事行动“三合一”的合作关系。主要存在的问题和可能的障碍有：互信度仍显不够，军事技术合作的具体方式还有待改进，未来在武器出口市场中俄将形成竞争关系。与此同时，双方的合作意愿更加主动，合作关系更加平等，合作课题也会更加敏感。[②]

二　俄罗斯外交、历史、文化

俄罗斯与外部世界的关系是一个内部进程和外部变化落差日益加大的历史进程，这一历史过程与内部政治秩序的变化互为影响。在最初关键的历史时刻，由于北约东扩、波黑战争、国内政治生态及车臣战争等因素，俄罗斯未能融入西方体系。时至今日，俄罗斯仍未能实现与外部世界融入与并立之间的平衡。对于俄罗斯而言，构建其内外空间观缺乏一个可以和其现代国家身份相匹配的认知上的他者，而且，冷战结束以来俄罗斯与外部世界之间一系列国际关系事件导致双方对彼此认知相异，产生战略互疑，俄罗斯最终出现了孤立主义的倾向，这是庞大鹏研究员的观点。

2014 年乌克兰危机爆发后，俄罗斯调整了奉行多年的以“融入欧洲”为目标的对外战略，加大融入亚洲的力度。2016 年 6 月 17 日，普京在圣彼得堡

① 柳风华：《中俄战略协作伙伴关系：从外交策应到共同发展》，《俄罗斯学刊》2015 年第6 期。
② 李抒音：《对中俄军事合作的历史考察与思考》，《俄罗斯学刊》2016 年第 3 期。

国际经济论坛上提出建立“大欧亚伙伴关系”倡议，得到了中国的积极回应。中俄元首在2016年6月25日签署的《中华人民共和国和俄罗斯联邦联合声明》中提出：“中俄主张在开放、透明和考虑彼此利益的基础上建立欧亚全面伙伴关系。”

俄罗斯关于建立欧亚全面伙伴关系的提议刚一发布，立即引起《俄罗斯学刊》的关注。俄罗斯一直以军事实力和外交手段发挥世界大国的作用，俄罗斯外交政策的调整对世界格局、中俄关系的影响不言而喻。编辑部决定针对该主题组稿研讨。2016年4月10日出版的《俄罗斯学刊》刊发了“欧亚伙伴关系”的专题论文。

4位作者一致认为，普京提出的大欧亚伙伴关系包含了对地区内新格局的追求，但是在世界新格局尚未定型、世界政治的发展仍处于不确定性的情况下，“大欧亚”与其说是一项面向未来的长远之策，不如说是一项临时脱困的权宜之计。庞大鹏在《俄罗斯的“大欧亚伙伴关系”》中梳理了俄罗斯提出该倡议的过程，认为俄罗斯官方与智库互相配合，有计划有步骤地提出了“大欧亚伙伴关系”，智库在其中发挥了桥梁和引导的作用。“大欧亚伙伴关系”具有“二轨外交”的特点。从“大欧洲”到“大欧亚”的历史脉络表明，“大欧亚伙伴关系”实际上反映了俄罗斯在国际格局中战略定位的发展变化，本质上是俄罗斯欧亚战略思想的延续和现实表达，是对俄罗斯国际定位和身份认同的最新解读。

张昊琦在《中心和边缘：理解“大欧亚”》一文中，从历史和文化的角度对“欧亚伙伴关系”进行解读。张昊琦认为，在现代世界体系的框架中，俄罗斯一直是一个以欧洲“中心”为坐标，不断试图进入这个“中心”的“边缘”国家。苏联时期俄罗斯摆脱了世界体系，但是苏联解体后重新沦落到边缘位置，进入世界体系“中心”仍然是它的核心目标。“大欧洲”战略的失败推动了“大欧亚”战略的提出，深层次地反映了俄罗斯从“融入”到“重建”的转变。但是俄罗斯战略思想中“以空间换时间”的历史经验以及“转向东方”的效果不彰，加重了俄罗斯的战略迟疑。从“大欧洲”到“大欧亚”的理念切换反映了俄罗斯面向亚太、在未来世界中获得新的基础的渴望。

王晓泉的文章——《“欧亚全面伙伴关系”带来的历史性机遇与挑战》把

论述的重点放在该倡议可能对中国、对中俄关系产生的影响上。他在文章中写道：构建“欧亚全面伙伴关系”是俄罗斯试图与中国共同推动欧亚地缘板块崛起、改造欧亚地区秩序、深化中俄战略协作的重大举措。“欧亚全面伙伴关系”顺应历史发展趋势和时代潮流，能够有效促进南南合作和南北对话，极大地推动欧亚一体化进程，给中国发展带来历史性机遇：延长中国的战略机遇期，解决“一带一路”建设中的瓶颈问题，提升中国的大国地位与大国形象。“欧亚全面伙伴关系”也对中俄战略互信程度和战略协作水平提出了更高的要求。

李勇慧的文章《大欧亚伙伴关系框架下俄罗斯与东盟关系：寻求区域一体化合作》从区域合作的视角出发，认为俄罗斯主导的欧亚经济联盟与东盟的合作及正在进行的自贸区谈判为大欧亚伙伴关系填充了最现实的内容，也有利于俄罗斯在区域一体化进程中提升主导权。大国关系、周边外交、各种区域和次区域合作、地区热点问题等多方面因素为俄罗斯与东盟合作增添了复杂性和挑战性。

关于俄罗斯的文化属性和国家认同，《俄罗斯学刊》在2016年第5期发表张昊琦的《思想之累：东西之争之于俄罗斯国家认同的意义》认为，19世纪中期斯拉夫派和西方派的历史论战对俄罗斯国家认同产生了深远影响。每当俄罗斯处于社会大变革之际，东西之争就会凸显，国家在发展道路上面临“西方”和“东方”的选择。东西之争是俄罗斯人在帝国语境下形成的话语结构，作为俄罗斯构建国家认同的历史遗产，它也是沉重的思想包袱。俄罗斯要走出东西之争，首先须走出帝国。

有学者认为，俄罗斯文明与西方文明有着本质性差异。当代西方文明再塑于文艺复兴，本质上是金权文明。作为俄罗斯文明基石的东正教乃是东方宗教，并且始终强化着俄罗斯文明的东方属性。俄罗斯文明的东方属性决定其无法融入西方。彼得大帝开启的第一轮西化进程被十月革命所终结，戈尔巴乔夫开启的第二轮西化进程被普京所逆转。俄罗斯文明的东方属性对其当代内外战略的影响深刻而巨大：俄罗斯无法融入西方，只能走独立自主的发展道路；与西方的关系将总体趋冷、趋稳，时常出现短时间紧张；独联体国家将长期成为俄罗斯外交首要目标，双方关系将在曲折中前行；俄罗斯经济东向一体化进程将加速，与中国的全面战略协作伙伴关系持续加强。[①] 也有学者指出，俄罗斯精英中占主导地位的思想是大西洋主义，俄罗斯一直认为自己属于西方文明，只有在融入西方的过程中出现波折时，才会短暂地转向东方，并且东倾也是重返西方的筹码。[②]

2015 年是第二次世界大战结束 70 周年，对俄罗斯来说，也是卫国战争胜利 70 周年。张盛发研究员的论文《20 世纪 30 年代苏联从集体安全到一国自保的历史考察》探讨了二战研究中一个长期引人注目的热点问题。二战前夕，欧洲主要大国苏联、法国和英国曾经试图建立集体安全体系以遏制纳粹德国的侵略威胁，但是，维护和平的努力没有成功，可怕的世界大战在一战结束 20 年之后再次让人类社会陷入了几乎万劫不复的境地。该文详细介绍和论述了苏联参加集体安全的背景和意图、谋求集体安全的艰难尝试和战争爆发前所做出的最终选择，从苏联对外政策两大目标（世界革命战略和国家安全战略）的角度分析了苏联由集体安全转向一国自保的动机和原因。

在理论界，关于俄罗斯动荡对世界影响的讨论可谓众说纷纭，尤其关涉国际能源市场的变化与发展趋势。《俄罗斯学刊》有作者认为，21 世纪以来，俄罗斯在“富国强军”目标中崛起后，实质上已经对美国“军事-能源-货币”霸权地位构成冲击。乌克兰危机爆发后，美国联合欧洲国家共同对俄罗斯实施制裁所引发的“俄罗斯动荡”，不仅不会削弱美国的霸权地位，反而会使其得以巩固和提升，这意味着制裁很有可能长期化，却不会从根本上撼动“世界新平衡”。[③]

三　丝绸之路经济带及域内国家问题

中国提出的丝绸之路经济带倡议是国家全方位深化对外开放格局的举措。丝路经济带提倡不同发展水平、不同文化传统、不同资源禀赋、不同社会制度

① 王晓泉：《俄罗斯文明属性及其战略影响考论》，《俄罗斯学刊》2014 年第 3 期。

② 王树春、林润苗：《新欧亚主义，还是欧洲 大西洋主义？——冷战后俄国对外政策中的主导思想流派研究》，《俄罗斯学刊》2014 年第 4 期。

③ 王志远：《霸权与制裁：“俄罗斯动荡”能否撼动世界新平衡》，《俄罗斯学刊》2015 年第 4 期。

国家间开展平等合作，共享发展成果，关键是要创新合作模式，通过合作与交流，把地缘优势转化为务实合作的成果。《俄罗斯学刊》针对丝绸之路经济带及域内国家的政治、经济、社会问题展开的研究认为，建设丝绸之路经济带的重点、障碍和关键环节在国外，中亚是丝绸之路经济带的重点区域。中国要处理好与俄罗斯主导的欧亚经济联盟的关系，共同推进地区合作。从现有基础看，丝绸之路经济带与欧亚经济联盟可将互联互通、电力、农业、金融等领域的合作作为重点方向①。

20 多年来，哈萨克斯坦在总统纳扎尔巴耶夫带领下实现了国家顺利转型和快速发展，取得了令世界各国关注的成就，也因此奠定了纳扎尔巴耶夫在哈萨克斯坦不可动摇的高度威望，建立了以纳扎尔巴耶夫为核心的威权政治体系。但随着纳扎尔巴耶夫年岁渐高，未来权力交接问题已成为社会各界关注的话题，成为哈萨克斯坦国家发展的一大挑战。《俄罗斯学刊》的作者指出，从哈萨克斯坦的现实情况看，很可能不会再出现一位类似于纳扎尔巴耶夫的“强人”总统，无论是总统，还是政府、议会，都不太可能再拥有像纳扎尔巴耶夫式的影响力。在这种局面下，哈萨克斯坦的国家政治结构走向成了关注的中心。② 对于吉尔吉斯斯坦的政治制度问题，《简析近年吉尔吉斯斯坦政府频繁更迭》的作者从 2010 年吉尔吉斯斯坦政体进行议会制转型切入，进行研究。认为由于受到国家政党制度化缺失、现实经济发展问题和传统部族主义思想的多重影响，吉尔吉斯斯坦政府始终处于不稳定的状态，政府更迭频繁。吉政府采取了一系列措施，完善政府职能，加强民众对于国家的认同，重视民生。2016 年修宪公投结束后的新宪法，也将对政府的行政稳定起到积极作用。

中亚地区所具有的特殊地缘特性，决定了域外强大权力中心影响力对这一地区政治、经济发展方向影响的至关重要作用。苏联解体后，美国和俄罗斯一直是对中亚地区产生重大影响的两大战略力量。今后美国从“大中亚计划”到“新丝绸之路战略”的政策思路将会继续坚持下去，推动中亚地区发展方向的多元化、淡化俄罗斯地缘政治影响的措施会不断更新。俄罗斯对中亚地区

---

① 李建民：《丝绸之路经济带、欧亚经济联盟与中俄合作》，《俄罗斯学刊》2014 年第 5 期。
② 孙铭：《哈萨克斯坦构建威权政治制度研究》，《俄罗斯学刊》2016 年第 1 期。

的政治将以构建欧亚联盟为依托，充分利用历史上遗留下来的制度安排和基础设施，利用中亚各国急于摆脱经济发展困境的心理，在苏联废墟上重新建立共同经济活动空间，借此摆脱或缓解乌克兰危机后遭遇的经济和外交窘境。但当欧亚联盟发展到一定阶段时，在利益分配、主权让渡等原则问题上各国势必出现根本性分歧。从长远视角看，俄罗斯在中亚保留的资源在不断消费，影响力逐渐下降将是必然趋势。只要坚持冷战思维的排他性政策不变，美国就不可能成为在中亚地区唯一具有支配性力量的域外大国。①

近年在中东地区泛起的宗教极端势力对欧亚安全形成了严峻的挑战，对此进行研究得出以下结论：地理上毗邻、社会形态相近、经济社会发展滞后、中东地区宗教极端势力崛起等多重原因，对欧亚地区安全形势构成重大威胁。中俄、上合组织及国际社会必须以担当精神、稳妥举措，共同应对这一严峻挑战。②

关于丝绸之路经济带域内独联体国家的研究还有：《“脱俄入欧”：独立后乌克兰历史文化政策的变化》③《格鲁吉亚与丝绸之路经济带倡议：态度、意义与前景》④《乌兹别克斯坦宗教管理体制研究》⑤ 等。

随着欧盟和北约在冷战后的数次东扩，乌克兰开始成为西方与俄罗斯之间的夹缝地带，各种国际力量在乌克兰的活动清晰可见。美国和欧盟以经济援助、监督选举和调停冲突等手段来影响乌克兰政治，俄罗斯则利用能源价格、民族问题和扶植精英等方式来抵御西方国家的渗透。大国的地缘政治竞争加剧了乌克兰政治转型的复杂性和对抗性，并最终导致国家政权更迭和国内冲突的爆发。分析乌克兰危机我们发现，乌克兰权力与资本的关系是政治危机的元凶，大国博弈则是作用于这场危机的外部因素。⑥

---

① 许涛：《试析美俄中亚政策演变路径与前景》，《俄罗斯学刊》2015年第5期。

② 王海运：《伊斯兰极端势力的泛起及其对欧亚安全的挑战》，《俄罗斯学刊》2016年第2期。

③ 周国长：《“脱俄入欧”：独立后乌克兰历史政策的变化（1991～2013）》，《俄罗斯学刊》2016年第4期。

④ 吕萍：《格鲁吉亚与丝绸之路经济带倡议：态度、意义与前景》，《俄罗斯学刊》2016年第5期。

⑤ 张宁：《乌兹别克斯坦宗教管理体制研究》，《俄罗斯学刊》2014年第2期。

⑥ 李永全：《乌克兰危机折射出的大博弈》，《俄罗斯学刊》2014年第3期；张弘：《地缘政治对政治转型的影响：条件、方式和后果——以乌克兰为案例》，《俄罗斯学刊》2016年第5期。

2014年是东欧国家转型25年。绝大多数中东欧国家在回归欧洲的同时，在政治上和军事上不断强化与美国的关系，这是中东欧国家对外关系中的鲜明特征，与中东欧国家对美国存在“感恩”的历史记忆、欧盟在共同外交与安全政策方面依然是跛脚鸭、2008年格俄战争的爆发、北约框架内对集体行动存在分歧以及乌克兰危机和俄罗斯“收复”克里米亚息息相关，这些都加剧了部分中东欧国家的安全担忧。转型25年来，中东欧同美国的双边关系经历了浪漫、成为“新欧洲”、失落和要求再担保等几个时期。在美欧关系摩擦不断的背景下，美国也加强了在欧洲寻找新盟友的力度，积极向中东欧国家提供政治、安全和经济支持，以使其成为美国在重大国际问题上的伙伴国。未来，中东欧与美国关系的发展不仅受到美国与中东欧国家在新形势下相互认知的影响，也与跨大西洋关系的演化和俄罗斯与西方关系的走向息息相关。[①] 对其他中东欧国家的研究集中在这样一些领域：匈牙利转型（以集体记忆与政治为视角、1956年事件为个案）[②]，关于中东欧国家转型过程中的三重危机[③]，国家独立、“回归欧洲”与黑山政治的三次转型等[④]，入盟十年对中欧维谢格拉德集团经济发展的影响——以捷克为例[⑤]，罗马尼亚和保加利亚应对欧盟合作与核查机制比较研究[⑥]等。

① 朱晓中：《冷战后中东欧与美国关系》，《俄罗斯学刊》2014年第6期。

② 黄立茀：《匈牙利转型：集体记忆与政治》，《俄罗斯学刊》2015年第5期。

③ 朱晓中：《中东欧国家转型过程中的三重危机》，《俄罗斯学刊》2016年第4期。

④ 高歌：《国家独立、“回归欧洲”与黑山政治的三次转型》，《俄罗斯学刊》2016年第4期。

⑤ 姜俐：《入盟十年对中欧维谢格拉德集团经济发展的影响——以捷克为例》，《俄罗斯学刊》2014年第6期。

⑥ 鲍宏铮：《罗马尼亚和保加利亚应对欧盟合作与核查机制比较研究》，《俄罗斯学刊》2014年第1期。

《欧亚经济》：过去与现在

高晓慧

《欧亚经济》是由中国社会科学院主管、俄罗斯东欧中亚研究所主办的面向国内外公开发行的世界经济类学术期刊。主要刊登俄罗斯、东欧、中亚国家经济研究的最新成果，及时跟踪和评析经济热点，注重学术性，鼓励创新性。

一　《欧亚经济》的历史沿革

（一）刊名和刊期的变化

《欧亚经济》的前身经历了从内部发行到公开发行、从译丛到应用性、从应用性再到学术性期刊的曲折转变过程，历经四次更名、两次更改刊期。

1985 年 1 月 4 日，文化部批准《苏联东欧问题译丛》（双月刊）作为内部期刊出版（文出字〔85〕第 39 号）；

1987 年该刊由内部期刊转为公开发行期刊（〔87〕社科研字 22 号）；

1992 年 4 月 15 日，因苏联解体，《苏联东欧问题译丛》更名为《东欧中亚问题译丛》（新出期〔1992〕168 号）；

1995 年 10 月 9 日，因译文的版权问题，《东欧中亚问题译丛》更名为《东欧中亚市场研究》，并由双月刊改为月刊（新出期〔1995〕1252 号）；

2002 年 2 月 21 日，因研究所的名称由东欧中亚研究所改为俄罗斯东欧中亚研究所，期刊名称也由《东欧中亚市场研究》更名为《俄罗斯中亚东欧市场》（新出报刊〔2002〕169 号）；

2013 年，《俄罗斯中亚东欧市场》由月刊改为双月刊，开本由大 16 开改为小 16 开；

2013 年 6 月 27 日，《俄罗斯中亚东欧市场》更名为《欧亚经济》（新出审字〔2013〕813 号），2014 年《欧亚经济》刊名正式启用。

《欧亚经济》国际标准连续出版物编码为 ISSN 2095-8218；国内统一刊号为 CN10-1168/D；邮发代号为 2-475；国外代号为 1442M；定价 30 元人民币；网址为 http：//www. oyjj-oys. org；编辑部电子邮箱为 oyjj-oys@ cass. org. cn；联系电话为 010-64039134，010-64020096，010-64039118。

《欧亚经济》的刊标为：

欧亚经济

标识释义：

标识设计整体采用欧亚经济英文缩写 EAE 字母变形延展，中间字母 A 变形为欧洲经典建筑屋顶，两侧双 E 字母则象征焦点，标识中部贯穿环线轨迹，将 EAE 三个字母巧妙连接，象征紧密连接，整体设计富于动感，具有简洁之美，可读性强，易于记忆。

《欧亚经济》网站及采编平台的二维码为：

《欧亚经济》现任主编为高晓慧，副主编为李丹琳，编委：孔田平、冯育民、冯玉军、刘军梅、关雪凌、陆南泉、何涛、李永全、李建民、李福川、李中海、张宁、张养志、林跃勤、赵传君、郭力、郭连成、徐坡岭、高晓慧、常玢、程亦军、景维民、童伟、〔俄〕А. Г. 拉林、〔哈〕К. Л. 瑟拉耶什金。编辑部成员：农雪梅、李丹琳、徐向梅、高晓慧。

（二）刊物定位的变化

《欧亚经济》在期刊曲折发展过程中，每一个时期在当时的历史条件下都发挥了应有的积极作用。俄罗斯东欧中亚研究所共有两种期刊：《欧亚经济》和《俄罗斯东欧中亚研究》。研究所对两个期刊有明确的分工和定位：《俄罗斯东欧中亚研究》主要侧重学术性和综合性；而《欧亚经济》则侧重应用性和可读性。研究所当时做此分工的意图是把《俄罗斯东欧中亚研究》打造成高品位的学术期刊，把《欧亚经济》打造成对外经济合作的平台，以此弥补研究所期刊经费的不足。《欧亚经济》确实也不负众望，与黑龙江省黑河市、内蒙古自治区满洲里市、新疆维吾尔自治区石河子市等沿边城市开展积极有效的合作，为黑河市和石河子市出过多期专刊，并与石河子经济技术开发区开展了中亚市场的调研课题。

2008 年，中国社会科学院实行“名刊建设工程”，在全院 93 种期刊中有 67 种获得了资助，这其中就包括《欧亚经济》。得到院里资助后，《欧亚经济》全部终止了对外合作，期刊定位有意识地向学术性倾斜，逐步得到了俄罗斯东欧中亚学界的认可。

2011 年，中国社会科学院实施创新工程以来，不断提高刊物质量、提高刊物的学术影响力和传播力成为摆在期刊面前最紧迫的任务。经过广泛征求专家意见，研究所多次进行认真讨论，决定把《欧亚经济》向学术期刊转型，经过两年多的努力终于完成了期刊更名和转型的准备工作。

二 《欧亚经济》学术定位和发展

（一）办刊宗旨

《欧亚经济》的办刊宗旨是坚持马克思主义，为改革开放服务，为建设新时代中国特色社会主义服务。紧紧抓住政治质量、学术质量和编辑质量这三个重要环节，把政治质量作为刊物的灵魂，学术质量作为刊物的基础，编辑质量作为刊物的保障。在办刊实践中，我们坚持正确的政治方向和学术导向，深入学习习近平系列讲话精神和国家新闻出版领域的法律法规，坚持马克思主义新闻观，严守党的宣传纪律，在政治上与党中央保持一致。

（二）学术定位

《欧亚经济》学术定位明确，将俄罗斯、东欧、中亚国家经济作为研究领域，关注对象国商品市场、要素市场、产业发展、对外贸易、社会保障制度、收入分配、人口老龄化及经济领域新出台的法律法规，注重学术性，兼顾应用性。在办刊过程中，密切关注欧亚学术界日新月异的研究趋势，以重大现实问题作为报道重点，促进基础研究和学科发展，力求站在国际学术前沿，体现中国俄罗斯东欧中亚学科研究成果的最高学术水平。

（三）打造精品

为提高《欧亚经济》的研究和学术层次，本刊2014年在国内开始以“笔谈”的形式组稿，选择当前学术界的热点问题，邀请国内外相关研究领域知名专家和学者就一个命题各抒己见。“笔谈”一经推出便引起学界的极大关注，成为本刊的品牌产品。2014年以来，《欧亚经济》每年举办2~3期笔谈，从实践看，要文特约栏目下的笔谈以其前沿性、引领性和学术性获得学界认可和好评，笔谈论文在中国知网下载排名中始终居于前列。

（四）制度规范

（1）为了确保刊物的学术质量，防止稿件审读中可能出现的不公正现象，本刊编辑部采用双轨制审稿制度，即编辑部审稿制度和专家匿名评审制度相结合。

（2）本刊编辑部将“回避制度”纳入编辑部审稿过程，即编辑和外审专家不能审读与他本人存在私人关系或者学术合作关系的机构和个人的稿件。

（3）为了严防学术不端行为，对所有稿件都上传到学术不端文献检查系统进行检测。

（4）每期发稿后召开“编后会”，总结本期存在的问题，讨论策划选题，完善编辑流程，明确各环节的编辑责任，推动编辑工作的正规化。

（五）人才培养

《欧亚经济》现有专职编辑人员4名，3人拥有博士学位，1人拥有硕士学位，全部具有高级专业技术职称，编委会成员都是国内外经济领域的知名专家学者。

编辑对相关研究领域学术前沿的把握能力决定了其对稿件的鉴赏能力和学

术眼光。刊物的创新主要体现在对编辑的培养上。作为学术期刊的编辑，不能只当学术的旁观者，应该是参与者，更应该是学术的引领者。

（1）本刊编辑部支持编辑人员参与学术研究，努力使编辑人员具有宽广的学术视野和深厚的学术积累，做到编研结合。

（2）加强编辑技术培训，不断提高编辑的业务能力。编辑人员每年均参加国家新闻出版广电总局主办的 72 学时培训，编辑部还邀请审读专家或资深编辑对编辑人员进行业务指导，练就沙里淘金、点石成金的编辑能力。

（3）通过策划学术活动，提高编辑对重大选题的策划能力和学术前沿的把握能力。

（4）积极引进优秀人才充实编辑队伍，优化编辑的年龄结构，完善梯队建设，建立一支拥有较高专业素质的学者型编辑团队。

编辑部对人才的重视还表现在对年轻作者的发掘和培养上。《欧亚经济》每一期都会发表年轻学者的文章。为扩大稿源，对一些年轻作者的不成熟来稿，不仅编辑会热心提出修改建议，编辑部还邀请外审专家提出中肯意见。这一举措提高了年轻作者投稿的采用率，为他们提供更多机会来展示自己的学术成就。

（六）媒体融合

为更好利用先进技术推广和宣传杂志，提升采编能力，编辑部紧盯移动技术前沿，推动与新媒体的深度融合，拓宽传播领域，以充分运用数据整合资源，提升数据存储的挖掘和利用能力。

《欧亚经济》的媒体宣传手段包括三个部分：国家哲学社会科学学术期刊数据库、《欧亚经济》网站和《欧亚经济》微信公众号。

1. 国家哲学社会科学学术期刊数据库

根据《中国社会科学院创新工程学术期刊“五统一”监督管理办法》的规定，期刊电子版均提交中国社会科学院图书馆调查与数据信息中心统一入库，即纳入国家哲学社会科学学术期刊数据库。中国社会科学院期刊统一与中国知网签署合作协议，所有刊发文章均可在中国知网查询下载。

2.《欧亚经济》网站

2015 年 10 月，《欧亚经济》杂志网站正式上线。其功能包括：在线采编系统，加强编辑办公自动化水平，推广无纸化办公；杂志的推介、宣传和公告；历年各期论文的免费查阅和下载；热点论文的导读和推荐；下载排行；投稿用稿及作者群各类数据的对比等。

网站建立以来，尤其是采编系统的运用，改变了原来编辑部信箱海量稿件查询的不便，办公效率明显提高，各个工作环节有据可查，稿件的处理过程加快且回溯性强，避免了丢稿和遗漏等现象。另外，网站专门开辟主编推荐栏目，及时推介反映当前学界所关注问题的优秀论文，使读者能够省时省力地及时把握研究热点和动态，受到广大读者的好评。网站数据显示，关注热点问题的论文点击率非常高，有些论文高达1500多人次。

3.《欧亚经济》微信公众号

在当前互联网微信用户群体庞大、宣传渠道更直接的情况下，编辑部及时建立了编者、作者、读者微信群和公众号，配合网站的宣传，增强编读互动和信息共享。从2016年2月注册至今，微信公众号及时推送《欧亚经济》刊发的论文，不断扩大期刊的影响力和传播力，总订户量已超过1100个，文均阅读量为536人次，在从事欧亚问题研究的学者中赢得良好的口碑。

（七）学术交流

多年来，刊物通过各种形式，积极开展对外学术交流。通过中国学者，可以看到欧亚经济发展的最新动态，借助外国学者，可以了解世界如何看待中国。

编辑部积极组织和参与各项学术活动。与《俄罗斯东欧中亚研究》联合举办两届“俄罗斯东欧中亚研究前沿论坛”；与黑龙江大学俄罗斯研究院和黑龙江大学东北亚研究中心共同举办“中俄经贸合作热点”全国学术研讨会；与《日本学刊》举办座谈会，交流办刊经验；参加在湖北十堰召开的全国期刊博览会；参加在山西太原举办的全国期刊评价大会；等等。

三　2014年以来《欧亚经济》策划的选题

（一）2014年选题

1. 2014年第2期笔谈“俄罗斯经济是否患有‘荷兰病’”

进入21世纪，俄罗斯经济得益于良好的原材料国际市场行情而高位运行，但自2008年国际金融危机后便处于下降通道中，2009年为负增长7.8%，

2010~2012 年经济增长率分别为 4.5%、4.3%和 3.4%，特别是 2013 年俄罗斯经济陷入低迷状态，预计经济增长率为 1.3%。国际货币基金组织、世界银行和经济合作与发展组织等机构均对俄罗斯未来经济增长持悲观态度。俄罗斯资源依赖型经济是否患有“荷兰病”这一问题重新在学界引起广泛关注。俄罗斯经济到底是患有“荷兰病”还是“俄罗斯病”？是有症状但没发作，还是处在“半荷兰病”状态？俄罗斯经济结构调整和向创新型经济转变的难点何在？医治“荷兰病”有何药方？为此本刊编辑部特约国内俄罗斯经济学界的专家学者，以笔谈的形式对上述问题进行深入研讨，以期对俄罗斯发展模式和未来走势有一个相对准确的预测和判断。

共有 14 位专家学者参加：

陆南泉，中国社会科学院荣誉学部委员，俄罗斯东欧中亚研究所研究员、博士生导师；

李永全，中国社会科学院俄罗斯东欧中亚研究所所长、研究员；

徐坡岭，辽宁大学转型国家经济政治研究中心副主任、教授、博士生导师；

赵传君，黑龙江大学东北亚经济研究中心主任、教授、博士生导师；

刘军梅，复旦大学经济学院副院长、副教授；

景伟民，南开大学经济学院教授、博士生导师；

张露，南开大学经济学院博士研究生；

程亦军，中国社会科学院俄罗斯东欧中亚研究所经济室主任、研究员；

田春生，中国青年政治学院经济系教授；

曲文铁，辽宁大学国际关系学院教授、博士生导师；

马蔚云，黑龙江大学俄罗斯研究院研究员、硕士生导师；

王志远，中国社会科学院俄罗斯东欧中亚研究所副研究员、博士；

高际香，中国社会科学院俄罗斯东欧中亚研究所副研究员、博士；

郭晓琼，中国社会科学院俄罗斯东欧中亚研究所助理研究员、博士。

2. 2014 年第 4 期笔谈《“丝绸之路经济带”构想的背景、潜在挑战和未来走势》

中国国家主席习近平 2013 年 9 月在出访哈萨克斯坦期间提出“丝绸之路

经济带”倡议。该倡议突破了传统的区域经济合作模式，主张构建一个开放包容的体系，以开放的姿态接纳各方的积极参与。重新激活这条古老的贸易通道，对于沿途国家的经济建设、地区繁荣乃至世界经济的平衡都具有重大的意义。倡议一经提出，立刻引发了相关各国的高度关注。丝绸之路经济带提出的背景是什么？这条古老的文明之路能否再度承载起促进区域经济繁荣、推动东西方文明交融的历史重任？丝绸之路经济带构想与美国的“新丝绸之路计划”相比有何显著特点？考虑上海合作组织和即将成立的欧亚经济联盟以及俄、美、日、欧等在该地区具有影响力的大国因素，如何在这些组织和利益攸关大国之间进行政治协调？丝绸之路经济带将跨越多国边界，跨境物流需要充分考虑体制、官僚与腐败等因素的消极影响。为了厘清这些问题，本刊编辑部特邀请国内外专家学者参加讨论，从历史传承与国际合作两个维度，对丝绸之路经济带构想进行梳理，在纵向与横向的比较中进一步认识其内涵，评估其发展可能面临的潜在挑战，进而判断其未来的走势和前景。

共有 20 位专家学者参加：

王海运，中国中俄关系史研究会副会长、中国上海合作组织国家研究中心高级顾问；

赵常庆，国务院发展研究中欧亚社会发展研究所副所长、研究员；

李建民，中国社会科学院俄罗斯东欧中亚研究所研究员、博士生导师；

孙壮志，中国社会科学院上海合作组织研究中心秘书长、研究员；

〔俄〕A. B. 奥斯特洛夫斯基，俄罗斯科学院远东研究所副所长、高级研究员、经济学博士；翻译聂书岭，新疆中亚科技经济信息中心主任、副译审；

杨恕，兰州大学中亚研究所所长、教授、博士生导师；

李新，上海国际问题研究院俄罗斯中亚研究中心主任、教授；

杨成，华东师范大学俄罗斯研究中心副主任、《俄罗斯研究》副主编；

吴宏伟，中国社会科学院俄罗斯东欧中亚研究所研究员、博士生导师；

张恒龙，上海大学哈萨克斯坦研究中心主任；

陈利君，云南省社会科学院南亚研究所所长、研究员；

陈继东，四川大学巴基斯坦研究中心教授、博士生导师；

王维然，新疆师范大学商学院副院长、新疆师范大学中亚法律资政中心研究员；

潘志平，新疆大学中亚研究院中亚地缘政治研究中心教授；

朴键一，中国社会科学院亚太与全球战略研究院研究员、博士生导师；

范丽君，内蒙古自治区社会科学院俄罗斯与蒙古国研究所研究员；

张宁，中国社会科学院俄罗斯东欧中亚研究所副研究员、法学博士；

王海燕，华东师范大学国际关系与地区发展研究院俄罗斯研究中心暨上海合作组织研究院副研究员、经济学博士、硕士生导师；

肖斌，中国社会科学院俄罗斯东欧中亚研究所助理研究员、政治学博士。

3. 2014 年第 5 期“中东欧专题”

中东欧、中国、俄罗斯同为经济转型国家，转型国家本身社会经济状况、转型国家之间的经济合作以及中东欧国家与欧盟的关系，如中东欧国家“入盟”、欧盟对中东欧国家的财政支持等都是研究转型问题值得关注的话题。本刊编辑部特组织 6 篇稿件对此进行深入分析。

共有 7 位专家学者参加：

朱晓中，中国社会科学院俄罗斯东欧中亚研究所研究员、博士生导师，《近年来俄罗斯与中东欧国家的能源合作》；

〔罗〕萨尔米扎·彭恰，罗马尼亚科学院世界经济研究所一级研究员、经济学博士，〔罗〕尤利亚·莫妮卡·奥埃赫列亚-欣卡伊，罗马尼亚科学院世界经济研究所三级研究员、经济学博士，《中国投资试水中东欧国家——以罗马尼亚为例》；

姜琍，中国社会科学院俄罗斯东欧中亚研究所副研究员，《“入盟”后捷克经济第二次走出衰退迈向复苏》；

左娅，中国社会科学院俄罗斯东欧中亚研究所助理研究员，《塞尔维亚接受国际援助的回顾及发展趋势》；

徐刚，中国社会科学院俄罗斯东欧中亚研究所助理研究员、法学博士，《西巴尔干国家社会福利制度转型评析》；

鲍宏铮，中国社会科学院世界历史研究所法学博士，《欧盟的财政压力与乌克兰“入盟”前景》。

（二）2015 年选题

1. 2015 年第 1 期笔谈“俄罗斯经济‘向东看’与中俄经贸合作”

乌克兰危机后，美国和欧盟的多轮制裁以及国际市场石油价格下跌，使俄罗斯经济遭遇了 2000 年普京执政以来的空前危机：卢布贬值，通货膨胀加剧，资金外流，结构调整乏力，经济增长堪忧。为摆脱困局，俄罗斯采取“向东看”战略，积极与包括中国在内的亚太国家加强经贸往来，减轻对欧洲市场的过度依赖。众所周知，在亚太方面，中国面临美国“重返亚太”的围堵和遏制，欧洲方面，俄罗斯面临西方的集体制裁而孤立无援，中俄关系已成为 21 世纪确保两国对外政治利益的最重要的因素，两国经贸关系处于历史最好时期。但也有人提出，在当前风云变幻的国际经济关系中，加强中俄经贸合作存在把中国拖进俄罗斯经济泥沼的风险，俄罗斯将成为中国的战略负资产。中俄两国签订的 1500 亿元人民币的货币互换协议，在卢布持续贬值的情况下，中国将会受到损失。另外，签订长达 30 年的天然气供气合同，因为“照付不议”等条款，致使中国在天然气价格下降的情况下，仍然按原定价格购买天然气，无疑对中国不利。如何看待新形势下的中俄经贸合作，是陷阱还是战略机遇？如何权衡和评估中国与俄罗斯在政治、经济、外交方面的关系？中国如何在互利共赢的前提下有效地规避风险？中国如何利用俄罗斯东部开发新战略参与其远东和西伯利亚开发，并振兴中国东北等老工业基地？本刊编辑部特邀请国内外专家学者参加上述问题的讨论，以加强中俄经贸合作的顶层设计和战略引领，为建立公正、和谐、安全的世界经济新秩序发挥应有的作用。

共有 16 位专家学者参加：

冯玉军，中国现代国际关系研究院俄罗斯研究所所长、研究员、博士生导师；

吴大辉，中俄全面战略协作协同创新中心首席专家、清华大学教授；

刘华芹，商务部国际贸易经济合作研究院研究员；

〔俄〕拉丽萨·斯米尔诺娃（中文名：苏梦夏），厦门大学外籍教师、俄罗斯国际事务委员会专家，翻译徐向梅，中国社会科学院俄罗斯东欧中亚研究所副研究员；

李中海，中国社会科学院俄罗斯东欧中亚研究所研究员；

孙永祥，国务院发展研究中心欧亚社会发展研究所研究员；

郭连成，中国亚洲太平洋学会副会长，中国新兴经济体研究会副会长，辽宁省高校人文社会科学重点研究基地东北财经大学区域经济一体化与上海合作组织研究中心主任、研究员、博士生导师；

李传勋，黑龙江大学俄罗斯研究院研究员；

林跃勤，中国社会科学杂志社国际二部主任、经济学博士、研究员；

韩爽，辽宁大学国际关系学院副教授、辽宁大学转型国家经济政治研究中心专职研究人员；

姜振军，黑龙江大学俄罗斯研究院研究员；

宋魁，黑龙江省科技经济顾问委员会外贸专家组组长、黑龙江当代中俄区域经济研究院院长、黑龙江省对俄经贸合作促进会常务副会长、黑龙江省社会科学院研究员；

殷红，辽宁大学国际关系学院副教授、经济学博士，辽宁大学转型国家经济政治研究中心研究人员；

蒋菁，中国社会科学院俄罗斯东欧中亚研究所助理研究员、经济学博士；

许文鸿，中国社会科学院俄罗斯东欧中亚研究所助理研究员、法学博士。

2. 2015 年第 2 期为"制裁与反制裁对相关国家经济的影响"专题

2014 年 3 月以来，美国和欧盟等西方国家因乌克兰问题对俄罗斯实施多轮制裁。2014 年 8 月 6 日，俄总统普京签署总统令，对来自 28 个欧盟国家及美国、加拿大、澳大利亚、挪威等国的大部分进口食品，实行为期一年的"全面禁运"。这是美欧对俄连续开展六轮经济制裁后，俄罗斯的第一次大规模反制裁措施。制裁与反制裁将对相关国家经济产生影响，可谓"杀敌一千，自损八百"。为此，本刊编辑部特组织了 5 篇稿件，对俄罗斯、中东欧国家、乌克兰的经济状况进行评析。

共有 6 位专家学者参加：

高际香，中国社会科学院俄罗斯东欧中亚研究所副研究员，《制裁背景下的俄罗斯经济：困境与应对》；

童伟，中央财经大学财经研究院研究员、经济学博士，北京财经研究基地研究员，雷婕，中央财经大学财经研究院 2014 级世界经济博士研究生，《西方制裁下俄罗斯联邦政府预算规模及结构的演变》；

刘遵乐，中国人民银行乌鲁木齐中心支行金融研究处、新疆金融学会中亚金融研究中心经济师，《俄罗斯卢布大幅贬值及其影响分析》；

周东耀，新华社世界问题研究中心研究员，《乌克兰危机难挡中东欧经济强劲复苏》；

王志远，中国社会科学院俄罗斯东欧中亚研究所副研究员、复旦大学俄罗斯中亚研究中心博士后，《乌克兰经济：从“辗转腾挪”到“内忧外患”》。

3. 2015 年第 3 期笔谈“欧亚经济联盟：理想与现实”

近 10 年来，欧盟三次东扩不断挤压俄罗斯地缘政治和经济空间，为应对欧盟东扩，俄罗斯主导的后苏联空间一体化进程不断加快：从 2010 年 1 月 1 日成立的俄、白、哈关税同盟，到 2012 年 1 月 1 日形成的统一经济空间，从 2015 年 1 月 1 日启动的欧亚经济联盟，再到 2025 年实现区域内商品、服务、资本和劳动力的自由流动，欧亚经济一体化路径业已形成。2015 年 1 月 1 日，欧亚经济联盟启动，正值俄罗斯经济遭遇西方制裁和国际石油价格下跌的双重打击之际，欧亚经济联盟未来发展前景特别引人关注。一方面，欧亚经济联盟内部现有成员国之间经济发展存在差距；另一方面，欧亚经济联盟如何协调与欧盟、上海合作组织、丝绸之路经济带、TPP 和 TTIP 等区域经济组织和制度安排的关系，这是影响其今后发展的关键因素。本刊编辑部特邀请国内外专家学者就欧亚经济联盟的发展前景进行讨论，分析在俄罗斯自顾不暇的情况下，如何消除成员国经济发展差距和平衡它们之间的利益分歧？欧亚经济联盟的吸引力何在？是价值认同还是利益驱使？乌克兰的“脱俄入欧”对欧亚经济联盟会产生怎样的影响？欧亚经济联盟如何在竞争和合作中寻求与已有区域经济组织的利益契合点，使之由零和博弈过渡到正和博弈。

共有 18 位专家学者参加：

李建民，中国社会科学院俄罗斯东欧中亚研究所研究员、博士生导师；

李永全，中国社会科学院俄罗斯东欧中亚研究所所长、研究员；

〔俄〕A. T. 卡布耶夫，莫斯科卡内基中心“亚太地区的俄罗斯”项目主任、原《权力周刊》副主编、俄罗斯外交和国防政策委员会成员，翻译农雪梅，中国社会科学院俄罗斯东欧中亚研究所《欧亚经济》编辑；

陈玉荣，中国国际问题研究院欧亚研究所所长、研究员；

王宪举，国务院发展研究中心欧亚社会发展研究所研究员；

盛世良，新华社世界问题研究中心研究员；

王树春，广东外语外贸大学国际问题研究所副所长、国际政治专业教授、博士生导师；

万青松，广东外语外贸大学西方语言文化学院俄罗斯语言文学专业博士研究生；

李东，中国现代国际关系研究院俄罗斯研究所副所长、副研究员；

〔俄〕A. A. 古辛，新加坡南洋理工大学拉惹勒南国际研究院研究员，翻译徐向梅，中国社会科学院俄罗斯东欧中亚研究所副研究员；

周延丽，辽宁社会科学院俄罗斯问题研究中心主任、研究员、经济学博士；

王兵银，辽宁社会科学院东北亚研究所研究员；

肖斌，中国社会科学院俄罗斯东欧中亚研究所助理研究员、政治学博士；

张弘，中国社会科学院俄罗斯东欧中亚研究所副研究员；

杨进，中国社会科学院俄罗斯东欧中亚研究所副研究员；

张昊琦，中国社会科学院俄罗斯东欧中亚研究所副研究员、《俄罗斯东欧中亚研究》副主编。

4. 2015 年第 4 期“中亚国家与‘丝绸之路经济带’建设”专题

中国国家主席习近平 2013 年 9 月选择在中亚大国哈萨克斯坦提出丝绸之路经济带倡议，这意味着中亚国家是实施丝绸之路经济带构想不可逾越的重要对象国。无论是从地缘和安全角度，还是从资源和文化角度，中亚国家对丝绸之路经济带的建设都至关重要。本刊编辑部特刊发有关中亚国家的 4 篇稿件，从中亚国家与丝绸之路经济带的对接、中国国家形象在中亚国家的多维塑造、中亚国家资源合作和经济发展的视角对中亚国家进行跟踪评析。

共有 8 位专家学者参加：

〔哈〕A. A. 努尔谢伊托夫，哈萨克斯坦经济研究所经济和一体化研究中心主任，翻译高晓慧，中国社会科学院俄罗斯东欧中亚研究所研究员、经济学博士，《哈萨克斯坦与中国的区域经济合作：“光明之路”新经济政策和“丝绸之路经济带”》；

付宇杰，新疆大学经济与管理学院2012级硕士研究生，李金叶，新疆大学经济与管理学院教授，吴昊，新疆大学经济与管理学院2012级硕士研究生，《中国国家形象的多维塑造：以中国与中亚国家经济合作为例》；

张宁，中国社会科学院俄罗斯东欧中亚研究所副研究员，《哈萨克斯坦跨界水资源合作基本立场分析》；

杜梅，新疆大学经济与管理学院硕士研究生，孙景兵，新疆大学经济与管理学院副教授，《土库曼斯坦以多元产业促经济增长》。

5. 2015年第5期笔谈“国际石油价格波动与俄罗斯经济增长”

俄罗斯是典型的能源依赖型国家，国际石油价格的涨落直接影响俄罗斯联邦预算的平衡和经济增长。2014年6月后，国际石油价格大幅下跌，30%的跌幅使俄罗斯损失近1000亿美元，俄罗斯经济遭遇2008年国际金融危机后的又一次重创。而国际石油价格下跌恰逢美欧对俄罗斯实施制裁这个关键节点上，下跌的原因便引发各方猜测。“市场论”认为，油价下跌是因为全球经济复苏缓慢，特别是新兴经济体普遍减速导致需求不振，而沙特阿拉伯、美国、俄罗斯等石油产出大国都宣布不减产，导致供大于求。另外，石油价格受期货和现货供应的影响，2014年下半年以来，美元持续走高，让以美元计价的石油价格承受下行的压力。“阴谋论”则认为，这次石油价格暴跌，从战略上、时间节点上、宣传上都配合了美国打压俄罗斯的需要。启动金融武器、压低石油价格、联手沙特阿拉伯打击俄罗斯，使俄罗斯失去经济支撑，从而失去对中东欧、中东、北非和乌克兰局势的介入能力。本刊编辑部特邀国内外专家学者参加讨论，探究此次国际石油价格下跌的真正原因，从理论上论述国际石油价格形成机制和影响因素，解析“页岩气革命”后新能源与传统能源的市场之争对国际石油价格产生的影响，预测未来石油价格的基本走向，这对把脉俄罗斯经济至关重要。

共有14位专家学者参加：

米军，浙江师范大学俄罗斯非洲投资研究所所长、教授；

刘彦君，东北财经大学经济学博士；

程亦军，中国社会科学院俄罗斯东欧中亚研究所经济室主任、研究员；

李福川，中国社会科学院俄罗斯东欧中亚研究所研究员；

刘军梅，复旦大学经济学院副院长、副教授；

〔俄〕A. 莫科列茨基，俄罗斯科学院远东研究所俄中关系研究分析中心助理研究员，翻译徐向梅，中国社会科学院俄罗斯东欧中亚研究所副研究员；

王海燕，中国石油天然气集团公司国际部副处长、高级经济师；

庞昌伟，中国石油大学（北京）国际石油政治研究中心教授；

王四海，中国地质大学教授、楚天—中国土库曼斯坦研究中心研究员；

孙永祥，国务院发展研究中心欧亚社会发展研究所研究员；

王志远，中国社会科学院俄罗斯东欧中亚研究所副研究员；

徐洪峰，中国社会科学院俄罗斯东欧中亚研究所副研究员；

刘乾，中国石油大学（北京）中国能源战略研究院助理研究员。

6. 2015 年第 6 期“中东欧”专题

中东欧国家的转型与欧洲一体化密切相关，“入盟”前后中东欧国家经济的变化始终是我们关注的重点。中东欧国家经过 26 年的转型洗礼，政治上建立了民主制度，经济上确立了市场经济体制，但各国市场经济的发育程度、吸引外资、对外经济和贸易合作、产业发展状况等仍存在明显差异。本刊编辑部特约 6 篇专稿，介绍中东欧国家经济发展现状以及与中国的经贸合作前景，以飨读者。

共有 7 位专家学者参加：

朱晓中，中国社会科学院俄罗斯东欧中亚研究所研究员，《中东欧国家资本市场发展状况》；

姜琍，中国社会科学院俄罗斯东欧中亚研究所副研究员，《乌克兰危机对维谢格拉德集团四国能源合作的影响》；

张琳，上海对外经贸大学国际经贸学院副教授、经济学博士，姚海华，上海海关学院经济与工商管理系副教授、经济学博士，《克罗地亚外商投资与产业结构优化的灰色关联分析——兼论中国企业对克投资对策》；

鞠维伟，中国社会科学院欧洲研究所中东欧研究室助理研究员、历史学博士、国际关系专业博士后，《美国与中东欧国家的贸易投资关系现状及对中国的启示》；

马骏驰，中国社会科学院欧洲研究所中东欧研究室研究实习员，《德国与维谢格拉德国家的经贸、投资关系探究——对中国与中东欧合作的启示》；

杨照，中国农业部规划设计研究院农业发展与投资研究所高级经济师，《马其顿农业发展方向与中马合作探析》。

（三）2016 年选题

1. 2016 年第 1 期笔谈“卢布汇率剧烈波动的原因及对中国金融改革的启示”

2014 年以来，卢布汇率大幅贬值和剧烈波动引起国际社会广泛关注。资本外逃、通货膨胀、外汇储备下降，俄罗斯经济面临严峻考验。深刻分析卢布贬值的原因：欧美制裁和油价下跌是导火索，经济增长乏力、结构畸形是根本点，开放资本项目是助推器。美联储退出量化宽松政策，美元加息预期不断增强，特别是中国大幅下调人民币中间价后，新兴市场国家和与中国有密切贸易关系的国家货币争先恐后贬值，在经济全球化的今天，发展中国家选择何种汇率制度、资本项目的开放程度等成为当前研讨的热点问题。中国“十三五”规划建议指出，有序实现人民币资本项目可自由兑换，推动人民币进入特别提款权，成为可自由兑换、可自由使用货币，可见，人民币国际化进程已经开始提速。本刊编辑部特邀请国内专家学者参加讨论，剖析卢布贬值的深层原因，比较中俄两国在经济增长、产业结构、国际储备、本币国际化、汇率制度等方面的差异，评估卢布汇率危机对中国金融改革总体进程的影响，探讨中国如何在逐步推进汇率形成机制市场化的同时，有效防范汇率大幅波动产生的风险。

共有 14 位专家学者参加：

张明，中国社会科学院世界经济与政治研究所国际投资研究室主任、研究员，《中国应建立并完善宏观审慎监管体系应对潜在金融风险》；

徐坡岭，新疆财经大学“天山学者”特聘教授，辽宁大学转型国家经济政治研究中心副主任、教授、博士生导师，《卢布汇率剧烈贬值和波动的政治经济逻辑》；

徐向梅，中央编译局俄罗斯研究中心主任、研究员，《俄罗斯汇率制度的演进与卢布汇率危机》；

李新，上海国际问题研究院俄罗斯中亚研究中心主任、研究员，《人民币是否会步卢布贬值的后尘?》；

王志远，中国社会科学院俄罗斯东欧中亚研究所副研究员、经济学博士，《人民币和卢布汇率的决定与调整》；

肖斌，中国社会科学院俄罗斯东欧中亚研究所副研究员、政治学博士，《卢布危机中的货币权力博弈》；

郭晓琼，中国社会科学院俄罗斯东欧中亚研究所副研究员、法学博士，《卢布暴跌与俄罗斯汇率政策选择：在“不可能三角”中权衡》；

刘遵乐，中国人民银行乌鲁木齐中心支行金融研究处、新疆金融学会中亚金融研究中心经济师，《俄罗斯的经验对中国推进资本项目开放的启示》；

韩爽，辽宁大学国际关系学院副教授、经济学博士，《卢布汇率剧烈波动是各种因素相互作用的结果》；

徐昱东，鲁东大学商学院副教授、经济学博士，《卢布汇率传递效应与转型国家汇率制度改革》；

郑维臣，中国人民银行沈阳分行主任科员、经济学博士，《通货膨胀目标制可以增强金融体系抵御外部冲击的能力》；

于娟，河南财经政法大学讲师、经济学博士，东北财经大学博士后，《石油金融异化对卢布汇率的影响》；

王建丰，郑州大学商学院讲师、经济学博士，《从卢布危机分析人民币国际化的路径选择》；

滕仁，黑龙江大学俄罗斯研究院助理研究员、文学博士，《卢布危机给中国敲响了警钟》。

2. 2016 年第 2 期为“欧亚经济联盟”专题

欧亚经济联盟生不逢时，其启动一年来的发展状况尤其引人关注。从内部看，欧亚经济联盟的机制建设日益完善，各项贸易保护措施相继出台；从外部看，其不断加强对外经济合作，特别是与丝绸之路经济带的对接，无疑是在竞争与合作中寻求利益契合点的重要战略举措。本刊编辑部特组织 5 篇欧亚经济联盟发展建设的稿件，以使读者及时掌握欧亚经济联盟的最新理论与实践发展动态。

共有 7 位专家学者参加：

李自国，中国国际问题研究院欧亚研究所副所长、副研究员，中国国际问题研究院“一带一路”研究中心副主任，《欧亚经济联盟：绩效、问题、前景》；

〔俄〕А. Г. 拉林，俄罗斯科学院远东研究所研究员、历史学博士，〔俄〕В. А. 马特维耶夫：俄罗斯科学院远东研究所研究员、经济学博士，翻译高晓慧，中国社会科学院俄罗斯东欧中亚研究所研究员、经济学博士，《俄罗斯如何看待欧亚经济联盟与“丝绸之路经济带”对接》；

张宁，中国社会科学院俄罗斯东欧中亚研究所副研究员，《浅析欧亚经济联盟的反补贴措施》；

徐向梅，中国社会科学院俄罗斯东欧中亚研究所副研究员、法学博士，《欧亚经济联盟反倾销措施的法律解读》；

万青松，华东师范大学教育部人文社科重点研究基地俄罗斯研究中心博士后，《试析当前欧亚经济联盟面临的难题——兼论与“丝绸之路经济带”的对接》。

3. 2016 年第 3 期笔谈“中俄人口问题比较与国际经验借鉴”

中俄同为转型经济国家，但面临的人口问题不尽相同。中国地大物博，人口众多，从 20 世纪 70 年代开始推行计划生育政策，特别是 80 年代初实行的“一对夫妇只生育一个孩子”的独生子女政策极大地限制了人口的快速增长。人口红利曾为经济发展创造了有利条件，但近年来陆续出现的各种人口问题，成为社会各界热议的话题。超低的生育率导致人口老龄化和劳动力短缺，男女比例失调，男多女少为未来社会协调发展埋下隐患。2015 年中国为应对人口问题相应调整了实行 40 多年的计划生育政策，从 2016 年开始全面实行“一对夫妇可生育两个孩子”的政策。而俄罗斯土地广袤，人口较少，特别是苏联解体后，俄罗斯的人口数量持续减少，死亡率高于出生率，性别结构失衡加剧，女多男少，人均预期寿命低于世界平均水平，人口老龄化现象严重。俄罗斯政府出台了多项鼓励生育政策刺激人口增长，人口问题已成为制约俄罗斯经济增长和国家安全的重要因素。

本刊编辑部特邀请国内专家学者进行讨论，梳理中俄两国人口政策的演进和各自存在的人口问题，测度和分析中俄两国人口少子化和老龄化的现状，评估两国人口政策实施的绩效，借鉴日本、德国、意大利等国家应对人口老龄化问题的经验，为中俄两国人口政策的不断完善提出有益建议。

共有10位专家学者参加：

陈卫民，南开大学经济学院人口与发展研究所所长、教授，《中国和俄罗斯低生育率问题及其治理比较》；

程亦军，中国社会科学院俄罗斯东欧中亚研究所俄罗斯经济室主任、研究员，《中俄人口状况比较及其面临的挑战》；

穆光宗，北京大学人口研究所教授，《俄罗斯的人口危机及其对中国的启示》；

原新，南开大学经济学院人口与发展研究所教授、博士生导师，南开大学老龄发展战略研究中心主任、经济学博士，《中国和俄罗斯人口政策与人口国情比较》；

乔晓春，北京大学人口研究所教授，《中国计划生育政策的演变》；

雷丽平，吉林大学东北亚研究中心教授，《中俄两国采取不同的政策应对人口问题》；

高际香，中国社会科学院俄罗斯东欧中亚研究所副研究员、法学博士，《中俄人口问题现状、成因与政策》；

于小琴，黑龙江大学俄罗斯研究院副研究员，《俄罗斯人口政策效应与中国人口政策调整》；

肖来付，厦门城市职业学院讲师，《人口实力、大国竞争与文明兴衰》；

孙楚绿，天津科技大学经济与管理学院博士研究生，《人口老龄化背景下劳动力资源保障措施分析》。

4. 2016年第4期为“中亚经济”专题

中亚地区是中国推进丝绸之路经济带建设的重要区域，中亚国家自身的经济发展模式、资源禀赋、财政金融状况和未来经济走势都是丝绸之路经济带与之对接需要研究的重要课题，其对中国如何抓住机遇规避和提前化解潜在风险至关重要。本刊编辑部特组织5篇稿件对中亚国家的经济现状进行剖析，并对其未来发展进行预判。

共有7位专家学者参加：

刘华芹，商务部国际贸易经济合作研究院研究员，《徘徊在十字路口的中亚国家经济》；

徐坡岭，辽宁大学转型国家经济政治研究中心副主任、教授、博士生导师、经济学博士，《对中亚国家经济的几点思考》；

雷婕，中央财经大学财经研究院博士研究生，丁超，中央财经大学财经研究院博士研究生，童伟，中央财经大学财经研究院研究员、博士生导师、经济学博士，《中亚地区财政经济形势分析》；

张栋，石河子大学经济与管理学院博士后、中国人民银行乌鲁木齐中心支行高级经济师，张银山，新疆大学经济与管理学院博士研究生，《2015 年哈萨克斯坦金融形势透视》；

郑红媛，中国银监会新疆监管局纪检监察处副处长、管理学硕士，《哈萨克斯坦 2016 年金融形势预测》。

5. 2016 年第 5 期笔谈“竞争与合作：‘丝绸之路经济带’与欧亚经济联盟的对接”

中国国家主席习近平 2013 年 9 月访问哈萨克斯坦期间提出“丝绸之路经济带”的伟大构想，经过近 3 年的传播和推动，沿线国家对丝绸之路经济带的建设已经由国际倡议转化为实际行动，由宣传和认识逐步进入操作实施阶段。

2015 年 5 月，习近平主席和普京总统在莫斯科签署并发表了《中华人民共和国与俄罗斯联邦关于丝绸之路经济带建设和欧亚经济联盟建设对接合作的联合声明》，提出开展投资、贸易和产能合作，加强物流、交通基础设施建设，研究推动建立中国与欧亚经济联盟自贸区这一长期目标，促进贸易、直接投资和贷款领域的本币结算，实现货币互换，深化在出口信贷、保险、项目和贸易融资、银行卡等金融领域的合作。双方将秉持透明、相互尊重、平等、各种一体化机制相互补充、向亚洲和欧洲各有关方开放等原则，通过双边和多边机制开展合作。中俄两国政府有关部门正在落实一系列重要合作共识。中俄双方强调，要将上海合作组织作为丝绸之路经济带与欧亚经济联盟对接合作的重要平台，拓宽两国务实合作空间，带动欧亚经济一体化发展，维护地区和平与发展。目前，如何借助上海合作组织这一平台具体落实丝绸之路经济带建设与欧亚经济联盟对接是问题的关键所在。丝绸之路经济带与欧亚经济联盟在中亚地区的对接，对推动丝绸之路经济带的整体建设具有示范效应。本刊编辑部特邀请中国、俄罗斯、哈萨克斯坦的专家学者进行讨论：“一带一盟”如何在中亚国家对接，上海合作组织如何在对接中发挥其机制作用，“一带一盟”在中亚对接的具体项目和优先合作领域，在推动“一带一盟”对接过程中存在哪些风险和障碍，并提出解决问题的路径和政策建议。

共有23位专家学者参加：

赵常庆，国务院发展研究中心欧亚社会发展研究所副所长、研究员，《对接需要信心、耐心、决心》；

〔哈〕K. Л. 瑟拉耶什金，哈萨克斯坦总统战略研究所高级研究员，翻译徐向梅，中国社会科学院俄罗斯东欧中亚研究所副研究员，《欧亚经济联盟与丝绸之路经济带的对接》；

冯玉军，复旦大学国际问题研究院教授，《论丝绸之路经济带与欧亚经济联盟对接的路径》；

李建民，中国社会科学院俄罗斯东欧中亚研究所研究员、博士生导师，《交通一体化助推“一带一盟”对接》；

孙壮志，中国社会科学院上海合作组织研究中心秘书长、研究员，《“一带一盟”对接与中国中亚经贸合作》；

孙力，中国社会科学院俄罗斯东欧中亚研究所副所长、研究员，《“一带一盟”对接合作：中亚国家视角的分析》；

〔俄〕E. M. 库兹米娜，俄罗斯科学院经济研究所后苏联国家经济发展室主任、研究员、政治学博士，翻译农雪梅，中国社会科学院俄罗斯东欧中亚研究所副编审，《上海合作组织作为欧亚经济联盟与丝绸之路经济带对接平台的可能性》；

王晓泉，中国社会科学院“一带一路”研究中心秘书长、上海大学上海合作组织公共外交研究院兼职研究员，《上合组织在“一带一盟”对接合作中的平台作用》；

李兴，北京师范大学俄罗斯中心学术委员会主任、亚欧研究中心主任、教授、博士生导师，《关于“一带一盟”对接合作的几点思考》；

欧阳向英，中国社会科学院世界经济与政治研究所马克思主义世界政治经济理论研究室主任、研究员，《共建国际中心，推动“一带一盟”对接》；

张恒龙，上海大学上海合作组织公共外交研究院副院长，哈萨克斯坦研究中心主任，教授、博士生导师，《组建上合组织自贸区，推进“一带一盟”对接》；

张宁，中国社会科学院俄罗斯东欧中亚研究所中亚研究室副主任、副研究员，《上合组织自贸区是“丝绸之路经济带”与“大欧亚伙伴关系”的新平台》；

张聪明，中国社会科学院俄罗斯东欧中亚研究所研究员，《“一带一盟”对接问题探讨》；

王维然，新疆师范大学商学院副院长，《丝绸之路经济带与欧亚经济联盟对接的经济学分析》；

薛力，中国社会科学院世界经济与政治研究所国际战略研究室主任、副研究员，《“一带一路”与中国的中亚方略》；

周延丽，辽宁社会科学院产业经济研究所研究员、经济学博士，《抓住核心要素打造中国与欧亚经济联盟利益共同体》；

王海燕，华东师范大学国际关系与地区发展研究院、教育部人文社会科学重点研究基地俄罗斯研究中心副研究员，《“一带一盟”对接的基础、领域与挑战》；

万青松，教育部人文社会科学重点研究基地华东师范大学俄罗斯研究中心博士后，《“一带一盟”对接合作面临的问题及未来努力的方向》；

吕萍，中国社会科学院俄罗斯东欧中亚研究所助理研究员，《格鲁吉亚在“一带一盟”对接中的作用》；

孙超，复旦大学国际关系与公共事务学院2014级博士研究生，《“一带一盟”对接与上海合作组织发展前景》；

张艳璐，中国社会科学院俄罗斯东欧中亚研究所助理研究员、历史学博士，《试析欧亚经济联盟与丝绸之路经济带对接的障碍》。

6. 2016年第6期为“中东欧”专题

对中东欧国家经济的研究一般从两方面入手：一是理论研究，主要集中在经济转型和制度变迁问题上，如经济转轨完成的标志和指标体系、各国经济市场化程度的测度和比较、国有化及经济转轨逆转等；二是应用研究，主要是研究中东欧各国经济增长、产业结构、英国脱欧对中东欧国家经济的影响、对外经济合作，特别是与中国在“16+1”框架内的合作等问题。本刊编辑部特组织6篇稿件从不同层面对中东欧国家经济发展的热点问题进行分析和研判。

共有7位专家学者参加：

孔田平，中国社会科学院欧洲研究所研究员，《欧尔班经济学与经济转轨的可逆性——匈牙利经济转轨的政治经济学分析》；

陈新，中国社会科学院欧洲研究所研究员，杨成玉，中国社会科学院欧洲研究所助理研究员，《塞尔维亚产业竞争力及中塞合作潜力》；

姜琍，中国社会科学院俄罗斯东欧中亚研究所研究员，《“16+1”合作和“一带一路”框架内的中捷经贸合作：现状和前景》；

鲍宏铮，中国社会科学院世界历史研究所助理研究员，《英国脱欧对欧盟中东欧成员国经济的影响》；

郭翠萍，山西大学政治与公共管理学院副教授、博士，《波、匈、捷福利制度转型比较评析》；

马骏驰，中国社会科学院欧洲研究所中东欧研究室研究实习员，《匈牙利政党的卡特尔化及其带来的影响》。

（四）2017年选题

1. 2017年第1期笔谈“2017年：俄罗斯经济能否走出危机”

2014年乌克兰危机后，欧美制裁、油价下跌、卢布贬值，俄罗斯经济内外交困深陷危机。两年多来，俄罗斯在危机中表现出前所未有的抗压能力和适应能力。通过实施反危机计划，俄罗斯经济呈现企稳迹象，很多经济指标出现好转。2016年除资本净流出大幅减少外，通货膨胀明显缓解，上半年工业整体上停止衰退，股市交易量明显上升，目前俄财政收入的2/3来自非石油天然气领域，经济结构也得以优化，并通过浮动的卢布汇率获得竞争优势。预计2016年第三季度俄国内生产总值环比增长0.4%，第四季度环比增长0.5%。俄央行认为，俄罗斯经济衰退的局面已经结束，今后一个时期俄经济将迎来缓慢增长。

中国与俄罗斯是全面战略协作伙伴，俄罗斯经济未来走势直接影响中国与俄罗斯的投资合作思路和贸易方式。本刊编辑部特邀请国内外专家学者参加讨论。探讨俄罗斯经济危机的深层原因，俄罗斯经济是否已经真正企稳？俄罗斯经济走出危机的先决条件是什么？俄罗斯经济欲摆脱危机还面临哪些挑战？2017 年俄罗斯能否走出危机？中俄经贸合作如何做出相应调整？

共有 17 位专家学者参加：

程伟，辽宁大学转型国家经济政治研究中心、辽宁大学国际关系学院教授、博士生导师，《俄罗斯经济在稳定与增长之间选择均衡点》；

〔俄〕A. H. 什维佐夫，俄罗斯科学院联邦信息与管理研究中心副主任、教授、经济学博士，翻译徐向梅，中国社会科学院俄罗斯东欧中亚研究所副研究员，《俄罗斯经济复苏的新工具是否有效?》；

徐坡岭，中国社会科学院俄罗斯东欧中亚研究所研究员，《俄罗斯 2017 年经济走势、新政策空间与长期增长》；

刘旭，中国人民大学国际能源战略研究中心执行主任、国家发展与战略研究院研究员，《油气依赖的真相与俄罗斯经济的未来》；

李自国，中国国际问题研究院欧亚研究所副所长、副研究员，中国国际问题研究院“一带一路”研究中心副主任，《俄罗斯经济：知问题所在，无有效方案》；

姜振军，黑龙江大学俄语语言文学与文化研究中心，俄罗斯研究院研究员、博士生导师，《基于内外生因素影响的俄罗斯经济发展问题》；

童伟，中央财经大学财经研究院研究员、博士生导师，雷婕，中央财经大学财经研究院博士研究生，《俄罗斯联邦政府预算发展情况分析》；

孙景宇，南开大学经济学系副教授，《俄罗斯经济增长模式的结构特征、内在缺陷与转变前景》；

王志远，中国社会科学院俄罗斯东欧中亚研究所副研究员，《真实的数据与数据的真实：厘清俄罗斯经济波动》；

郭晓琼，中国社会科学院俄罗斯东欧中亚研究所副研究员、法学博士，《俄罗斯经济形势及中俄经贸合作的相应调整》；

蒋菁，中国社会科学院俄罗斯东欧中亚研究所副研究员、经济学博士，《俄罗斯经济发展趋稳和对中俄经贸合作的影响》；

许文鸿，中国社会科学院俄罗斯东欧中亚研究所副研究员、法学博士，《俄经济出现复苏迹象，但增长仍不容乐观》；

郑维臣，中国人民银行沈阳分行主任科员、经济学博士，《2017 年俄罗斯经济金融形势前瞻》；

刘畅，深圳大学中国经济特区研究中心博士后，刘来会，辽宁大学世界经济专业博士研究生，《从创新发展的角度论俄罗斯走出危机的条件》。

2. 2017 年第 2 期为“俄罗斯经济”专题

石油、原材料等大宗商品价格大幅下跌后俄罗斯经济受到重创，标志着资源依赖型增长模式遭遇了前所未有的挑战。调整产业结构、创新型经济发展成为俄罗斯摆脱经济增长被动局面的一剂良药而被再次热议，创新驱动机制也是近些年学者们竞相研究和探索的课题。本刊编辑部特组织 3 篇稿件对俄罗斯经济未来政策优先方向、创新驱动发展以及中俄经贸合作等问题进行解读。

共有 4 位专家学者参加：

程亦军，中国社会科学院俄罗斯东欧中亚研究所研究员，《从普京国情咨文看俄未来经济政策取向》；

戚文海，中俄全面战略协作协同创新中心和教育部人文社科重点研究基地黑龙江大学俄罗斯研究中心研究员、黑龙江大学俄罗斯研究院教授，王哲，黑龙江大学俄罗斯研究院硕士研究生，《俄罗斯创新驱动发展的国家治理机制评价》；

姜振军，黑龙江大学俄罗斯语言文学与文化研究中心研究员、博士生导师，《中俄经贸合作中的“变”与“不变”》。

3. 2017 年第 3 期笔谈“已‘入盟’中东欧国家经济发展及英国‘脱欧’对其影响”

20 世纪 80 年代末 90 年代初，伴随苏联东欧剧变，中东欧国家开始了大刀阔斧的社会转型，而这种转型又与欧洲一体化密切相关，“入盟”成为中东欧国家转型的终极目标。2004 年、2007 年、2013 年先后有 11 个中东欧国家“入盟”。正值中东欧国家竭尽全力想进入欧盟这一“围城”的同时，2016 年 6 月，英国却以全民公投的形式决定退出欧盟，可谓城里的人想出来，城外的人想进去。这一戏剧性的局面不禁引发对中东欧国家“入盟”前后经济发展状况的思考。本刊编辑部特邀请国内中东欧问题专家围绕下列问题进行讨论：中东欧国家“入盟”前后经济增长有何变化？已“入盟”的中东欧国家与欧洲一体化的程度有何不同？欧盟新老成员国经济诉求有何差异？英国“脱欧”对中东欧国家经济有何影响？“脱欧”之风是否会蔓延，多米诺骨牌是否就此开启？

共有16位专家学者参加：

孔田平，中国社会科学院欧洲研究所研究员、博士生导师，《转轨、一体化与中东欧新成员国的增长前景》；

丁纯，复旦大学世界经济研究所教授、博士生导师，欧洲问题研究中心主任、“让·莫内教授”，杨嘉威，复旦大学经济学院硕士研究生，《中东欧国家“入盟”后的经济发展、一体化融合及分歧》；

孔寒冰，北京大学国际关系学院教授、博士生导师，中东欧研究中心主任，《从差异和历史角度观察中东欧与欧盟的关系》；

高歌，中国社会科学院俄罗斯东欧中亚研究所中东欧研究室主任、研究员，《中东欧国家“入盟”：愿景与现实》；

刘作奎，中国社会科学院欧洲研究所中东欧研究室主任、研究员，中国-中东欧国家智库交流与合作网络秘书处办公室主任，《英国“脱欧”导致欧盟内部结构变化及对中东欧国家的影响》；

殷红，辽宁大学转型国家经济政治研究中心、辽宁大学国际关系学院教授，高祥红，辽宁大学国际关系学院硕士研究生，梁蓓，龙树资本管理股份有限公司研究经理，《中东欧国家与欧盟经济一体化程度及其增长效应分析》；

姜琍，中国社会科学院俄罗斯东欧中亚研究所中东欧研究室副主任、研究员，《英国“脱欧”对中东欧国家经济的影响》；

王永兴，南开大学经济学院讲师、经济学博士，《浅析东欧各国“入盟”后的国家治理困境》；

梅冠群，中国国际经济交流中心战略研究部高级经济师、经济学博士，《中东欧国家是否会在“脱欧”道路上步英国后尘?》；

高晓川，华东师范大学国际关系与地区发展研究院俄罗斯研究中心专职研究员、法学博士，《中东欧国家“入盟”前后经济增长变化》；

鲍宏铮，中国社会科学院世界历史研究所助理研究员、法学博士，《欧洲一体化与再工业化中的欧盟中东欧成员国》；

贺婷，中国社会科学院俄罗斯东欧中亚研究所助理研究员、中国社会科学院研究生院俄罗斯东欧中亚系博士研究生，《欧尔班政府的经济政策及其前景》；

曲岩，中国社会科学院俄罗斯东欧中亚研究所助理研究员、中国社会科学院研究生院俄罗斯东欧中亚系博士研究生，《从欧盟四份报告看罗马尼亚宏观经济变化》。

4. 2017 年第 4 期为“一带一路”专题

在世界经济增长乏力、逆全球化甚嚣尘上的背景下，中国国家主席习近平提出了共建“一带一路”的重大倡议，唤醒了当今世界对古老丝绸之路的美好记忆。3 年多来，“一带一路”建设从无到有，由点及面，取得了超出预期的进度和成果。对“一带一路”倡议从理论上进行总结反思和有效推动是学界关注的重要问题。本刊编辑部特组织 5 篇稿件对“一带一路”建设中取得的成果、存在的风险以及应对之策进行研讨，使“一带一路”的研究从宏观评述深入到对地区、国别的具体分析。

共有 6 位专家学者参加：

李自国，中国国际问题研究院欧亚研究所副所长，《“一带一路”：成果、问题与思路》；

张宁，中国社会科学院俄罗斯东欧中亚研究所研究员，《“一带一路”建设中中国企业在欧亚经济联盟面临的贸易制裁问题》；

刘洪钟，辽宁大学转型国家经济政治研究中心主任，辽宁大学国际关系学院院长、教授、博士生导师，郭胤含，辽宁大学国际关系学院硕士研究生，《“丝绸之路经济带”与“16+1”合作框架内的中匈投资合作》；

赵会荣，中国社会科学院俄罗斯东欧中亚研究所研究员，《白俄罗斯与“一带一路”》；

赵玉明，中国社会科学院俄罗斯东欧中亚研究所助理研究员、历史学博士，《日本学界视野下的“一带一路”》。

5. 2017 年第 5 期笔谈“上海合作组织扩员与成员国间的经济合作”

2017 年 6 月 8~9 日，上海合作组织元首理事会第 17 次会议在哈萨克斯坦首都阿斯塔纳举行。这次元首理事会受到国际社会广泛关注的一个重要事件就是接收印度和巴基斯坦成为上合组织的正式成员。这是上合组织成立 16 年来首次实现正式扩员。扩员后上合组织具有得天独厚的人口优势和资源优势，综合实力将得到大幅提升。中俄是上合组织的主导国，而上合组织是欧亚经济联盟与丝绸之路经济带对接的重要平台，印巴加入后，在一定意义上减少了中亚与南亚互联互通的难度。本刊编辑部特邀请国内外学者对以下问题进行讨论：上合组织扩员后将面临哪些挑战？中俄在成员国团结和政治互信中如何协调立场？作为新成员的印度和巴基斯坦在上合组织经济合作中能够发挥怎样的作用？印巴加入后成员国间经济合作的范围将在哪些领域得到扩展？上合组织如何进一步增强在世界经济中的话语权和影响力？

共有 17 位专家学者参加：

孙壮志，中国社会科学院上海合作组织研究中心秘书长、研究员、博士生导师，《印巴加入后上海合作组织经贸合作的新契机》；

〔哈〕К. Л. 瑟拉耶什金，哈萨克斯坦总统战略研究所高级研究员，翻译高晓慧，中国社会科学院俄罗斯东欧中亚研究所研究员，《上海合作组织的难题》；

李进峰，中国社会科学院上海合作组织研究中心执行主任，《上海合作组织扩员：机遇和挑战并存》；

丁晓星，中国现代国际关系研究院俄罗斯研究所所长、研究员，《上海合作组织当前面临的主要挑战》；

赵常庆，国务院发展研究中心欧亚社会发展研究所副所长、研究员，《增强互信是提升经济合作水平的关键》；

李亮，兰州大学马克思主义学院、兰州大学中亚研究所博士生，曾向红，兰州大学中亚研究所教授，《上海合作组织扩员的风险前瞻》；

刘华芹，商务部国际贸易经济合作研究院研究员，《扩员后上海合作组织区域经济合作前景展望》；

许涛，中国现代国际关系研究院研究员、国务院发展研究中心特聘研究员、上海合作组织研究室主任、中国上海合作组织国家研究中心常务理事，《扩员后上海合作组织经济合作必须面对的问题》；

陈玉荣，中国国际问题研究院欧亚研究所所长，《上海合作组织扩员的利与弊》；

庞大鹏，中国社会科学院俄罗斯东欧中亚研究所俄罗斯政治社会文化研究室主任、研究员，《上海合作组织扩员后中国需要关注的问题》；

周延丽，辽宁社会科学院产业经济研究所研究员、经济学博士，《上海合作组织发展新阶段需要强化中俄战略协作》；

苏畅，中国社会科学院俄罗斯东欧中亚研究所副研究员，《上海合作组织安全挑战增多，成员国将进一步深化务实合作》；

凌胜利，外交学院国际关系研究所副教授、博士，外交学院国际安全研究中心秘书长，《上海合作组织扩员与中国的“一带一路”战略》；

任飞，国家开发银行国际合作业务局欧亚业务部资深经理、副研究员、经济学博士，《上海合作组织扩员后的金融合作》；

丁超，中国社会科学院俄罗斯东欧中亚研究所博士后、经济学博士，《合作博弈：上海合作组织扩员与成员国间的经济关系分析》。

6. 2017 年第 6 期为“中俄经贸合作”专题

俄罗斯经济“向东看”为中俄两国在远东地区的经贸合作提供了良好的契机，但在两国经济都面临调整的大背景下，如何适应新常态、新变化进行战略协调和对接，增强两国互信水平，提高远东地区的吸引力和竞争力，优化两国进出口商品结构，创新贸易合作方式，将是理论界和实际部门都关注的重要课题。本刊编辑部特组织 4 篇稿件共同探讨提升中俄经贸合作的路径和对策。

共有 7 位专家学者参加：

姜毅，中国社会科学院俄罗斯东欧中亚研究所研究员，《对发展中俄边境地区口岸经济的思考》；

〔俄〕А. Г. 拉林，俄罗斯科学院远东研究所研究员、历史学博士，翻译徐向梅，中国社会科学院俄罗斯东欧中亚研究所副研究员、法学博士，《当代中俄关系中的信任问题》；

初冬梅，中国社会科学院中国边疆研究所助理研究员、中国科学院地理科学与资源研究所世界地理与资源研究中心博士后，刘毅，中国科学院地理科学与资源研究所研究员，《俄罗斯远东开发新举措与中俄沿边区域合作——以“一带一盟”对接为视角》；

崔金梅，新疆财经大学国际贸易学院助教，石微巍，新疆财经大学国际贸易学院助教，《新时期中俄贸易影响因素实证分析》。

（五）2018 年选题

1. 2018 年第 1 期笔谈“俄罗斯进口替代实施效果及前景”

俄罗斯的进口替代与经济危机密切相关，2014 年乌克兰危机后，俄罗斯连续两年出台了反危机计划，试图使进口替代不仅成为反危机计划的一部分，而且成为解决俄罗斯经济结构性矛盾和保障国家安全的发展战略。从目前情况看，俄罗斯经济逐步回暖，2017 年经济正增长已没有悬念。进口替代在俄罗斯经济增长中起到了怎样的作用？进口替代与经济危机的关系？进口替代在哪些领域易于推进？进口替代能否肩负起结构性改革的重任？进口替代是权宜之计还是国家长期发展战略？如何评价本轮进口替代的实施效果？俄罗斯进口替代还面临哪些障碍？本刊编辑部特邀请国内外专家学者对上述问题进行深入研讨。

共有 21 位专家学者参加：

李建民，中国社会科学院俄罗斯东欧中亚研究所研究员、博士生导师，《俄罗斯进口替代规划：政策、目标及成效》；

〔俄〕О. С. 苏哈列夫，俄罗斯科学院市场问题研究所研究室主任、教授、经济学博士，翻译高晓慧，中国社会科学院俄罗斯东欧中亚研究所研究员、经济学博士，《俄罗斯进口替代经济政策：基本内容和实现条件》；

徐坡岭，中国社会科学院俄罗斯东欧中亚研究所经济室主任、研究员，《进口替代在俄罗斯取得的进展及其问题》；

江时学，上海大学特聘教授、拉美研究中心主任，《拉美国家的进口替代及其对俄罗斯的启示》；

〔俄〕Б. А. 赫伊费茨，俄罗斯科学院经济研究所首席研究员，俄罗斯联邦政府金融学院教授、经济学博士，翻译农雪梅，中国社会科学院俄罗斯东欧中亚研究所副编审，《进口替代不会是俄罗斯的长期战略》；

欧阳向英，中国社会科学院世界经济与政治研究所研究员，《俄罗斯：从进口依赖到进口替代》；

李自国，中国国际问题研究院欧亚研究所副所长、副研究员，中国国际问题研究院“一带一路”研究中心副主任，《进口替代有助经济复苏但难扛振兴大旗》；

曲文轶，辽宁大学转型国家经济政治研究中心教授、博士生导师，《俄罗斯进口替代政策致力于达到的目标分析》；

高际香，中国社会科学院俄罗斯东欧中亚研究所研究员，《俄罗斯进一步推进进口替代政策面临的压力》；

〔俄〕В. Ю. 切尔诺娃，俄罗斯人民友谊大学经济系经济学副博士，翻译席丽莉，河北师范大学外国语学院副教授，《俄罗斯进口替代的前景》；

王永兴，南开大学中国特色社会主义经济建设协同创新中心研究员、经济学博士，郭恺钊，南开大学商学院会计学与经济学学士，《浅析进口替代战略对俄罗斯产业发展的影响》；

郑维臣，国家外汇管理局辽宁省分局职员、经济学博士，《俄罗斯自由浮动汇率制度背景下进口替代战略的前景》；

孙景宇，南开大学经济学系中国特色社会主义经济建设协同创新中心副教授，《俄罗斯进口替代战略的当前效果和未来挑战》；

徐昱东，鲁东大学商学院副教授、经济学博士，《全球价值链视角下俄罗斯进口替代战略评析》；

刘建，中国原子能工业有限公司副译审，中央党校国际政治专业博士，《俄罗斯进口替代战略实施效果评析》；

邱鑫，四川大学外语学院讲师，米军，四川大学国际关系学院教授，《俄罗斯进口替代战略的必然性及实施成效分析》。

2. 2018 年第 2 期“金融发展”专题

金融发展与经济增长的关系是金融发展理论的核心内容。转型国家如何构建有效的金融体系和制定金融政策，以最大限度地促进经济增长，是学界历久弥新的课题。特别是在“一带一路”的建设过程中，“资金融通”是其能否顺利进行的重要经济支撑。本刊编辑部特组织 4 篇稿件分别就中国和俄罗斯等转型国家金融发展理论、主权财富基金、卢布汇率与通货膨胀的关系、中哈离岸人民币业务等金融问题进行评析。

共有 5 位专家学者参加：

王志远，华侨大学经济发展与改革研究院教授，《技术进步、结构停顿与金融发展：以中国和俄罗斯为例》；

戴利研，辽宁大学转型国家经济政治研究中心，国际关系学院副教授、硕士生导师，《中俄主权财富基金投资合作现状与合作战略分析》；

孙国锋，南京审计大学教授、经济学博士，王渊，南京审计大学经济与贸易学院硕士研究生，《卢布汇率变动对俄罗斯通货膨胀的影响——基于 VAR 模型的实证分析》；

杨珍增，国家发展和改革委员会国际合作中心咨询研究员、西南财经大学博士后、天津财经大学经济学院副教授，《中哈霍尔果斯国际边境合作中心离岸人民币业务发展研究》。

3. 2018 年第 3 期笔谈“俄罗斯在国际能源战略格局变化中的地位及中俄能源合作”

2014 年 6 月后，国际油价大幅下跌，由每桶 100 多美元跌至 50 多美元，最低甚至跌破每桶 30 美元。2017 年下半年以来，国际油价不断攀升，2018 年 1 月 26 日美国西得克萨斯原油期货价格收于每桶 65. 53 美元，布伦特原油期货价格收于每桶 70. 38 美元，创下近三年国际油价的新高。市场人士普遍认为，此轮国际油价的回升与俄罗斯同沙特阿拉伯等欧佩克国家和非欧佩克产油国订立的减产协议有关。众所周知，国际油价的形成受多种因素影响，石油的供给与需求、世界经济的景气状况、美元指数走势、投资基金行为和地缘政治等都对国际油价产生影响。俄罗斯作为世界重要产油国，在“页岩革命”和国际能源格局不断变化的情况下，其在国际石油供给中处于何种地位？在国际油价形成中具有怎样的话语权？主要石油生产国之间将存在怎样的合作与博弈？此轮回升是否意味着低油价时代暂时告一段落？本刊编辑部特邀请国内外专家对上述问题进行讨论，并对中国未来能源安全战略及中俄能源合作的前景进行分析。

共有 16 位专家学者参加：

冯玉军，复旦大学国际问题研究院副院长、教授，俄罗斯中亚研究中心主任，《国际能源战略格局新变化与中俄能源合作》；

庞昌伟，中国石油大学（北京）国际石油政治研究中心，俄罗斯中亚研究中心主任、教授、博士生导师，《2018 年国际油价预测：箱体波动震荡上扬》；

许勤华，中国人民大学国际关系学院教授、国家发展与战略研究院研究员、国际能源战略研究中心主任，《俄罗斯在国际能源格局中的地位变化及未来趋势》；

〔俄〕B. A. 马特维耶夫，俄罗斯科学院远东研究所东北亚和上合组织战略问题研究中心研究员，翻译农雪梅，中国社会科学院俄罗斯东欧中亚研究所副编审，《世界能源市场发展趋势和中俄能源合作》；

孙永祥，国务院发展研究中心欧亚社会发展研究所研究员，《俄罗斯在国际能源格局中仍处强国地位》；

王永中，中国社会科学院世界经济与政治研究所世界能源研究室主任、研究员，《世界原油市场形势与供应国行为》；

刘旭，中国人民大学国际能源战略研究中心执行主任、国家发展与战略研究院研究员，《石油大国俄罗斯能够影响国际油价吗?》；

周延丽，辽宁社会科学院产业经济研究所研究员、经济学博士，《中俄能源合作前景可期》；

〔俄〕A. M. 别洛戈里耶夫，俄罗斯能源和金融研究所基金会能源项目副主管，翻译高晓慧，中国社会科学院俄罗斯东欧中亚研究所研究员、经济学博士，《俄罗斯在欧亚石油和天然气市场上角色的重要改变》；

徐洪峰，中国社会科学院俄罗斯东欧中亚研究所副研究员，《国际油价长期趋势、俄罗斯角色以及中国能源安全》；

富景筠，中国社会科学院亚太与全球战略研究院副研究员，《"页岩革命"与俄罗斯在世界能源体系中的地位》；

徐斌，中国石油大学（北京）中国能源战略研究院副教授、芝加哥大学访问学者，《市场演进中的俄罗斯天然气欧亚战略发展》；

刘乾，中国石油大学（北京）俄罗斯中亚研究中心常务副主任、助理研究员，《俄罗斯能源战略的转向和面临的挑战》；

王晓光，中国石油大学（北京）中国能源战略研究院助理研究员、政治学博士，《“北溪”天然气管道与俄罗斯对欧能源战略的调整》。

四 期刊评价和努力方向

（一）期刊评价

（1）2008 年《欧亚经济》的前身《俄罗斯中亚东欧市场》被列为中国社会科学院文献计量与科学评价中心编制的《中国人文社会科学核心期刊要览》贸易经济专业的核心期刊。

（2）2014 年，《欧亚经济》入围中国社会科学院《中国人文社会科学期刊评价报告（2014 年）》扩展版期刊，并成为中国社会科学院创新工程增补的核心期刊。

（3）2017 年 1 月，在武汉大学中国科学评价研究中心举办的第五届《中国学术期刊评价研究报告（2017 ~ 2018）》评选中，《欧亚经济》被评为“RCCSE 中国核心学术期刊（A-）”。

（4）在中国人民大学人文社会科学学术成果评价研究中心和中国人民大学书报资料中心的 2016 年度复印报刊资料转载指数排名中，《欧亚经济》在“理论经济学学科期刊”分类中位列第 15 名。

（5）因在学术研究领域较好的国际影响力和较高的学术水平，《欧亚经济》率先成为中国知网组织实施的“中文精品学术期刊外文版数字出版工程”第一批合作期刊。

（二）努力方向

目前，在国内还没有专门研究俄罗斯、东欧、中亚国家经济的期刊，《俄罗斯东欧中亚研究》（双月刊，中国社会科学院俄罗斯东欧中亚研究所主办）、《俄罗斯研究》（双月刊，华东师范大学主办）、《俄罗斯学刊》（双月刊，黑龙江大学主办）、《西伯利亚研究》（双月刊，黑龙江省社会科学院主办）、《东北亚论坛》（双月刊，吉林大学主办）等刊物都是综合性期刊，设有经济栏目，每期大约刊登 3 篇左右经济方面的论文。此外，还有一些世界经济方面的刊物也偶尔刊登俄罗斯、东欧、中亚国家经济方面的论文，如《世界经济》《国际经济评论》《世界经济与政治》《现代国际关系》等。

《欧亚经济》作为国内唯一反映俄罗斯、东欧、中亚国家经济贸易方面的期刊，将全面反映俄罗斯东欧中亚经济学界的最新研究成果，紧紧抓住俄罗斯东欧中亚国家经济中的热点问题组织学术讨论和争鸣，办出自己的特色，不断扩大期刊的影响力，努力跻身于国内一流、国际知名学术期刊行列。

图书在版编目(CIP)数据

"俄罗斯学"在中国. 第二辑 / 李永全主编. -- 北京 : 社会科学文献出版社, 2018.12
ISBN 978-7-5201-3804-8

Ⅰ. ①俄… Ⅱ. ①李… Ⅲ. ①俄罗斯-研究 Ⅳ. ①K512.07

中国版本图书馆 CIP 数据核字 (2018) 第 257265 号

"俄罗斯学"在中国（第二辑）

主　　编 / 李永全
副 主 编 / 庞大鹏

出 版 人 / 谢寿光
项目统筹 / 祝得彬
责任编辑 / 张苏琴

出　　版 / 社会科学文献出版社 · 当代世界出版分社 (010) 59367004
地址: 北京市北三环中路甲 29 号院华龙大厦　邮编: 100029
网址: www. ssap. com. cn
发　　行 / 市场营销中心 (010) 59367081　59367083
印　　装 / 三河市尚艺印装有限公司

规　　格 / 开 本: 787mm × 1092mm　1/16
印 张: 16. 75　字 数: 274 千字
版　　次 / 2018 年 12 月第 1 版　2018 年 12 月第 1 次印刷
书　　号 / ISBN 978-7-5201-3804-8
定　　价 / 98. 00 元